Taschenschmöker aus Vergangenheit und Gegenwart

Taschenschmöker aus Vergangenheit und Gegenwart

Neu und wieder aufgelegt

Berlin 2018

Der Findling von der Cynthia

Ein Roman von

André Laurie und Jules Verne

Aus dem Französischen von Gerd Frank

Edition Dornbrunnen

Taschenschmöker aus Vergangenheit und Gegenwart

Übersetzung des Textes aus dem Französischen von
Gerd Frank *(L'Épave du Cynthia)*

Korrekturen und Lektorat: Bernhard Krauth, Meiko Richert, Norbert Scholz, Stefan Schmidt und Sven-R. Schulz

Die vorliegende Publikation entstand in enger Zusammenarbeit der Edition Dornbrunnen und dem Jules-Verne-Club Deutschland (www.jules-verne-club.de)

Der Text wurde für die vorliegende Ausgabe noch einmal gründlich von Meiko Richert und Sven-R. Schulz durchgesehen und um mehrere Fußnoten ergänzt.

Der Verlag dankt allen Beteiligten, sowie zusätzlich nochmal Bernhard Krauth für die Überlassung der Illustrationen der französischen Originalausgabe

Die Deutsche Nationalbibliothek verzeichnet diese Publikation in der Deutschen Nationalbibliografie; detaillierte bibliografische Daten sind im Internet über
http://dnb.d-nb.de
abrufbar.

1. Auflage 2018

ISBN 978-3-943275-33-9

Sven-R. Schulz, Dornbrunner Straße 16, 12437 Berlin
www.edition-dornbrunnen.de
Titelgestaltung: Sven-R. Schulz unter Verwendung einer Illustration
von George Roux (1853 – 1929)

Druck und Vertrieb: Books on Demand GmbH, Norderstedt
PNTS27

Inhalt

1. Kapitel
Der Freund des Herrn Malarius

Es gibt wahrscheinlich weder in Europa noch irgendwo anders einen Gelehrten, dessen Konterfei auf der ganzen Welt so bekannt ist wie das des Doktor Schwaryencrona aus Stockholm. Sein Porträt, von den Händlern auf Millionen grün versiegelter Flaschen unter sein Firmenzeichen[1] gedruckt, ist mit diesen bis in die letzten Winkel des Erdballs unterwegs.

Die Wahrheit erfordert es zu sagen, dass diese Flaschen nur Lebertran enthalten, eine geschätzte und wirklich heilsame Medizin, die für die Einwohner Norwegens jährlich einen sieben- bis achtstelligen Gesamtwert in *kroners* (Kronen, zu einem Kurs von 1 Franc 39 Centimes) darstellt.

Früher lag die Herstellung in den Händen der Fischer. Heute wird das Extraktionsverfahren mehr wissenschaftlich betrieben, und der Fürst dieser Spezialindustrie ist eben der berühmte Doktor Schwaryencrona.

Es gibt niemanden, der nicht seinen Spitzbart, seine Brille, seine Hakennase und seine Kappe aus Otterfell wiedererkennen würde. Die Darstellung auf den Flaschen gehört vielleicht nicht zu den meis-

[1] Im Original »*marque de fabrique*«, ein damals häufig, heute eher selten verwendeter Begriff: »Fabrikmarke«.

terhaftesten, gewiss ist sie jedoch von einer verblüffenden Ähnlichkeit. Der Beweis hierfür ist ein Ereignis, das eines Tages in der Grundschule von Norö – an der Westküste Norwegens, wenige Meilen von Bergen gelegen – geschah.

Es schlug gerade zwei Uhr Nachmittag. Die Schüler saßen im Unterricht in dem großen Saal, dessen Boden mit Sand bedeckt war, die Mädchen links und die Jungen rechts, und waren damit beschäftigt, der Darlegung einer Theorie ihres Lehrers, des Herrn Malarius, an der schwarzen Tafel zu folgen, als plötzlich die Tür geöffnet wurde und sich ein Mann in gefüttertem Gehpelz, mit gefütterten Stiefeln, gefütterten Handschuhen und einer Kappe aus Otterfell auf der Schwelle zeigte.

Sofort standen die Schüler respektvoll auf, wie es sich gehört, wenn ein Besucher das Klassenzimmer betritt. Keiner von ihnen hatte den Neuankömmling jemals gesehen. Dennoch raunten alle einander etwas zu und riefen, als sie ihn erkannten:

»Herr Doktor Schwaryencrona!«

So groß war die Ähnlichkeit des Doktors mit dem auf den Flaschen abgebildeten Porträt!

Es muss gesagt werden, dass die Schüler des Herrn Malarius diese Flaschen fast regelmäßig vor Augen hatten, weil sich eine der bedeutendsten Fabriken des Doktors direkt in Norö befand. Aber nicht weniger wahr ist es auch, dass der gelehrte Mann seit Jahren nicht mehr seinen Fuß in diesen Landstrich gesetzt hatte, so dass keines der Kinder sich damit hätte brüsten können, ihn bis zum heutigen Tag jemals in Fleisch und Blut gesehen zu haben.

In der Vorstellung der Leute war das ganz anders. Man sprach viel vom Doktor Schwaryencrona an den Abenden in Norö. Und die Ohren hätten ihm oft geklungen, wenn es für das allgemeine Gerede in dieser Hinsicht auch nur die geringste Grundlage gegeben hätte.

Wie dem auch sei, stellte dieses sowohl einhellige als auch spontane Erkennen einen bemerkenswerten Erfolg des unbekannten Urhebers des Porträts dar, einen Erfolg, auf den der bescheidene Künstler mit Recht hätte stolz sein können, mehr noch als ein neumodischer Fotograf das Recht gehabt hätte, darauf eifersüchtig zu sein.

Jawohl, das da waren ganz offensichtlich der Spitzbart, die Brille, die Hakennase und die Otterkappe des berühmten Gelehrten. Ein Irrtum oder eine Täuschung waren nicht möglich. Dafür hätten alle Schüler des Herrn Malarius die Hand ins Feuer gelegt.

Was sie verwunderte und sogar ein wenig enttäuschte, war die Erkenntnis, dass der Doktor ein Mann von gewöhnlicher und mittlerer Größe war, statt hünenhaft zu sein, wie sie ihn sich eher vorgestellt hätten. Wie konnte sich solch ein berühmter Gelehrter mit einer Größe von 5 Fuß und 3 Zoll zufrieden geben? Sein grauer Kopf erreichte kaum die Schulter des Herrn Malarius, und dabei war dieser bereits vom Alter gebeugt. Zudem war er viel schlanker als der Doktor, was ihn zweimal größer erscheinen ließ. Sein weiter brauner Mantel, dem eine lange Nutzung eine grünliche Färbung verliehen hatte, flatterte um ihn wie eine Fahne an ihrer Stange. Er trug eine kurze Hose und Schnallenschuhe sowie eine schwarze Seidenkappe, aus der ein paar Strähnen weißer Haare hervorlugten. Sein rosafarbenes und lächelndes Gesicht drückte absolute Sanftmut aus. Auch er trug eine Brille, die einen nicht ganz so durchbohrte wie die des Doktors, und durch die seine blauen Augen alle Dinge mit unerschöpflicher Güte zu betrachten schienen.

Soweit sich seine Schüler zurückerinnern konnten, hatte Herr Malarius keinen von ihnen jemals bestraft. Das war aber kein Hindernis, bei aller Liebe auch respektiert zu werden. Er hatte ein so gutes Herz, und alle Welt wusste das ganz genau! Es war in Norö nicht unbekannt, dass er in seiner Jugend ausgezeichnete Examina abgelegt hatte und dass er auch akademische Ränge hätte erwerben können, um dann an einer großen Universität ein *Herr Professor* zu werden, und ihm Ehre und Reichtum somit sicher gewesen wären. Aber er hatte eine Schwester, die arme Kristina, die stets krank und leidend gewesen war. Und da sie um nichts in der Welt ihr Dorf hätte verlassen wollen, weil sie Angst vor der Stadt hatte und befürchtete, dort zu sterben, hatte sich Herr Malarius großmütig geopfert. Er hatte das harte und bescheidene Amt des Schulmeisters akzeptiert. Als sie dann nach etwa zwanzig Jahren ihn dafür segnend dahinschied, dachte Herr Malarius, der mittlerweile an sein trübes und unbeachtetes Leben gewohnt war, nicht mehr daran, ein anderes anzufangen.

Ganz von persönlichen Arbeiten in Anspruch genommen, vergaß er, sich an der Welt zu beteiligen, und empfand sein höchstes Vergnügen darin, ein vorbildlicher Grundschullehrer zu sein, mit seiner Schule die bestgeführte des Landes zu haben und vor allem, den Bereich der Grundschulbildung verlassend, an den anspruchsvollsten Lernstoff heranzugehen. Er liebte es, die Studien seiner besten Schüler noch zu intensivieren und diese in die Wissenschaften sowie die alte und moderne Literatur einzuführen, also in all das, was für gewöhnlich der Klasse der Reichen und Wohlhabenden und nicht der der Fischer und Bauern vorbehalten war.

»Warum sollte das, was für die Einen gut ist, nicht auch für die Anderen gut sein!«, sagte er. »Wenn die armen Leute hier unten schon nicht alle Freuden haben, warum sollte man ihnen dann den Zugang zur Bildung verwehren – also die Kenntnis eines Homer und Shakespeare, die Benennung der Sterne, die sie über die Meere führen, oder jener Pflanzen, welche sie unter ihren Füßen haben! Der Arbeitsalltag wird ihnen ohnehin bald die Kehle zuschnüren und sie in seine Bahn zwingen. Zumindest haben sie dann in ihrer Kindheit aus diesen reinen Quellen getrunken und an dem gemeinsamen Erbe der Menschheit teilgenommen.«

In mehr als nur einem Land hat man dieses Vorgehen als unklug erachtet, weil es geeignet erscheint, dem niederen Volk die Bescheidenheit seines Schicksals zu verleiden und es sich in Abenteuer stürzen zu lassen. Aber in Norwegen hat sich niemand wegen dieser Dinge beunruhigt. Die altväterliche Sanftmut der Gemüter, die Entfernung zwischen den Städten, die Arbeitsgewohnheiten einer sehr dünngesäten Bevölkerung scheinen jede Gefahr bei dieser Art von Experimenten zu beseitigen. Auch sind sie häufiger, als man glauben könnte. Nirgends ist die Bildung weiter entwickelt, weder in den ärmsten ländlichen Schulen noch in den Höheren Schulen. Die skandinavische Halbinsel kann sich auch rühmen, im Verhältnis zu ihrer Bevölkerung in allen Bereichen mehr Wissenschaftler und mehr berühmte Männer hervorzubringen als jede beliebige andere Region Europas. Der Reisende wird dort ständig durch den Kontrast verblüfft, der zwischen einer halbwilden Natur und den Fabriken und Baukunstwerken, welche eine äußerst kultivierte Zivilisation voraussetzen, besteht.

Aber vielleicht ist es an der Zeit, zu Doktor Schwaryencrona zurückzukehren, den wir auf der Schwelle der Schule von Norö verlassen haben.

Waren es die Schüler gewesen, die ihn sofort erkannt hatten, ohne ihn jemals gesehen zu haben, so war dies bei ihrem Lehrer nicht der Fall, obwohl der ihn seit langer Zeit kannte.

»Hallo, guten Tag, mein lieber Malarius!«, rief der Besucher herzlich und trat mit ausgestreckter Hand auf den Schulmeister zu.

»Mein Herr, seien Sie willkommen«, antwortete dieser ein wenig

verblüfft und etwas schüchtern wie alle Menschen, die zurückgezogen leben; er fühlte sich mitten in seinem Unterricht überrascht …
»Sie werden entschuldigen, wenn ich Sie frage, mit wem ich die Ehre habe …?«

»Was denn? … Habe ich mich so verändert, seit wir zusammen durch den Schnee gerannt sind und in Christiania[1] lange Pfeifen geraucht haben? … Hast du denn die Pension Krauss vergessen und ist es wirklich notwendig, dass ich dir deinen Kameraden und Freund namentlich benenne?«

»Schwaryencrona!«, rief Herr Malarius. »Ist es möglich? Bist du es wirklich? … Sind Sie es, Herr Doktor?«

»Oh, ich bitte dich, nur nicht so formell! Bin ich nicht dein alter Roff, so wie du immer mein guter Olaf sein wirst? Der beste, der liebste Freund meiner Jugend! Ja, ich weiß genau, die Zeit vergeht und wir haben uns beide ein wenig verändert in den dreißig Jahren! Aber das Herz ist jung geblieben, nicht wahr? Und es gibt darin immer eine Ecke für diejenigen, die man lieben gelernt hat, als man um die Zwanzig Seite an Seite trockenes Brot gegessen hat!«

Und der Doktor lachte und drückte die beiden Hände des Herrn Malarius, dem seinerseits die Tränen in die Augen getreten waren.

»Mein lieber Freund, mein guter, mein ausgezeichneter Herr Doktor«, sagte er. »Wir wollen nicht hierbleiben. Ich werde diesen Schlingeln hier frei geben, die sich darüber sicherlich nicht ärgern werden, und dann gehen wir zu mir …«

»Keinesfalls«, erklärte der Doktor und wandte sich den Schülern zu, die mit lebhaftem Interesse die Einzelheiten dieser Szene verfolgt hatten. »Ich darf weder dich bei deiner Arbeit noch die Studien dieser wundervollen Jugend stören! Wenn du mir eine große Freude machen willst, erlaube mir, mich hierher neben dich zu setzen, und du fährst mit dem Unterricht fort …«

»Gern«, antwortete Herr Malarius. »Aber um die Wahrheit zu sagen, ist mir jetzt nicht nach Geometrie zumute, und nachdem ich diesen Kindern frei gegeben habe, verspüre ich nun Hemmungen, mein Wort wieder zurückzunehmen! … Es gäbe aber ein Mittel, alle zufrieden zu stellen, und das wäre, Doktor Schwaryencrona erwiese meinen Schülern die Ehre, sie nach ihren Studien zu befragen und sie dann für heute zu entlassen …«

[1] Christiania, ehemaliger Name von Oslo (bis 1924).

»Ein ausgezeichneter Einfall, ich bin einverstanden. Ich bin also hier, um als Prüfer aufzutreten.«

Er wandte sich an die ganze Klasse:

»Nun, wer ist der beste Schüler?«, fragte der Doktor, sich auf den Stuhl des Lehrers setzend.

»Erik Hersebom«, antworteten etwa fünfzig frische Stimmen ohne zu zögern.

»Aha, Erik Hersebom also? … Nun gut, Erik Hersebom, wollen Sie hierher kommen?«

Ein Junge von etwa zwölf Jahren verließ die erste Bank und näherte sich dem Pult. Er war ein ernsthaft und gesetzt wirkendes Kind, dessen nachdenkliche Gesichtszüge und große, tiefgründige Augen überall aufgefallen wären; besonders bemerkenswert erschienen sie hier inmitten der blonden Köpfe ringsum. Während alle seine Mitschüler beiderlei Geschlechts flachsfarbenes Haar, einen rosafarbenen Teint und grüne oder blaue Augen hatten, waren seine Haare dunkelbraun, genau wie auch seine Augen; braun war auch seine Haut. Er hatte keine hervortretenden Wangenknochen, keine kurze Nase und nicht das stämmige Aussehen der skandinavischen Kinder. Kurz gesagt: Von den körperlichen Merkmalen her unterschied er sich von der Rasse, der seine Klassenkameraden angehörten, klar und deutlich.

Wie diese war er in der Art und Weise der Bauern der Provinz Bergen in einen derben Stoff des Landes gekleidet, aber die Feinheit, die Zierlichkeit des Kopfes, der auf einem schlanken und eleganten Hals saß, die natürliche Anmut seiner Bewegungen und seiner Haltung – alles an ihm schien auf eine ausländische Abstammung hinzudeuten. Es hätte keinen Physiologen gegeben, der nicht, wie jetzt auch der Doktor Schwaryencrona, auf Anhieb über diese Besonderheiten verblüfft gewesen wäre.

Allerdings gab es zunächst keinen Grund, deshalb innezuhalten. Er musste ja seine Prüfung vornehmen.

»Womit fangen wir an? Mit der Grammatik?«, fragte er den Jungen.

»Ich stehe zu Ihren Diensten, Herr Doktor«, antwortete Erik bescheiden.

Der Doktor stellte ihm zwei sehr einfache Fragen und war erstaunt, festzustellen, dass der Junge nicht nur in schwedischer[1] Spra-

[1] Ob in einer norwegischen Grundschule Schwedisch gesprochen wurde, ist zweifelhaft. In späteren Ausgaben (z. B. Hachette 1935) steht hier *»pour la langue norvégienne«*, also »in Norwegisch«. Laurie ging wohl von einem zu Schweden gehörenden

»Womit fangen wir an?«, fragte der Doktor.

che, sondern auch in Französisch und Englisch antwortete, als er die Lösung nannte. Das hatte man sich bei Herrn Malarius zur Gewohnheit gemacht. Der behauptete nämlich, dass es genauso einfach sei, drei Sprachen gleichzeitig zu lernen, wie nur eine einzige.

»Bringst du ihnen auch Französisch und Englisch bei?«, fragte der Doktor und wandte sich seinem Freund zu.

»Warum nicht, zusammen mit den Grundlagen von Griechisch und Latein? Ich sehe nicht, dass ihnen das schaden könnte.«

»Ich auch nicht«, rief der Doktor lachend. Und er öffnete auf gut Glück einen Band von Cicero, aus dem Erik Hersebom einige Sätze sehr gut übersetzte. In dieser Textpassage ging es um den Schierlings-

Norwegen aus, in dem Schwedisch dadurch zwangsläufig die Amtssprache gewesen wäre. Richtig ist jedoch, dass Norwegen in den Jahren 1814 bis 1905 nur in Personalunion vom schwedischen Königshaus mitregiert wurde. Die Sprache in Norwegen war aufgrund der jahrhundertelangen Zugehörigkeit viel stärker vom Dänischen geprägt.

becher, den Sokrates getrunken hatte. Herr Malarius bat den Doktor, sich von dem Schüler sagen zu lassen, welcher Pflanzenfamilie dieser angehört habe. Erik sagte ohne zu zögern, dass es die Familie der Doldenblütler vom *Tribus Smyrnieae* gewesen sei, und erklärte alle ihre Merkmale.

Von der Botanik wechselte man zur Geometrie. Erik lieferte einen wohlformulierten Beweis des Satzes bezüglich der Winkelsumme eines Dreiecks.

Der Doktor erlebte eine Überraschung nach der anderen.

»Sprechen wir ein wenig über Geografie«, fuhr er fort. »Wie heißt das Meer, das an den Norden von Skandinavien, an Russland und an Sibirien grenzt?«

»Das ist das Nordpolarmeer.«

»Und wie heißen die Meere, mit denen dieses Meer in Verbindung steht?«

»Der Atlantik im Westen und der Pazifik im Osten.«

»Können Sie mir zwei oder drei wichtige Häfen am Pazifik benennen?«

»Da würde ich sagen Yokohama in Japan, Melbourne in Australien und San Francisco im Bundesstaat Kalifornien.«

»Nun gut, denken Sie nicht, dass der kürzeste Weg, um nach Yokohama oder nach San Francisco zu gelangen, der über dieses Nordpolarmeer wäre, wo dieses doch einerseits mit dem Atlantik, der unsere Küsten umspült, und andererseits mit dem Pazifik verbunden ist?«

»Ganz sicher, Herr Doktor«, antwortete Erik, »dies wäre der kürzeste Weg, wenn er benutzbar wäre. Aber bis jetzt sind alle Seefahrer, die es versuchen wollten, vom Packeis aufgehalten worden, weshalb sie auf ihr Unternehmen verzichten mussten, oder aber sie haben dabei den Tod gefunden.«

»Sie sagen, dass man oft versucht hat, die Nordostpassage zu entdecken?«

»In drei Jahrhunderten etwa fünfzigmal, und jedes Mal vergebens.«

»Können Sie mir etwas zu einigen dieser Expeditionen sagen?«

»Die erste wurde 1523 unter der Leitung von Francis Sebastian Cabot[1] zusammengestellt. Sie bestand aus drei Schiffen unter dem

[1] Hier irrt sich der Schüler Erik gleich zweimal, denn erstens organisierte Sebastiano Caboto (geb. spätestens 1487 in Venedig, gest. 1557 in London) nicht 1523, sondern 1553 die erste Expedition zur Erkundung der Nordostpassage und zweitens

Kommando des unglücklichen Sir Hugh Willoughby[1], der mit seiner ganzen Mannschaft in Lappland ums Leben kam. Chancellor[2], einer seiner Leutnants, war zunächst glücklicher als er und schaffte es, zwischen dem Ärmelkanal und Russland eine direkte Route durch die arktischen Meere zu eröffnen. Aber auch er erlitt im Verlauf eines zweiten Versuches Schiffbruch und ging zugrunde. Kapitän Stephen Borough[3], den man auf die Suche nach ihm geschickt hatte, gelang es, die Meerenge, die Nowaja Semlja von der Insel Waigatsch trennt, zu passieren und in das Karische Meer[4] einzudringen; aber Packeis und Nebel verhinderten eine Weiterfahrt …

Zwei im Jahr 1580 versuchte Expeditionen verliefen ebenfalls erfolglos. Der Plan wurde dennoch fünfzehn Jahre später durch die Holländer wieder aufgenommen, welche drei Expeditionen nacheinander unter dem Kommando von Barents[5] ausrüsteten, um nach der Nordostpassage zu suchen. 1596 kam Barents im Packeis von Nowaja Semlja ums Leben … Zehn Jahre später scheiterte Henry Hudson[6], den die Holländische Ostindien-Kompanie entsandt hatte, gleichfalls mit drei aufeinander folgenden Expeditionen … 1653 waren auch die Dänen nicht glücklicher … 1676 scheiterte Kapitän John Wood in ähnlicher Weise … Und seither wird das Unternehmen als nicht realisierbar betrachtet; alle Seemächte haben es aufgegeben.«

»Hat man seit dieser Zeit keinen weiteren Versuch mehr unternommen?«

»Doch, Russland, das – wie übrigens alle im Norden gelegenen Nationen – ein ungeheures Interesse daran hatte, einen direkten Schifffahrtsweg zwischen seinen Küsten und Sibirien zu finden. Im Zeitraum von einem Jahrhundert hat es nicht weniger als achtzehn

---

ist der von Erik genannte zusätzliche Vorname François (Francis) historisch nicht belegbar.

1 Sir Hugh Willoughby (gest. 1554 in der Mündung der Warsina), englischer Offizier und Entdecker. Suchte als erster Westeuropäer die Nordostpassage.

2 Richard Chancellor (geb. um 1521 in Bristol, gest. 1510 vor der Küste Schottlands), Kapitän eines der drei Expeditionsschiffe, das als einziges die vereinbarte Zwischenstation Vardø, den östlichsten Punkt Norwegens, erreichte.

3 Stephen Borough (geb. 1525 bei Northam, Devonshire, gest. 1584 in Chatham), englischer Seefahrer und Entdecker.

4 Heute ist der Name Karasee gebräuchlicher.

5 Willem Barents [Barentsz], ein niederländischer Seefahrer (geb. um 1550 in Formerum, gest. 1597 auf der Inselgruppe Nowaja Semlja). Nach ihm wurde u. a. die Barentssee (ein Teil des Nördlichen Eismeers) benannt.

6 Henry Hudson (geb. um 1565, gest. um 1611 nach Aussetzung), englischer Seefahrer und Entdecker.

Expeditionen nacheinander durchgeführt, um Nowaja Semlja, das Karische Meer und die westliche und östliche Umgebung von Sibirien zu erforschen. Aber wenn auch diese Expeditionen zu einer besseren Kenntnis über diese Gegenden geführt haben, so kam man dadurch nur zu dem Schluss, dass es unmöglich wäre, eine durchgängige Passage durch das große Nordpolarmeer zu erzwingen. Der Akademiker von Baer[1], der das Abenteuer zum letzten Mal 1837 nach dem Admiral Lütke[2] und Pachtusow[3] wagte, erklärte lebhaft, dass dieses Meer einfach ein *einziger Gletscher* und damit für Schiffe ebenso unpassierbar sei, als wenn es ein Kontinent wäre.«

»Muss man also unwiderruflich auf die Nordostpassage verzichten?«

»Das ist – wie es scheint – zumindest die Schlussfolgerung, die sich aus diesen zahlreichen und immer glücklosen Versuchen ergeben hat. Man sagt jedoch, dass unser großer Reisender Nordenskiöld[4] davon träumt, das Unternehmen zu erneuern, nachdem er sich durch Forschungsreisen in einzelne Teile der arktischen Meere vorbereitet haben wird. Falls dies stimmt, heißt das, dass ihm die Sache als machbar erscheint. Und wenn dies seine Meinung ist, dann ist er auch kompetent genug, dass man ihn ernst nehmen kann.«

Doktor Schwaryencrona zählte sich zu den wärmsten Bewunderern Nordenskiölds, deshalb hatte er auch das Gespräch auf die Nordostpassage gelenkt. Daher war er sehr zufrieden mit der Genauigkeit der Antworten.

Sein Blick war mit einem Ausdruck lebhaftesten Interesses auf Erik Hersebom gerichtet.

»Woher haben Sie denn die Kenntnisse von all diesen Dingen, mein Kind?«, fragte er ihn, nach ziemlich langem Schweigen.

»Von hier, Herr Doktor«, antwortete Erik, der über die Frage erstaunt war.

»Haben Sie nie eine andere Schule besucht?«

---

[1] Im Originaltext steht »van Baër«. Gemeint ist der deutsch-baltische Universalgelehrte Karl Ernst von Baer (geb. 1792 auf Gut Piep, gest. 1876 in Dorpat).

[2] Fjodor Petrowitsch Graf Lütke (geb. 1797 in St. Petersburg, gest. 1882 ebenda), auch Friedrich Benjamin von Lütke, russischer Marineoffizier baltendeutscher Herkunft, Weltumsegler, Arktisforscher und Schriftsteller.

[3] Pjotr Kusmitsch Pachtusow [auch Pachtussow oder Pachtusov geschrieben] (geb. 1799 in Kronstadt, gest. 1835 in Archangelsk), russischer Marineoffizier und Forschungsreisender, leitete zwei Expeditionen (1832–1833 und 1834–1835) nach Nowaja Semlja.

[4] Adolf Erik Nordenskiöld (geb. 1832 in Helsinki, gest. 1901 auf Dalbyö), ein schwedischer Baron, Professor, Kartograf und Polarforscher. Er bezwang als erster Seefahrer 1878–1879 die Nordostpassage.

»Ganz sicher nicht.«

»Herr Malarius hat das Recht, stolz auf Sie zu sein!«, sagte der Doktor und wandte sich wieder dem Lehrer zu.

»Ich bin auch sehr stolz auf Erik«, sagte dieser. »Er ist schon bald acht Jahre lang mein Schüler, denn er ist schon als kleiner Junge hierhergekommen und er war immer der Beste in seiner Klasse.«

Der Doktor war wieder in sein Schweigen verfallen. Seine durchbohrenden Augen waren mit außergewöhnlicher Intensität auf Erik gerichtet. Er schien nach der Lösung eines Problems zu suchen, über das er offensichtlich nicht laut sprechen wollte.

»Meine Fragen konnte man nicht besser beantworten, und ich denke, dass es unnötig ist, die Prüfung fortzusetzen«, sagte er schließlich. »Ich möchte daher eure Freizeit nicht hinauszögern, meine Kinder, und wenn Herr Malarius einverstanden ist, lassen wir es für heute dabei bewenden.«

Nach diesen Worten klatschte der Lehrer in die Hände. Alle Schüler standen gleichzeitig auf, räumten ihre Bücher zusammen und stellten sich in dem freien Raum vor ihren Bänken in vier Reihen auf. Herr Malarius klatschte ein zweites Mal in seine Hände. Die Kolonne setzte sich in Marsch und ging in vollständig militärischer Präzision hinaus.

Nach einem dritten Signal, wonach sich die Ordnung auflöste, stürmten sie mit fröhlichem Geschrei davon. In wenigen Sekunden verteilten sie sich rund um das blaue Wasser des Fjords, in dem sich die Grasdächer von Norö spiegelten.

2. Kapitel
Bei einem Fischer in Norö

Das Haus von Herrn[1] Hersebom ist wie alle Häuser in Norö mit einem Grasdach bedeckt und aus gewaltigen Tannenbaumstämmen nach alter skandinavischer Bauweise errichtet: Zwei große Räume, die durch einen Mittelgang getrennt sind, der zum Lagerschuppen führt, in dem die Boote, Fischereiwerkzeuge und große Mengen von Dorsch, dem kleinen Kabeljau Norwegens und Islands, aufbewahrt

[1] Herr Hersebom: Im Original steht überwiegend »Maaster« Hersebom. Da dies weder auf Norwegisch oder Schwedisch noch auf Französisch korrekt ist, wurde die Anrede einheitlich mit »Herr« übersetzt.

werden, welche man nach dem Trocknen zusammenrollt, um sie unter den Namen *rondfish* (Rundfisch) und *stock-fish* (Stockfisch) in den Handel zu bringen.

Jeder der beiden Räume dient gleichzeitig als Wohnstube und als Schlafzimmer. Eine Art Schubläden, die in den Holzwänden installiert sind, enthalten die Bettsachen, welche aus Matratzen und Felldecken bestehen, die man nur zur Nacht zu sehen bekommt. Dieses Arrangement verleiht zusammen mit der hellen Farbe der Wände und dem anheimelnden hohen Kamin in der Ecke, in dem immer ein großes Feuer von Holzscheiten brennt, den einfachsten Behausungen einen Hauch von Wohnlichkeit und häuslichem Luxus, der südländischen Bauern fremd ist.

An diesem Abend war die ganze Familie rund um den Herd versammelt, auf dem ein riesiger Kochtopf stand, der ein Gemisch aus *sillsallat* oder geräuchertem Hering und aus Lachs und Kartoffeln enthielt. Herr Hersebom, der auf einem hohen Holzstuhl saß, arbeitete an seinem Netz, wie es seine unveränderliche Gewohnheit war, wenn er sich nicht auf dem Meer oder beim Trocknen befand. Er war ein rauer Seemann mit von den nordpolaren Winden wettergegerbter Haut und bereits leicht ergrauten Haaren, obwohl er noch im besten Mannesalter stand. Sein Sohn Otto, ein großer Junge von vierzehn Jahren, der ihm vollständig ähnelte und, wie es schien, dazu bestimmt war, wie auch er ein hervorragender Fischer zu werden, war momentan intensiv damit beschäftigt, in die Geheimnisse des Dreisatzes einzudringen, wobei er mit seiner schweren Pranke, die so aussah, als ob sie sich mit der Handhabung des Ruders viel besser zurecht fände, eine kleine Schiefertafel mit Zahlen bedeckte.

Erik, der über den Esstisch gebeugt war, war in die Lektüre eines dicken Geschichtsbuches vertieft, das ihm Herr Malarius geliehen hatte. Direkt neben ihm spann Katrina Hersebom, die Hausfrau, friedlich an ihrem Spinnrad, während die kleine Wanda, ein blondes Mädchen von zehn bis zwölf Jahren, auf einem Schemel saß und mit Feuereifer an einem groben roten Wollstrumpf strickte. Zu ihren Füßen schlief zusammengerollt ein großer, fahlgelber Hund, dessen Fell ebenso dicht war wie das eines Schafes.

Das Schweigen wurde mindestens eine Stunde lang nicht unterbrochen, und die Kupferlampe, die mit Fischöl gespeist wurde, erhellte mit ihren vier Schnäbeln friedlich alle Einzelheiten dieses ruhigen Raumes.

Die ganze Familie war rund um den Herd versammelt.

Um bei der Wahrheit zu bleiben, schien dieses Schweigen Frau Katrina zu belasten, die bereits einige Momente lang durch Mimik und Gestik das Bedürfnis zum Ausdruck brachte, etwas sagen zu müssen.

Schließlich hielt sie es nicht mehr aus.

»Genug gearbeitet für heute«, sagte sie. »Es ist Zeit, den Tisch zu decken und zu Abend zu essen.«

Ohne ein Wort der Gegenrede nahm Erik sein dickes Buch und setzte sich näher an den Kamin, während Wanda, nachdem sie ihre Strickarbeit weggelegt hatte, zum Geschirrschrank ging und sich anschickte, Teller und Löffel zu bringen.

»Und du, Otto, hast gesagt«, fuhr die Spinnerin fort, »dass unser Erik dem Herrn Doktor gute Antworten gegeben hat?«

»Gute Antworten?«, rief Otto mit Begeisterung. »Er hat gesprochen wie ein Buch, das ist die Wahrheit! Ich weiß nicht, woher er all das hatte, was er wusste … Je mehr der Doktor fragte, umso mehr hatte er zu sagen! ... Und die Worte kamen und kamen! Herr Malarius war sehr zufrieden!«

»Und ich war auch zufrieden«, sagte Wanda ernst.

»Oh, wir waren es alle, das versteht sich! Wenn Sie gesehen hätten, Mutter, wie ihm alle mit offenem Mund dastehend zugehört haben! ... Wir hatten nur Angst, dass wir auch befragt werden könnten! ... Aber er hatte keine Angst, er antwortete dem Doktor, wie er auch unserem Lehrer geantwortet hätte!«

»Übrigens, Herr Malarius schätzt den Doktor sehr, wie ich meine, und er ist sicher ebenso gelehrt wie sonst wer«, sagte Erik, dem diese Lobhudelei aus nächster Nähe peinlich zu sein schien.

Der alte Fischer gab durch ein Lächeln seine Zustimmung.

»Du hast recht, mein Kleiner«, sagte er, ohne die Arbeit mit seinen schwieligen Händen zu unterbrechen, »Herr Malarius könnte, wenn er es wollte, allen Doktoren in der Stadt seine Überlegenheit beweisen! ... Und er bedient sich der Wissenschaft wenigstens nicht, um die arme Welt zu ruinieren!«

»Hat Doktor Schwaryencrona irgendjemand ruiniert?«, fragte Erik neugierig.

»Hm! ... Hm! ... Wenn es nicht geschehen ist, so lag das nicht an ihm! ... Ich sage euch: Glaubt ihr, dass ich mit Vergnügen gesehen habe, wie diese Fabrik errichtet wurde, die dort oben am Rande des Fjords raucht? ... Mutter wird euch sagen können, dass wir früher unser Öl selbst gesammelt und es sehr gut für 150 bis 200 Kronen pro Jahr nach Bergen verkauft haben ... Jetzt ist das vorbei! Kein Mensch will mehr das braune Öl, oder man gibt nur so wenig, dass es sich kaum lohnt, die Reise dorthin zu machen! Man muss sich damit begnügen, Leber an die Fabrik zu verkaufen und Gott weiß, ob der Verwalter des Doktors sich herablässt, sie zu einem Spottpreis anzunehmen! ... Da hole ich kaum 45 Kronen dafür heraus, wenn man mir jetzt dreimal weniger als früher gibt! Nun gut! ... Ich sage, dass das nicht gerecht ist und sich der Doktor besser um seine Kranken in Stockholm kümmern sollte, statt hierher zu kommen, um unser Gewerbe auszuüben und uns unseren Broterwerb wegzunehmen!«

Nach diesen bitteren Worten herrschte wieder Schweigen. Einige Augenblicke lang hörte man nichts weiter als das Klappern der Teller, mit denen Wanda hantierte, während ihre Mutter den Inhalt des Topfes in eine große glasierte Tonschüssel leerte.

Erik dachte intensiv über das nach, was Herr Hersebom gesagt hatte. Mehrere Einwände kamen ihm kreuz und quer in den Sinn, und arglos wie er war, kam er nicht umhin, sie in Worte zu fassen.

»Es scheint mir, dass Sie Grund dazu haben, Vater, wenn Sie dem Ertrag von früher nachtrauern«, sagte er, »aber tun Sie Doktor Schwaryencrona nicht unrecht, wenn Sie ihn beschuldigen, ihn vermindert zu haben? Ist sein Öl denn nicht besser als das einfache Haushaltsöl?«

»Hm! … Hm!... Es ist klarer, das ist alles … Es riecht nicht so nach Tran wie das unsrige, sagt man! … Und das ist zweifellos der Grund, weshalb es alle eingebildeten Puten der Stadt vorziehen! Aber es müsste schon mit dem Teufel zugehen, wenn es für die Lungen der Kranken besser wäre als unser gutes, altes Öl von früher! …«

»Letztendlich bevorzugt man es eben aus dem einen oder anderen Grund! Und da es ein für die Gesundheit sehr zuträgliches Medikament ist, so ist es wichtig, dass die Öffentlichkeit möglichst wenig Abneigung verspürt, davon Gebrauch zu machen. Wenn ein Mediziner ein Mittel findet, wie man diese Abneigung vermindern kann, indem man die Herstellungsweise ändert, ist es dann nicht seine Pflicht, seine Entdeckung auch anzuwenden?«

Herr Hersebom kratzte sich hinter dem Ohr.

»Zweifellos«, sagte er widerwillig, »das ist vielleicht seine Pflicht als Arzt. Aber das ist kein Grund, die armen Fischer daran zu hindern, sich ihren Lebensunterhalt zu verdienen …«

»Mir wähnte, dass die Fabrik des Doktors dreihundert Fischer beschäftigt, während es in der Zeit, von der Sie sprechen, keine zwanzig in Norö waren«, wandte Erik schüchtern ein.

»Genauso ist es! Das liegt daran, dass das Handwerk nichts mehr wert ist!«, rief Hersebom aus.

»Kommt! Das Essen ist fertig, setzt euch an den Tisch!«, sagte jetzt Frau Katrina, die bemerkte, dass sich das Gespräch mehr erhitzte, als ihr lieb war.

Erik, der begriff, dass ein längeres Beharren auf seinem Standpunkt unangebracht sein würde, entgegnete auf Herrn Hersebom Einwand nichts weiter und nahm seinen gewohnten Platz an der Seite Wandas ein.

»Der Doktor und Herr Malarius duzen sich; sind sie also schon seit ihrer Kindheit befreundet?«, fragte er nun, um dem Gespräch eine andere Wendung zu geben.

»Zweifellos«, antwortete der Fischer und setzte sich an den Tisch. »Sie wurden beide in Norö geboren, und ich erinnere mich noch an die Zeit, als sie auf dem Schulplatz spielten, obwohl sie etwa zehn Jahre älter waren als ich. Herr Malarius war der Sohn des damaligen Arztes und der Doktor der eines einfachen Fischers. Aber er hat seinen Weg gemacht seit jener Zeit! Man sagt, dass er heute millionenschwer ist und in Stockholm einen echten Palast bewohnt! … Oh! Bildung ist eine feine Sache!«

Nach dieser Weisheit schickte sich der gute Mann an, seinen Löffel in die dampfende Schüssel mit Fisch und Kartoffeln zu tauchen, doch ein Klopfen an der Tür ließ ihn wieder innehalten.

»Darf man eintreten, Meister Hersebom?«, rief eine kräftige und klangvolle Stimme im Flur.

Und ohne die Erlaubnis abzuwarten, trat derjenige, von dem soeben gesprochen worden war, in den Raum. Ein Schwall eisiger Luft drang mit ihm ein.

»Herr Doktor Schwaryencrona!«, riefen die drei Kinder, während der Vater und die Mutter beflissen aufstanden.

»Mein lieber Hersebom«, sagte der Gelehrte und ergriff die Hand des Fischers. »Wir haben uns viele Jahre lang nicht mehr gesehen, aber ich habe die Erinnerung an Ihren großartigen Vater nicht verloren. Und ich habe gedacht, ich könnte mich bei Ihnen als Freund aus Kindheitstagen vorstellen.«

Der ehrenwerte Mann, dem die Anschuldigungen, die er noch vor Kurzem gegen seinen Besucher vorgebracht hatte, peinlich sein mochten, wusste nicht, was er auf diese Worte erwidern sollte. Er begnügte sich daher damit, den Doktor mit einem Lächeln ebenfalls kräftig die Hand zu schütteln und ihn willkommen zu heißen, während seine Frau an das Dringlichste dachte.

»Otto und Erik, schnell, helft dem Herrn Doktor, den Pelz abzulegen, und du, Wanda, bring noch ein Gedeck!«, sagte sie gastfreundlich wie alle norwegischen Hausfrauen. »Erweist uns der Herr Doktor die Ehre, einen Happen mit uns zu essen?«

»Meiner Treu, das würde ich nicht ablehnen, glauben Sie mir, wenn ich nur ein wenig Appetit hätte, denn Sie haben hier ein verlockendes Lachsgericht … Aber es ist noch keine Stunde her, dass ich mit meinem Freund Malarius gespeist habe. Ich wäre sicher nicht so bald gekommen, wenn ich gewusst hätte, dass Sie noch bei Tische sitzen … Wenn Sie mir eine große Freude machen wollen, nehmen

Sie wieder Ihre Plätze ein und tun Sie so, als ob ich gar nicht da wäre.«

»Oh, Herr Doktor«, beschwor ihn die Hausfrau, »so werden Sie wenigstens ein paar *smörgås*[1] und eine Tasse Tee zu sich nehmen?«

»Gut, eine Tasse Tee, aber nur unter der Bedingung, dass Sie zuerst Ihr Abendessen beenden«, antwortete der Doktor und machte es sich in dem großen Lehnstuhl bequem. Wanda setzte dezent den Kochkessel auf den Herd und verschwand wie eine Sylphe[2] im Nebenraum. Da die ganze Familie mit natürlichem Anstand begriff, dass sie ihren Gast bei weiterem Beharren gekränkt hätten, fuhren sie fort, ihrem Essen zuzusprechen.

In zwei Minuten hatte es sich der Doktor bequem gemacht. Den Kamin schürend und sich die Beine am Feuer aus trockenem Holz wärmend, das Katrina hineingeworfen hatte, bevor sie sich wieder an den Tisch setzte, sprach er von den vergangenen Zeiten, den Alten, die verschwunden und denjenigen, die noch da waren, und von den Veränderungen, die inzwischen im Lande und in Bergen selbst stattgefunden hatten. Er fühlte sich ganz wie zu Hause und – was noch bemerkenswerter war – er hatte auch bereits erreicht, dass Herr Hersebom sich wieder wohl fühlte, als Wanda erneut mit einem Holztablett erschien, das mit kleinen Tellern beladen war. Sie bot sie so artig an, dass es keine Möglichkeit gab, abzulehnen. Darauf lagen die berühmten norwegischen *smörgås*: Filets von geräuchertem Rentier, Heringsfilets mit rotem Pfeffer, in dünne Scheiben geschnittenes Schwarzbrot, würziger Käse und andere scharfe Sachen, die man zu jeder Tageszeit isst, um den Appetit anzuregen.

Sie erfüllten derart gut ihre Bestimmung, dass der Doktor, der nur aus Höflichkeit davon gekostet hatte, sich in der Lage sah, der Marmelade aus wilden Brombeeren (welche Frau Katrina zur besonderen Ehre gereichte) zuzusprechen. Und er bekam so heftigen Durst, dass sieben bis acht Tassen Tee ohne Zucker kaum genügten, diesen zu löschen.

Herr Hersebom bot nun ein Glas ausgezeichneten *schiedam*[3] an, den er von einem holländischen Aufkäufer bekommen hatte. Als das Abendessen zu Ende ging, nahm der Doktor aus der Hand seines

[1] Im Original steht »snorgas«, gemeint sind *smørgås*, eine in Skandinavien sehr beliebte Art gemischte Platte.
[2] Luftgeist.
[3] Schiedam, Stadt in Südholland, bekannt durch ihre Schnapsbrennereien.

Gastgebers eine riesige Pfeife entgegen, die er sich stopfte und zur allgemeinen Zufriedenheit rauchte.

Es erübrigt sich zu sagen, dass in diesem Stadium der Unterhaltung das Eis längst gebrochen war; der Doktor schien schon seit Langem ein Teil dieser Familie zu sein. Man lachte, man plauderte, man verhielt sich wie die besten Freunde der Welt, als die alte Uhr aus lackiertem Holz zehn Uhr abends schlug.

»Nun, meine Freunde, es wird schon spät«, sagte da der Doktor. »Wenn Sie jetzt die Kinder ins Bett schicken wollen, können wir von ernsteren Dingen sprechen.«

Auf ein Zeichen Katrinas wünschten Otto, Erik und Wanda sofort allen eine gute Nacht und zogen sich zurück.

»Sie werden sich fragen, weshalb ich gekommen bin«, fuhr der Doktor nach einem Augenblick des Schweigens fort und richtete seinen durchdringenden Blick auf Herrn Hersebom.

»Mein Gast ist mir immer willkommen«, entgegnete der Fischer ernst.

»Ja, das weiß ich; ich weiß, dass die Gastfreundschaft nicht verloren geht in Norö! … Aber Sie werden sich gewiss schon gesagt haben, dass ich irgendeinen Grund gehabt haben muss, wenn ich an diesem Abend die Gesellschaft meines alten Freundes Malarius verlassen habe und bei Ihnen vorstellig geworden bin … Ich wette, dass Frau Hersebom bestimmt irgendeine Vermutung hinsichtlich dieses Grundes hat.«

»Den werden wir erfahren, wenn Sie ihn uns mitteilen«, erwiderte die Hausfrau diplomatisch.

»Gut«, sagte der Doktor mit einem Seufzer, »da Sie mir nicht helfen wollen, muss ich selbst auf die Sache zu sprechen kommen … Ihr Sohn Erik ist ein äußerst bemerkenswertes Kind, Herr Hersebom.«

»Ich kann nicht über ihn klagen«, entgegnete der Fischer.

»Er ist außergewöhnlich intelligent und gebildet für sein Alter«, fuhr der Doktor fort. »Ich habe ihn heute in der Schule befragt und war ausgesprochen verblüfft über das außerordentliche Maß an Fleiß und Scharfsinn, das diese Prüfung in ihm hat erkennen lassen! … Ich war auch verblüfft, als ich seinen Namen erfahren und festgestellt habe, wie wenig er vom Gesicht her Ihnen gleicht und wie wenig er den anderen Kindern des Landes ähnelt.«

Der Fischer und seine Frau verharrten regungslos und schweigend.

»Kurz gesagt«, fing der Gelehrte mit einer gewissen Ungeduld wieder an, »dieses Kind interessiert mich nicht nur, sondern es macht mich neugierig. Ich habe mit Malarius über ihn gesprochen und dabei erfahren, dass er nicht Ihr eigener Sohn ist, sondern durch einen Schiffbruch an unsere Küsten gespült worden ist, dass Sie ihn aufgelesen, aufgezogen und adoptiert haben. Sie sind so weit gegangen, dass Sie ihm Ihren Namen gegeben haben. All dies ist richtig, nicht wahr?«

»Ja, Herr Doktor«, antwortete Hersebom ernst.

»Wenn er auch nicht unser leibliches Kind ist, so ist er es doch vom Herzen und der Zuneigung her«, rief Katrina mit feuchten Augen und bebenden Lippen. »Wir machen zwischen ihm und unserem Otto oder unserer Wanda keinerlei Unterschied. Niemals glaubten wir uns je daran erinnern zu müssen, dass es einen solchen gab!«

»Diese Gefühle gereichen Ihnen beiden zur Ehre«, sagte der Doktor, der von der Aufregung der guten Frau bewegt war. »Aber ich bitte Sie, meine Freunde, erzählen Sie mir doch die ganze Geschichte des Kindes. Ich bin gekommen, um sie zu erfahren, und will ihm nur Gutes, das versichere ich Ihnen.«

Der Fischer, sich hinter dem Ohr kratzend, schien einen Augenblick lang zu zögern. Aber als er bemerkte, dass der Doktor mit Ungeduld seinen Bericht erwartete, entschloss er sich, endlich zu sprechen.

»Die Dinge verhalten sich so, wie Sie es gesagt haben, und das Kind ist nicht das unsrige«, sagte er wie bedauernd. »Jetzt sind bald zwölf Jahre vergangen. Ich war beim Fischen jenseits der Insel, welche den Eingang des Fjords zum offenen Meer hin verbirgt. … Sie wissen, dass sie auf einer Sandbank liegt und dort Kabeljau im Überfluss zu finden ist! … Nach einem ziemlich guten Tag sammelte ich meine letzten Angelschnüre ein und wollte gerade mein Segel hissen, als ich beim Sonnenuntergang in etwa einer Meile Entfernung irgendetwas Weißes auf den Wellen treiben sah, das meine Aufmerksamkeit erregte. Das Meer war ruhig und nichts drängte mich dazu, nach Hause zurückzukehren. Statt Kurs auf Norö zu nehmen, verspürte ich Neugier, auf dieses weiße Ding hin zu steuern, um zu sehen, was es sei. In zehn Minuten hatte ich es erreicht. Der Gegenstand, der dort durch die Flut in Richtung Küste trieb, war eine kleine Wiege aus Korbweide, die mit einem Musselinbezug umwickelt und gut auf einem Rettungsring festgebunden war. Ich näherte mich ihm mit einer Aufregung, die Sie begreifen werden, soweit, bis er in der Reichweite meiner Hand war, packte den Rettungsring, zog ihn aus dem Wasser und stellte nun fest, dass in der Wiege ein armes Baby von sieben oder acht Monaten lag, das tief und fest schlief! Es war zwar ein wenig blässlich und kalt, schien aber unter der abenteuerlichen Reise nicht zu sehr gelitten zu haben, wenn man es von der Kraft her beurteilte, mit der es nach dem Aufwachen zu brüllen begann, sobald es sich nicht mehr von den Wellen eingelullt fühlte. Wir hatten ja bereits unseren Otto, und ich wusste, wie man mit diesen Knirpsen umzugehen hatte.

So beeilte ich mich, aus einem Lappenfetzen eine Puppe anzufertigen, befeuchtete sie mit etwas Wasser, das mit *bränvin*[1] verdünnt war und ließ ihn daran saugen! … Er beruhigte sich sofort und schien diese herzliche Geste mit aufrichtiger Freude zu akzeptieren. Aber ich hatte den Eindruck, dass er sich damit nicht lange zufrieden geben würde. Ich musste mich auch beeilen, nach Norö zurückzukehren. Die Wiege hatte ich natürlich losgebunden und zu meinen Füßen auf den Boden des Bootes gelegt. Während ich die Schot[2] meines Segels fierte[3], betrachtete ich das arme kleine Wesen und fragte mich, woher es wohl kommen mochte. Zweifellos von einem havarierten Schiff! Das Meer war während der Nacht sehr stürmisch gewesen, der Wind hatte mit Orkanstärke geblasen und die Katastrophen waren wohl nach Dutzenden zu zählen. Aber durch welche Umstände war dieses Kind dem Schicksal entgangen, das ihm zugedacht worden war? Wie hatte man daran denken können, es auf einem Rettungsring festzubinden? Seit wie vielen Stunden trieb es schon auf den Wellen? Was war aus seinem Vater und seiner Mutter geworden, aus denen, die es liebten? So viele Fragen, die für immer unbeantwortet bleiben mussten, denn das arme Baby konnte jedenfalls nichts dazu sagen. Kurz gesagt, eine halbe Stunde später war ich zu Hause und übergab meinen Fund Katrina!

Wir besaßen damals eine Kuh, welche wir sofort zur Amme des Kleinen bestimmten. Er war so freundlich, so rosig, lächelte, wenn man ihm seine Milch vorbereitet und auf dem Feuer erhitzt hatte, dass wir ihn, meiner Treu, auf Anhieb geliebt haben, und er uns üb-

---

1 Fußnote im Original: Skandinavischer Schnaps. *(Ergänzung der Hrsg.)* Im Original steht »branvin«, ein schwedisches Wort. Wir befinden uns aber in Norwegen. Laurie achtete wohl nicht auf den Unterschied.

2 Tau zum Steuern und Spannen der Segel.

3 Das Herablassen von Stengen, Segeln usw. aus der Takelung mit Tauen oder Taljen (Flaschenzügen); Auffieren, das Lockern eines straffen Taues.

rigens auch! … So war es! … Und dann haben wir ihn natürlich behütet und aufgezogen und niemals einen Unterschied zwischen ihm und unseren beiden Kindern gemacht! … Nicht wahr, Frau? …«, fügte Herr Hersebom hinzu, wobei er sich an Katrina wandte.

»Natürlich, der arme Kleine!«, erwiderte die Hausfrau und wischte sich über die Augen, welche sich aufgrund dieser Erinnerungen mit Tränen gefüllt hatten. »Und er ist sehr wohl unser Kind, weil wir ihn ja auch adoptiert haben! Ich weiß nicht, warum Herr Malarius das Gegenteil behaupten konnte!«

Und die gute Frau, die aufrichtig empört war, fing an, erneut energisch ihr Spinnrad zu bedienen.

»Das ist wahr«, unterstützte sie Hersebom. »Sieht das denn niemand außer uns?«

»Doch, sicherlich!«, antwortete der Doktor in versöhnlichstem Ton. »Aber es ist nicht notwendig, Malarius der Indiskretion zu bezichtigen. Ich war es, der über die Gesichtszüge des Kindes verblüfft war und deshalb vertraulich den Lehrer gebeten habe, mir seine Geschichte zu erzählen. Malarius hat mich nicht im Ungewissen darüber gelassen, dass Erik glaubt, Ihr Sohn zu sein, und dass alle Bewohner von Norö vergessen haben, wie er das geworden ist. Sie sehen auch, dass ich bemüht war, nicht vor dem Jungen zu sprechen und ihn erst ins Bett geschickt habe, wie seinen Bruder und seine Schwester … Sie sagen, dass er sieben oder acht Monate alt gewesen sein mochte, als Sie ihn aufgenommen haben?«

»Beinahe! Er hatte schon vier Zähne, der Schlingel, und ich versichere Ihnen, dass er sich ihrer nicht schon lange vorher bedient hat!«, sagte Hersebom und lachte dabei.

»Oh, er war ein großartiges Kind!«, meinte Katrina lebhaft. »Weiße Haut, gut genährt und kräftig gebaut. Und die Arme und Beine! … Sie hätten ihn sehen müssen …«

»Wie war er denn gekleidet?«, fragte Doktor Schwaryencrona.

Hersebom antwortete nicht, aber seine Frau zeigte weniger Zurückhaltung.

»Wie ein kleiner Prinz!«, rief sie. »Stellen Sie sich vor, Herr Doktor, es war ein ganz mit Spitzen versehenes gestepptes Gewand, ein satingefütterter Pelzrock, wie ihn der Sohn des Königs nicht schöner hätte haben können, eine kleine gefaltete Kappe, ein Kapuzenmantel aus weißem Samt … Alles war wunderschön! … Übrigens können Sie das selbst beurteilen, denn ich habe alles unversehrt aufbewahrt.

Sie können sich vorstellen, dass wir uns nicht damit aufgehalten haben, dem Baby diese Kleidung anzuziehen! ... Ich habe ihm ganz einfach das Gewand, das Otto zu klein geworden war, das ich aufgehoben und das später auch für Wanda gedient hatte, angezogen! ... Aber seine Kleidung ist hier und ich werde sie Ihnen zeigen.«

Während sie all das sagte, hatte sich die brave Frau vor einer großen Eichentruhe mit einem uralten Schloss niedergekniet und den Deckel hochgehoben; daraufhin suchte sie eifrig in einem der Fächer.

Dann zog sie daraus die erwähnten Kleidungsstücke hervor, eins nach dem anderen, welche sie mit Stolz vor den Augen des Doktors ausbreitete, außerdem Wickeltücher von großer Feinheit, ein prächtiges mit Spitzen verziertes Lätzchen, ein Fußdeckchen aus Seide und Babyschuhe aus weißer Wolle. Alle diese Stücke waren mit einem eleganten, aus den gestickten Initialen *E.D.* bestehenden Monogramm gekennzeichnet, wie der Doktor auf den ersten Blick feststellte.

»*E.D.* ... Haben Sie deshalb dem Kind den Namen Erik gegeben?«, fragte er.

»Genauso ist es«, antwortete Katrina, der diese Präsentation offensichtlich Freude bereitete, während sich das Gesicht ihres Mannes zu verdüstern schien. »Und das hier ist das Schönste, das hatte er um den Hals! ...«, fügte sie hinzu und zog aus dem Versteck eine Rassel aus Gold und rosafarbenen Korallen hervor, die an einer kleinen Kette hing.

Die Initialen *E.D.* waren von einem lateinischen Motto umgeben: *Semper idem*.

»Wir haben anfangs gedacht, dass dies der Name des Babys sei«, fuhr sie fort und sah zu, wie der Doktor das Motto entzifferte. »Aber Herr Malarius hat uns gesagt, dass dies *Immer der Gleiche* bedeutet.«[1]

»Herr Malarius hat Ihnen die Wahrheit gesagt«, erwiderte der Doktor auf diese wohl indirekt als Frage zu verstehenden Worte. »Es ist klar, dass das Kind einer reichen und vornehmen Familie angehört hat«, fügte er hinzu, während Katrina die Kleidungsstücke wie-

[1] Ein Ausdruck für Beständigkeit. Er stammt von Cicero, der damit die gleichbleibende heitere Gemütsverfassung des Sokrates umschrieb. Elisabeth I. von England nahm ihn sich als Wahlspruch, und die Spirituosenfabrik Underberg hat diesen Slogan sogar heute noch in ihrem Firmennamen als Werbebotschaft für unveränderliche Qualität (*Semper idem Underberg GmbH*).

der in die Truhe legte. »Haben Sie keine Ahnung, aus welchem Land es gekommen sein könnte?«

»Wie sollte man etwas Derartiges wissen?«, antwortete Hersebom. »Es war ja auf dem Meer, wo ich den Fund gemacht habe!«

»Ja, aber die Wiege war auf einem Rettungsring festgebunden, haben Sie gesagt. Und bei allen seefahrenden Nationen ist es üblich, auf die Rettungsringe den Namen des Schiffes zu schreiben, zu denen sie gehören«, erwiderte der Doktor und heftete erneut seine durchdringenden Augen auf die des Fischers.

»Zweifellos«, sagte dieser und senkte den Kopf.

»Nun gut, was für einen Namen trug dieser Rettungsring?«

»Hören Sie, Herr Doktor, ich bin kein Gelehrter! … Ich kann zwar ein bisschen meine eigene Sprache lesen, aber Fremdsprachen, gute Nacht! … Und außerdem, das liegt ja schon so lange Zeit zurück!«

»Sie müssen sich aber doch wenigstens grob daran erinnern! … Und vermutlich haben Sie doch diesen Rettungsring wie die anderen Sachen auch Herrn Malarius gezeigt? … Kommen Sie, Herr Hersebom, geben Sie sich ein wenig Mühe. Lautete der eingetragene Name im Rettungsring vielleicht *Cynthia*?«

»Ich glaube, so etwas in der Richtung könnte es gewesen sein«, antwortete der Fischer unbestimmt.

»Das ist ein ausländischer Name! … Aus welchem Land kam er, was denken Sie, Herr Hersebom?«

»Was weiß denn ich! … Kenne ich denn alle Länder, zum Teufel? … Bin ich denn je über die Gegend von Norö und Bergen hinausgekommen, wenn ich auch ein- oder zweimal zum Fischen an die Küste von Island oder Grönland gefahren bin?«, entgegnete der gute Mann in einem Ton, der immer schroffer wurde.

»Ich würde der Einfachheit halber mal annehmen, dass dies ein englischer oder deutscher Name ist«, sagte der Doktor, ohne weiter auf diese Antwort einzugehen. »Es wäre aufgrund der Form der Buchstaben leicht, das zu entscheiden, wenn ich den Rettungsring sehen würde. Haben Sie ihn nicht aufbewahrt?«

»Meiner Treu, nein! Der ist schon vor langer Zeit verbrannt worden!«, rief Hersebom triumphierend.

»Nach Malarius' Erinnerung waren es romanische Buchstaben«, sagte der Doktor wie im Selbstgespräch, »und die vom Wäschemonogramm sind es ganz sicher. Da ist es doch wahrscheinlich, dass die

Cynthia kein deutsches Schiff gewesen ist. Ich denke an ein englisches Schiff … ist das nicht auch Ihre Ansicht, Herr Hersebom?«

»Oh, das ist etwas, worum ich mich wenig kümmere«, erwiderte der Fischer. »Ob das nun Englisch, Russisch oder Patagonisch ist, das ist die geringste meiner Sorgen! … Es ist schon lange her, dass das Geheimnis allem Anschein nach dem Meer in drei- oder viertausend Metern Tiefe anvertraut wurde!«

Man hätte wirklich glauben können, dass Herr Hersebom erfreut darüber war, dieses Geheimnis so tief unter dem Meeresspiegel zu wissen.

»Haben Sie denn keinerlei Anstrengungen unternommen, um die Familie des Kindes ausfindig zu machen?«, fragte der Doktor, hinter dessen Brillengläsern in diesem Augenblick eine stark ausgeprägte Ironie aufzublitzen schien. »Sie werden doch dem Gouverneur von Bergen geschrieben, eine Anzeige in die Zeitung gesetzt haben?«

»Ich?«, rief der Fischer. »Ich habe nichts Derartiges getan! … Gott weiß, woher das Baby kam und wer sich darum ängstigte! … Hatte ich denn die Mittel, Geld auszugeben, um die Leute zu finden, die sich so wenig um ihn Sorgen gemacht haben? … Versetzen Sie sich in meine Lage, Herr Doktor … Ich bin doch kein Millionär! … Wir hätten, selbst wenn wir alle unsere Ersparnisse ausgegeben hätten, sicherlich nichts entdeckt! … Wir haben unser Bestes getan, den Kleinen wie unseren eigenen Sohn erzogen, ihn geliebt und umsorgt …«

»Womöglich mehr noch als die anderen beiden!«, unterbrach ihn Katrina und wischte sich die Augen an einem Zipfel ihrer Schürze ab. »Denn wenn wir uns irgendetwas vorzuwerfen haben, dann das, dass wir ihm vielleicht zu viel Zärtlichkeit gegeben haben!«

»Frau Hersebom, Sie werden mich doch nicht beleidigen wollen, indem Sie vermuten, dass Ihre Freundlichkeiten dem armen kleinen Schiffbrüchigen gegenüber in mir irgendein anderes Gefühl auslösen könnten als aufrichtigste Bewunderung!«, rief der Doktor. »Nein, denken Sie nichts Derartiges! … Aber wenn Sie gestatten, dass ich in aller Offenheit mit Ihnen spreche, dann glaube ich, dass diese Zärtlichkeit Sie blind gemacht hat gegenüber Ihrer Pflicht! Letztere war es vor allem, mit all den Ihnen zur Verfügung stehenden Kräften nach der Familie des Kindes zu suchen!«

Hierauf herrschte große Stille.

»Das ist möglich!«, sagte schließlich Herr Hersebom, der seinen

Kopf bei diesem Vorwurf gesenkt hatte. »Aber was geschehen ist, ist geschehen! Jetzt ist unser Erik bestens bei uns aufgehoben und ich möchte mit ihm überhaupt nicht über diese alten Geschichten sprechen.«

»Befürchten Sie nichts! Ich werde Ihr Vertrauen nicht missbrauchen!«, entgegnete der Doktor und erhob sich. »Es ist schon spät … Ich werde Sie nun verlassen, meine guten Freunde, und wünsche Ihnen eine gute Nacht, – eine Nacht ohne Gewissensbisse«, fügte er ernst hinzu.

Daraufhin warf er sich seinen gefütterten Pelzmantel über, und ohne das Angebot des Fischers anzunehmen, der ihn unbedingt zurückbegleiten wollte, drückte er herzlich die Hände seiner Gastgeber und ging zu seiner Fabrik.

Hersebom blieb einen Augenblick auf der Schwelle stehen und schaute ihm nach, wie er sich im Mondschein entfernte.

»Teufelskerl!«, murmelte er zwischen den Zähnen, als er sich endlich entschied, seine Tür zu verschließen.

3. Kapitel
Die Gedanken des Herrn Hersebom

Am nächsten Morgen hatte Doktor Schwaryencrona nach einer vollständigen Inspektion der Fabrik gerade das Mittagessen mit seinem Verwalter beendet, als er eine Person eintreten sah, in welcher er zunächst einige Schwierigkeiten hatte, Herrn Hersebom wiederzuerkennen.

In sein Festtagsgewand gekleidet, mit seiner großen gestickten Weste und seinem gefütterten Mantel, mit dem hohen Zylinderhut auf dem Kopfe, unterschied sich der Fischer ganz gewaltig vom Aussehen in seiner Arbeitskleidung. Aber was die Veränderung vollständig machte, das war die tiefe Traurigkeit und Zerknirschtheit, die seine Gesichtszüge verrieten. Er hatte rote Augen und schien die Nacht über nicht geschlafen zu haben.

Das war in der Tat der Fall. Herr Hersebom, der bis zum heutigen Tag niemals die geringsten Gewissensbisse gehabt hatte, hatte auf seiner Ledermatratze recht trübselige Stunden verbracht! Gegen Morgen hatte er dann die äußerst schmerzlichen Überlegungen mit Frau Katrina ausgetauscht, die auch kein Auge zugemacht hatte.

»Frau, ich denke über das nach, was uns der Doktor gesagt hat!«, rief er nach etlichen Stunden der Schlaflosigkeit aus.

»Auch ich denke daran, seit er gegangen ist«, antwortete die brave Hausfrau.

»Mir ist aufgefallen, dass ein Gutteil Wahrheit in all dem steckt und dass wir vielleicht doch viel egoistischer waren, als wir dachten! Wer weiß, ob dem Jungen nicht ein großes Vermögen zusteht, das ihm wegen unserer Nachlässigkeit vorenthalten wird? ... Wer weiß, ob er nicht bereits seit zwölf Jahren von einer Familie beweint wird, die uns zu Recht beschuldigen könnte, nichts versucht zu haben, um ihn ihr zurückzugeben?«

»Das ist genau das, was ich mir auch sage«, antwortete Katrina und seufzte. »Falls seine Mutter lebt, die arme Frau, was für ein schrecklicher Kummer muss das für sie sein, zu glauben, dass ihr Kind ertrunken ist! ... Ich versetze mich in ihre Lage und stelle mir vor, dass wir so unseren Otto verloren hätten! ... Niemals würden wir uns darüber hinwegtrösten!«

»Die Mutter ist es nicht einmal, die mich beunruhigt, denn sie ist allem Anschein nach tot«, fuhr Hersebom nach einem Schweigen fort, das nur gelegentlich von neuen Seufzern unterbrochen wurde. »Wie könnte man sich vorstellen, dass ein Kind seines Alters ohne sie verreist sein soll oder dass man ihn auf einem Rettungsring festgebunden und ganz allein den Risiken des Meeres ausgesetzt hätte, wenn sie noch am Leben gewesen wäre?«

»Das ist wahr ... aber was wissen wir denn überhaupt? ... Vielleicht ist sie ja auch wie durch ein Wunder davongekommen!«

»Und vielleicht hat man ihr selbst sogar das Kind geraubt! ... Das ist so ein Gedanke, der mir manchmal gekommen ist«, fuhr Hersebom fort. »Wer sagt uns denn, dass es nicht jemanden gegeben hat, der ein Interesse daran hatte, es verschwinden zu lassen? ... Das Aussetzen auf einem Rettungsring ist ein solch außergewöhnlicher Vorgang, dass alle Vermutungen möglich sind ... Und in diesem Fall hätten wir uns zu Mitschuldigen an einem Verbrechen gemacht, hätten den Erfolg sogar begünstigt! ... Ist es nicht schrecklich, das zu denken?«

»Wer hätte uns etwas Derartiges nachsagen können, uns, die wir glaubten, ein mildtätiges Werk zu verrichten, indem wir den armen Kleinen adoptierten?«

»Oh, es ist ja klar, dass wir nichts Böses im Sinn hatten! Wir haben ihn ernährt und nach bestem Wissen aufgezogen! Trotzdem haben wir sehr töricht gehandelt, und der Knabe wird uns das vielleicht eines Tages zu Recht vorwerfen! …«

»Deshalb brauchen wir nichts zu befürchten, da bin ich mir sicher! Aber es wäre bereits zu viel, wenn wir uns selbst irgendetwas vorzuwerfen hätten!«

»Und doch ist es seltsam, dass die gleiche Handlung – von einem anderen Standpunkt aus betrachtet – auf solch entgegengesetzte Art und Weise beurteilt werden kann! Niemals hätte ich mir etwas Derartiges vorgestellt! … Und die wenigen Worte des Doktors haben genügt, um uns den Kopf zurechtzurücken.«

So plauderten die braven Leute miteinander.

Das Ergebnis dieses Austausches nächtlicher Überlegungen war, dass Herr Hersebom den Doktor Schwaryencrona aufsuchen und ihn fragen sollte, was machbar sei, um den begangenen Fehler wieder gut zu machen.

Der glaubte, zunächst nicht auf das letzte Nacht Besprochene zurückkommen zu müssen. Er empfing den Fischer mit Wohlwollen, sprach mit ihm über das Wetter und die Fischpreise und tat so, als ob er die Aufwartung als einen einfachen Höflichkeitsbesuch ansehen würde.

Das war aber überhaupt nicht das Anliegen des Herrn Hersebom, der nun anfing, das Gespräch auf den Gegenstand seiner Sorgen zu lenken. Er sprach von der Schule des Herrn Malarius und entschied sich schließlich, ins kalte Wasser zu springen.

»Herr Doktor«, sagte er entschlossen, »meine Frau und ich haben die ganze Nacht darüber nachgedacht, was Sie uns gestern Abend bezüglich des Jungen gesagt haben … Wir haben niemals geglaubt, ihm zu schaden, indem wir ihn als unser Kind aufgezogen haben! … Aber Sie haben eine Änderung unserer Meinung bewirkt, und ich möchte gern wissen, was Sie uns raten, um nicht weiterhin unter dieser Unkenntnis zu leiden. Denken Sie, dass es noch sinnvoll ist, nach Eriks Familie zu suchen?«

»Es ist nie zu spät, um seiner Pflicht nachzukommen«, antwortete der Doktor, »obwohl die Lösung dieser Aufgabe jetzt sehr viel komplizierter sein dürfte, als es ganz am Anfang der Fall gewesen wäre … Wollen Sie mir die Sache anvertrauen? Ich werde mich mit Vergnügen darum kümmern und verspreche Ihnen, dass ich mich nach Ihrem Wunsch ganz dafür einsetzen werde, unter einer Bedingung allerdings: Dass Sie mir nämlich gleichzeitig das Kind anvertrauen, um es mit nach Stockholm zu nehmen.«

Ein schwerer Schlag auf den Kopf hätte bei Herrn Hersebom nicht mehr Schwindelgefühl auslösen können. Er wurde blass und war offensichtlich verwirrt.

»Ihnen Erik anvertrauen … ihn nach Stockholm schicken? … Ja, aber warum denn, Herr Doktor?«, fragte er mit verstörter Stimme.

»Das werde ich Ihnen sagen. Das, was meine Aufmerksamkeit auf diesen Jungen gelenkt hat, waren gleichzeitig die äußerlichen Merkmale, durch die er sich schon auf den ersten Blick von seinen Mitschülern unterscheidet, aber auch seine scharfe Intelligenz und seine ausgeprägte Berufung für höhere Studien. Bevor ich wusste, auf welche Weise er in Norö gestrandet ist, hatte ich mir gesagt, dass es ein Verbrechen wäre, einen so begabten Jungen an einer Dorfschule zu belassen, selbst bei einem Lehrer wie Malarius. Denn hier gibt es nichts, was ihm in der Entwicklung seiner außergewöhnlichen Fähigkeiten helfen könnte, weder Museen noch wissenschaftliche Sammlungen, weder Bibliotheken noch Mitstreiter, die seiner wert wären. Dies hat mich veranlasst, mich nach Erik zu erkundigen, zu fragen, was für eine Geschichte er habe. Bevor ich sie erfuhr, hatte ich schon den lebhaften Wunsch, diesem Kind alle Vorteile einer vollständigen Ausbildung zu verschaffen … Sie werden gewiss ohne Weiteres begreifen, dass ich, einmal im Besitz der Auskünfte, die Sie mir gegeben haben, mich noch mehr zu diesem Vorhaben veranlasst fühle. Von dieser Aufgabe, die ich zu seinem Besten zu übernehmen bereit bin, könnte mich nichts abbringen. … Ich muss Sie nicht daran erinnern, Herr Hersebom, dass Ihr Adoptivsohn offensichtlich einer reichen und vornehmen Familie angehört. Wollen Sie, dass mir vorgeworfen werden könnte, der Familie – falls ich sie wiederfinde – ein Kind zurückzugeben, das auf dem Dorf erzogen und deshalb ohne Bildung ist, ohne die es aber in seiner neuen Umgebung fehl am Platz wäre? … Das wäre unvernünftig; Sie haben genug Verstand, als dass Sie das nicht begreifen würden …«

Herr Hersebom senkte den Kopf. Ohne dass er es merkte, kullerten ihm zwei große Tränen über die braunen Wangen …

»Aber«, sagte er, »das wäre dann doch eine endgültige Trennung! … Ohne vorher zu wissen, ob der Kleine eine andere Familie finden wird, müsste ich ihn aus dem Hause weisen! … Sie verlangen zu viel, Herr Doktor, verlangen auch zu viel von meiner Frau! … Das

Kind ist doch glücklich bei uns! … Warum es nicht hier lassen, wenigstens so lange, bis es sich eines glänzenderen Schicksals sicher sein kann?«

»Glücklich! … Wer sagt Ihnen, dass er es später sein wird? … Wer sagt Ihnen, dass er, wenn er erwachsen ist, es nicht bedauern wird, gerettet worden zu sein? Intelligent und überragend, wie er vielleicht sein wird, wird er an dem Leben, das Sie, mein lieber Hersebom, ihm in Norö bieten können, ersticken! …«

»Meiner Treu, Herr Doktor, dieses Leben, das Sie verachten, ist gut genug für uns! … Warum nicht auch für den Jungen?«

»Ich verachte es nicht!«, rief der Gelehrte voller Entrüstung. »Niemand außer mir bewundert und würdigt die Arbeit so wie ich! Glauben Sie denn, Herr Hersebom, dass ich je vergessen könnte, woher ich komme? … Mein Vater und mein Großvater waren Fischer wie Sie. Und gerade weil sie die Weitsicht hatten, mir eine Ausbildung zu verschaffen, schätze ich diese Wohltat sehr hoch und möchte dem Kind den gleichen Vorteil sichern! … Nur sein Interesse leitet mich, glauben Sie mir! …«

»He! Was weiß denn ich? … Erik wird weit gekommen sein, wenn Sie aus ihm einen feinen Herrn gemacht haben, der sich seiner Arme nicht mehr zu bedienen weiß! … Und falls Sie seine Familie nach zwölf Jahren nicht wiederfinden, was am wahrscheinlichsten ist, wird sich für uns ein schönes Stück Arbeit abzeichnen … Gehen Sie, Herr Doktor, das Leben der Menschen am Meer ist ein gutes Leben, und es ist so gut wie jedes andere! … Ein sicheres Boot unter den Füßen, kühlen Wind in den Haaren und vier oder fünf Dutzend Kabeljaus auf dem Grund der Netze; ein norwegischer Fischer fürchtet nichts und schuldet niemandem etwas! … Sie sagen, dass Erik mit diesem Leben nicht glücklich wäre? Erlauben Sie, das Gegenteil zu glauben! Ich kenne es gut, das Kind! … Er liebt die Bücher, aber vor allem anderen liebt er das Meer! Man könnte sagen, dass er noch immer spürt, dass er einst von ihm gewiegt und geschaukelt worden ist, und alle Museen der Welt würden ihn nicht darüber hinweg trösten, wenn er fern von ihm wäre!«

»Aber in Stockholm haben wir auch das Meer«, sagte der Doktor lächelnd, der trotz dieses leidenschaftlichen Widerstandes gerührt war.

»Was wollen Sie letztlich«, fuhr der Fischer fort und kreuzte seine Arme. »Was schlagen Sie konkret vor, Herr Doktor?«

»Also denn! … Sie sehen nach all dem wohl auch die Notwendigkeit, hier etwas zu unternehmen … Nun gut, das ist mein Vorschlag: Erik ist zwölf Jahre alt, bald dreizehn, und scheint ein außergewöhnlich begabtes Kind zu sein. Es ist von geringer Bedeutung, woher er kommt … Lassen wir die Frage der Herkunft einmal beiseite. Er verdient, dass man ihm die Mittel bietet, seine Fähigkeiten zu entwickeln und zu nutzen: Das ist es, was uns gegenwärtig beschäftigt. Ich bin reich und habe keine Kinder. Ich verpflichte mich, ihm diese Mittel zur Verfügung zu stellen, ihm die besten Lehrer und alle möglichen Einrichtungen zu bieten, damit er deren Unterricht nutzen kann … Erfahrungsgemäß dauert das zwei Jahre. In diesem Zeitraum habe ich mich um die Sache gekümmert, Untersuchungen angestellt, in Zeitungen inseriert, Himmel und Erde in Bewegung gesetzt, um die Eltern des Kindes ausfindig zu machen! … Wenn ich das in zwei Jahren nicht geschafft habe, werde ich es niemals schaffen! … Falls die Eltern wiedergefunden werden? Natürlich entscheiden sie dann darüber, was geschehen soll! … Andernfalls schicke ich Erik wieder zu Ihnen zurück! … Er wird fünfzehn sein und die Welt gesehen haben! … Die Stunde ist dann gekommen, ihm die Wahrheit über seine Geburt zu sagen. Er kann sich nach unseren Ratschlägen und den begründeten Urteilen seiner Lehrer entscheiden, nachdem er sich vollständig im Klaren ist über seinen weiteren Lebensweg! … Will er Fischer werden, so werde ich mich nicht dagegen stellen! … Will er seine Studien fortsetzen, so ist es wahrscheinlich, dass er sich ihrer würdig erweisen wird, und ich verspreche, es ihm zu ermöglichen, sie zu beenden und den Beruf seiner Wahl zu ergreifen! … Erscheint Ihnen dies alles nicht als vernünftig?«

»Mehr als vernünftig! … Die Weisheit selbst spricht aus Ihrem Munde, Herr Doktor!«, rief Herr Hersebom, von diesen Argumenten völlig in die Enge getrieben. »Deshalb sollte man also studiert haben!«, sagte er und schüttelte den Kopf. »So hat man mit den Unwissenden leichtes Spiel! … Schwierig wird es jetzt sein, all das meiner Frau gegenüber zu wiederholen! … Werden Sie den Knaben schon bald mitnehmen? …«

»Morgen! … Ich kann meine Rückkehr nach Stockholm nicht einen Tag länger hinausschieben.«

Herr Hersebom stieß einen Seufzer aus, der wie ein Schluchzen klang.

»Morgen! Das ist aber bald!«, sagte er. »Nun gut, es kommt wie es kommen soll! … Ich werde mit meiner Frau sprechen …«

»Ganz genau! Besprechen Sie sich auch mit Herrn Malarius. Sie werden sehen, dass er meiner Meinung ist.«

»Oh, ich zweifle kein bisschen daran«, erwiderte der Fischer mit einem traurigen Lächeln.

Er drückte die Hand, die ihm Herr Schwaryencrona reichte und ging nachdenklich davon.

Am Abend, vor dem Essen, suchte der Doktor erneut das Haus von Herrn Hersebom auf. Er traf die Familie wiederum wie am Vorabend um den Herd versammelt an, aber nicht mit den gleichen Gefühlen von Ruhe und Glück. Der Vater saß schweigend und mit untätigen Händen ziemlich weit vom Feuer entfernt. Katrina, deren Augen voller Tränen waren, hielt Eriks Hände fest in den ihren. Dessen Wangen glühten in der Hoffnung auf sein neues Geschick, sein Blick aber war vom Kummer, all das, was er liebte, verlassen zu müssen, umdüstert und er wusste nicht recht, welchem Gefühl er die Oberhand lassen sollte. Die kleine Wanda versteckte ihren Kopf auf den Knien des Fischers. Man sah von ihr nicht mehr als die langen silberblonden Zöpfe, welche schwer über ihre zarten und anmutigen Schultern fielen. Auch Otto, ebenfalls heftig bewegt wegen dieser plötzlichen Trennung, saß reglos neben seinem Adoptivbruder.

»Wie düster und verzweifelt Sie alle sind!«, rief der Doktor und blieb stehen, als er über die Schwelle getreten war. »Wenn Erik kurz vor dem Aufbruch zu einer in die entferntesten Länder führenden und äußerst gefahrvollen Expedition stehen würde, könnten Sie nicht mehr Kummer zum Ausdruck bringen! … Dazu besteht aber wirklich keine Ursache, das versichere ich Ihnen, meine lieben Freunde! Stockholm liegt ja nicht auf der anderen Seite der Erdkugel und das Kind verlässt Sie ja nicht für immer! Er wird Ihnen schreiben können, und ich zweifle nicht daran, dass er das oft tun wird! Sein Fall ist der aller Jungen, die weggehen an eine höhere Schule. In zwei Jahren wird er hoch gebildet wiederkommen und in jeder Hinsicht alles erreicht haben! Ist das ein so großer Anlass, um zu verzweifeln? … Ehrlich gesagt, das ist unvernünftig!«

Katrina war mit der angeborenen Würde nordischer Bäuerinnen aufgestanden. »Herr Doktor, Gott ist mein Zeuge, dass ich zutiefst anerkenne, was Sie für unseren Erik tun«, sagte sie. »Aber es ist nicht unsere Schuld, wenn uns seine Abreise traurig macht. Hersebom hat mir erklärt, dass dies eine notwendige Trennung ist. Ich füge mich. Verlangen Sie jedoch nicht, dass wir das nicht bedauern!«

»Mutter«, rief Erik, »ich werde nicht weggehen, wenn Ihnen das so viel Kummer bereitet!«

»Nein, mein Kind«, antwortete die gute Frau und schloss ihn in ihre Arme. »Diese Ausbildung ist ein Geschenk, bei dem wir nicht das Recht haben, es für dich zurückzuweisen! … Geh, mein Sohn, bedanke dich beim Herrn Doktor, der dir all das ermöglichen wird, und beweise ihm immer durch dein fleißiges Lernen, dass du seine große Güte schätzt.«

»Na, na!«, sagte der Doktor, dessen Brille sich durch eine sonderbare Wolke verschleiert zu haben schien. »Wollen Sie mich auch zu Tränen rühren? … Sprechen wir lieber von praktischen Dingen, das wird besser sein. Sie haben richtig verstanden, nicht wahr, dass es darum geht, morgen in aller Frühe abzureisen, weshalb alles fertig sein muss? Wenn ich ›alles‹ sage, bedeutet das nicht, dass eine sehr große Ausstattung notwendig ist. Wir werden bis Bergen mit einem Pferdeschlitten fahren, dort nehmen wir dann die Eisenbahn. Erik benötigt nur etwas Wäsche und wird in Stockholm finden, was er benötigt …«

»Alles wird bereit sein«, antwortet Frau Hersebom einfach. »Wanda«, fügte sie mit norwegischer Höflichkeit hinzu: »Der Herr Doktor steht noch!«

Das Mädchen beeilte sich, Herrn Schwaryencrona einen großen Lehnstuhl aus lackierter Eiche hinzuschieben.

»Ich gehe«, erklärte der Doktor. »Malarius erwartet mich zum Abendessen … Also, *flicka* (junges Mädchen)«, sagte er und legte seine Hand auf den blonden Kopf des Kindes, »verübeln Sie es mir sehr, dass ich Ihren Bruder mitnehme?«

»Nein, Herr Doktor«, antwortete Wanda ernst. »Erik wird dort glücklicher sein. Er ist nicht dazu geschaffen, auf dem Dorf zu bleiben.«

»Und Sie, meine Kleine, werden Sie unglücklich ohne ihn sein?«

»Der Strand wird menschenleer sein«, erwiderte das Kind sanft. »Die Möwen werden ihn suchen, ohne ihn zu finden. Die kleinen blauen Wellen werden sich wundern, ihn nicht mehr zu sehen, und das Haus wird mir leer vorkommen! Aber Erik wird zufrieden sein, denn er wird Bücher haben und sehr klug werden.«

»Und seine brave kleine Schwester wird sich über sein Glück freuen, nicht wahr, mein Kind?«, sagte der Doktor und drückte dem Mädchen einen Kuss auf die Stirn. »Und sie wird stolz auf ihn sein, wenn er zurückkommt! … Schön, das ist also beschlossene Sache! Ich muss jetzt schnellstens weg! Bis morgen!«

»Herr Doktor«, flüsterte Wanda schüchtern, »auch ich würde Sie gern um einen Gefallen bitten.«

»Sprechen Sie, *flicka*!«

»Sie fahren mit einem Schlitten weg, haben Sie gesagt? Ich würde Sie gern mit Erlaubnis meines Vaters und meiner Mutter bis zur ersten Station bringen.«

»Oh! Oh! Aber ich habe zu diesem Zweck schon Regnild, die Tochter meines Verwalters, bestimmt.«

»Das weiß ich, von ihr selbst. Aber sie ist damit einverstanden, mir ihren Platz abzutreten, falls Sie das zulassen.«

»Nun gut, in diesem Fall brauchen Sie nur noch die Erlaubnis von Papa und Mama.«

»Die habe ich.«

»So haben Sie auch die meinige, liebes Kind«, sagte der Doktor und ging.

Am nächsten Morgen, als der große Schlitten vor dem Hause Hersebom hielt, saß die kleine Wanda – wie sie es sich erbeten hatte – die Zügel haltend auf dem Sitz. Sie fuhr bis zum Nachbarort, wo der Doktor ein anderes Pferd und ein anderes Mädchen anmietete, und so ging es weiter bis nach Bergen.

Über diese neuartigen Kutscher würde sich ein Ausländer bestimmt wundern, sie sind aber üblich in Schweden und Norwegen. Die Männer würden meinen, nur ihre Zeit zu vergeuden, wenn sie diese Aufgabe übernähmen, und so ist es nicht selten, dass man Kindern von zehn bis zwölf Jahren schwere Gespanne anvertraut, die sie mit Leichtigkeit zu führen verstehen.

Der Doktor hatte es sich bereits im Fond der Kutsche bequem gemacht und sich in seine Pelze eingewickelt. Erik nahm, nachdem er sich zärtlich von seinem Vater und dem Bruder verabschiedet hatte, die sich damit begnügten, ihm ihre stille Trauer über sein Weggehen auszudrücken, Platz an der Seite Wandas; die gute Katrina war gesprächiger.

»Leb wohl, mein Sohn«, sagte sie unter Tränen. »Vergiss niemals, was dir deine armen Eltern beigebracht haben. Sei ehrlich und anständig! Lüge nie! Gib bei der Arbeit immer dein Bestes! Beschütze immer diejenigen, die schwächer sind als du! Und wenn du nicht das Glück findest, das du verdienst, komm wieder und suche es hier bei uns.«

Wanda tippte das Pferd an, das einen schnellen Trab anschlug, wobei seine Schellen läuteten. Die Luft war kalt und die Straße hart wie Glas. Am Horizont warf eine blasse Sonne ihren goldenen Mantel über die verschneite Landschaft. Nach wenigen Minuten verblasste Norö in der Ferne.

4. Kapitel
In Stockholm

Doktor Schwaryencrona bewohnte in Stockholm eine prächtige Villa, die auf der Insel Stadsholmen lag. Dies ist der älteste und zugleich auch der am meisten begehrte Stadtteil dieser charmanten Hauptstadt – einer der schönsten und liebenswürdigsten Europas –, eine von denen, welche Ausländer am häufigsten besuchen würden, wenn nicht Mode und Vorurteile auf die Reisepläne der gewöhnlichen Touristen mindestens so viel Einfluss hätten wie auf die Form ihrer Hüte.

Zwischen dem Mälarsee und der Ostsee liegend, auf einer Gruppe von acht Inseln, welche durch unzählige Brücken miteinander verbunden sind, und gesäumt von herrlichen Kais, belebt durch den stetigen Verkehr der Dampfschiffe, welche die Aufgabe von Omnibussen übernehmen, durch die Fröhlichkeit ihrer arbeitsamen und zufriedenen Bewohner, welche zu den gastfreundlichsten, höflichsten und gelehrtesten Europas gehören, ist Stockholm mit seinen großen öffentlichen Gärten, Bibliotheken, Museen und wissenschaftlichen Einrichtungen das Athen des Nordens, gleichzeitig aber auch ein sehr wichtiges Handelszentrum.

Erik stand jedoch noch unter dem Eindruck, den Wanda bei ihm hinterlassen hatte, als sie sich nach der ersten Station getrennt hatten. Der Abschied war viel ernster gewesen, als man in ihrem Alter erwartet hätte; diese beiden Herzen waren nicht in der Lage gewesen, voreinander ihre tiefen Gefühle zu verbergen.

Aber als das Gefährt, das Erik vom Bahnhof abgeholt hatte, vor einem großen Haus aus rotem Backstein anhielt, dessen Doppelfenster im Gaslicht glänzten, war Erik mit großem Staunen erfüllt. Der kupferne Türklopfer erschien ihm, als sei er aus Feingold. Die mit Marmor geflieste Vorhalle, die mit Statuen, bronzenen Kerzenleuchtern und großen Vasen aus China geschmückt war, ließ ihn endgül-

Die Luft war kalt und die Straße hart wie Glas.

tig in Fassungslosigkeit geraten. Während ein livrierter Diener seinen Herrn von den Pelzen befreite und sich mit der üblichen Höflichkeit schwedischer Dienstboten nach seinem gesundheitlichen Befinden erkundigte, spazierte Erik mit neugierigen Blicken umher.

Der Klang von Stimmen lenkte seine Aufmerksamkeit auf die Eichentreppe mit großem Geländer, die mit einem dicken Teppich bedeckt war. Er drehte sich um und erblickte zwei Personen, deren Kleider ihm als der letzte Schrei von Eleganz erschienen. Die eine war eine grauhaarige Dame mittlerer Größe und aufrechter Haltung, mit einem plissierten schwarzen Wollkleid, das kurz genug war, um darunter rote Strümpfe mit gelben Fersen und Schnallenschuhen sehen zu lassen. Ein riesiger Schlüsselbund, von einer Kette aus Stahl gehalten, hing an ihrem Gürtel. Sie trug den Kopf hoch erhoben und sah mit scharfen und durchbohrenden Augen nach allen Seiten. Das war *fru* (Frau) Greta-Maria, die Haushälterin des Doktors und unbestrittene Alleinherrscherin des Hauses in allen Bereichen, vor allem die Küche und die Dienstboten betreffend. Hinter ihr kam ein Mädchen von elf oder zwölf Jahren, das in Eriks Augen wie eine Prinzessin aus dem Feenland aussah. Anstelle des landesüblichen Kleides, das einzige, was er ein Mädchen dieses Alters je hatte tragen sehen, hatte sie ein dunkelblaues Samtkleid an, über das sich ihre blonden Haare wie ein seidiges Tischtuch ausbreiteten. Sie trug schwarze Strümpfe und Satinschuhe, eine Schleife aus kirschrotem Band, aufgesetzt auf ihrem Kopf wie ein Schmetterling, belebte mit seiner leuchtenden Farbe ein fremdartiges und blasses Gesicht, dessen große grüne Augen wie phosphoreszierende Strahlen leuchteten.

»Was für ein Glück, mein Onkel, Sie endlich wiederzusehen! … Haben Sie eine angenehme Reise gehabt?«, rief sie und warf sich dem Doktor um den Hals.

Sie hatte kaum geruht, Erik einen Blick zu gönnen, der sich bescheiden im Hintergrund hielt.

Der Doktor gab ihr die Liebkosungen zurück, drückte der Haushälterin die Hand und machte seinem Schützling dann ein Zeichen, näherzutreten.

»Kajsa und Sie, Frau Greta, bitte ich, zu Erik Hersebom, den ich aus Norwegen mitgebracht habe, freundlich zu sein«, sagte er.

»Und du, mein Junge, hab keine Angst!«, fuhr er gütig fort. »Frau Greta ist nicht so streng, wie sie aussieht, und meine Nichte Kajsa wird sich bald aufs Beste mit dir verstehen … Nicht wahr, mein Mädchen?«, fügte er hinzu und kniff zart in die Wange der kleinen Fee.

Die kleine Fee antwortete lediglich dadurch, dass sie eine ziemlich verächtliche Grimasse schnitt. Was die Hausdame anbelangte, so schien diese über das neue Familienmitglied ebenfalls nicht sehr begeistert zu sein.

»Bitte, Herr Doktor«, sagte sie auf mürrische Art, indem sie die Treppe wieder hinaufstieg, »darf man fragen, wer dieses Kind ist?«

»Gewiss«, entgegnete der Doktor, »man wird es Ihnen über kurz oder lang sagen, Frau Greta, sorgen Sie sich nicht! … Aber wenn Sie erlauben, werden wir zuvor etwas essen.«

Im *matsal*, oder dem Speisezimmer, brachte der bereits gedeckte Tisch die schöne Anordnung des Kristallgeschirrs und der *smörgås* zur Geltung, welche auf einer weißen Tischdecke angerichtet waren. Das war ein Luxus, von dem der arme Erik nicht die geringste Ah-

»Mein Junge, sag uns, was denkst du über Stockholm.«

nung hatte, denn Tischdecken sind bei den Bauern Norwegens unbekannt. Kaum haben bislang Teller ihren Einzug gehalten, die Mehrzahl von ihnen isst ihren Fisch noch auf Schwarzbrotscheiben und findet nichts Falsches daran. Es bedurfte einer mehrfachen Einladung des Doktors, dass sich der Junge an den Tisch setzte; seine linkischen Bewegungen brachten ihm von Seiten *froken* (Fräulein) Kajsas mehr als einen ironischen Blick ein. Aber der Appetit der Reisenden half mit, dass die Dinge nicht schlecht liefen. Auf die *smörgås* folgte ein Essen, das einen französischen Magen durch seine Opulenz[1] entsetzt und aufgrund seiner Üppigkeit sogar den Appetit eines Infanteriebataillons nach einer Strecke von achtundzwanzig Kilometern gestillt hätte: Es gab Fischsuppe, Hausbrot, mit Kastanien gefüllte Gans, gekochtes Rind mit einem Berg von Gemüse, Kartoffelpyramiden,

[1] Im Original »*solidité massive*«. Wörtlich mit »massiver Festigkeit« zu übersetzen, eher ein Begriff aus der Architektur.

Dutzende harte Eier und Pudding mit Rosinen. Über alles wurde munter hergefallen, alles wurde vertilgt.

Nachdem diese reichliche Mahlzeit fast wortlos beendet worden war, begab man sich in das Besucherzimmer, einen geräumigen, holzgetäfelten Raum mit sechs Fenstern, dessen durch schwere Wollstoffvorhänge verschlossene Nischen einem Pariser Architekten genügt hätten, darin ein vollständiges Appartement einzurichten. Der Doktor machte es sich am Feuer in einem großen Ledersessel bequem, Kajsa setzte sich auf einen Hocker zu seinen Füßen, während Erik – der sich von der Umgebung eingeschüchtert und unwohl fühlte – sich einem Fenster näherte und große Lust verspürte, in die dunkle Tiefe dieses Gelasses zu flüchten. Aber der Doktor ließ ihm keine Zeit dazu.

»Na, mein Junge, komm doch her zum Aufwärmen«, rief er mit seiner klangvollen Stimme, »und sag uns ein bisschen, was du über Stockholm denkst.«

»Die Straßen sind ziemlich dunkel und eng und die Häuser recht hoch«, sagte Erik.

»Ja, etwas höher als in Norö«, erwiderte der Doktor und lachte.

»Sie verhindern, dass man die Sterne sieht«, entgegnete der Junge.

»Das liegt daran, dass wir hier in einem vornehmen Stadtteil wohnen«, erwiderte Kajsa, die über seine Kritik verärgert war. »Man braucht nur über die Brücken zu gehen, um auf breitere Straßen zu stoßen.«

»Ich habe sie gesehen, als ich aus dem Bahnhof kam, aber die schönste ist schmaler als der Fjord von Norö!«, erwiderte Erik.

»Oh, oh!«, sagte der Doktor, »haben wir demnach schon Heimweh?«

»Nein«, antwortete Erik entschlossen. »Ich bin Ihnen zu sehr verpflichtet, lieber Herr Doktor, um auch nur einen Augenblick zu bedauern, hierhergekommen zu sein. Aber Sie fragen mich, was ich über Stockholm denke, und ich sage es Ihnen.«

»Norö muss ein schreckliches kleines Nest sein«, sagte Kajsa.

»Ein schreckliches kleines Nest?«, wiederholte Erik mit Empörung. »Wer so etwas sagt, hat keine Augen im Kopf, *froken* Kajsa! Wenn Sie nur den Granitgürtel sehen würden, den die Felsen um unseren Fjord bilden, und unsere Berge, Gletscher und Kiefernwälder, die sich ganz schwarz gegen den bleichen Himmel abheben! Und darunter liegt das große Meer, das manchmal tobend und schrecklich, manchmal aber auch sanft ist, wie wenn es sich anschickte, einen zu wiegen. Dann der Flug der vorbeiziehenden Möwen, die sich in der Unendlichkeit verlieren und wiederkehren, um einen mit ihren Flügeln zu streifen! … Oh, dies alles ist schön, ach was, schöner als die Stadt!«

»Ich sprach nicht von der Landschaft, sondern von den Häusern!«, erwiderte Kajsa. »Das sind doch nur Bauernhütten, nicht wahr, Onkel?«

»Bauernhütten, in denen dein Vater und Großvater geboren wurden wie auch ich«, antwortete der Doktor ernst.

Kajsa errötete und schwieg.

»Das sind nur Holzhäuser«, erwiderte Erik, »aber sie sind so viel wert wie andere! … Oft setzen wir uns alle drei – Otto, Wanda und ich – am Abend, während Vater seine Netze ausbessert und Mutter das Spinnrad bedient, auf eine kleine Bank, mit unserem großen Hund Klaas zu unseren Füßen, und wiederholen im Chor die alten *sagas*[1]. Dabei beobachten wir, wie die Schatten an der Decke spielen. Wenn der Wind draußen bläst und alle Fischer zurückgekehrt sind, fühlt man sich wohl bei sich zu Hause im Warmen. Dort ist es dann genauso gut wie in diesem schönen Zimmer hier.«

»Dies ist nicht das schönste Zimmer«, sagte Kajsa mit Stolz. »Ich könnte Ihnen das große Wohnzimmer zeigen, dann würden Sie was sehen!«

»Aber hier gibt es so viele Bücher!«, antwortete Erik. »Gibt es im Wohnzimmer noch mehr? …«

»Nun, Bücher! … Wer spricht von denen? … Ich rede von Samtsesseln, Spitzengardinen, der großen französischen Uhr und Orientteppichen!«

Erik schien von dieser Aufzählung kaum begeistert zu sein und warf einen begehrlichen Blick auf die große Bibliothek aus Eiche, welche eine ganze Seite des Besucherzimmers einnahm.

»Du kannst dir diese Bücher näher ansehen und dasjenige herausnehmen, das dir gefällt«, sagte der Doktor.

Das ließ Erik sich nicht zweimal sagen. Er wählte einen Band, setzte sich in eine helle Ecke und war schon bald in die Lektüre versunken. Er bemerkte kaum, wie zwei alte Herren – treue Tischgenossen des Doktors Schwaryencrona, die nahezu allabendlich ka-

[1] Überlieferungen, Mitteilungen, alte Geschichten.

men, um mit ihm eine Partie Whist zu spielen – nacheinander eintraten.

Der Erste hieß Professor Hochstedt. Das war ein alter Mann mit kühler und majestätischer Ausstrahlung, der dem Doktor sehr akademisch das Vergnügen zum Ausdruck brachte, das er empfand, ihn wieder bei sich zu sehen. Kaum hatte er in dem Lehnstuhl Platz genommen, den man nach langem Gebrauch nur den »Lehnstuhl des Professors« nannte, als sich ein festes und entschlossenes Klingelzeichen vernehmen ließ.

»Das ist Bredejord!«, sagten die beiden Freunde gleichzeitig.

Gleich darauf wurde die Tür von einem kleinen, dünnen und munteren Mann geöffnet, der wie ein Windstoß hereinfegte, beide Hände des Doktors presste, Kajsa einen Kuss auf die Stirn drückte, den Professor herzlich begrüßte und mit strahlendem Blick, der dem einer Maus glich, durch das Besucherzimmer spazierte.

Das war der Advokat Bredejord, einer der bedeutendsten Vertreter der Stockholmer Anwaltschaft.

»Nanu … Wen haben wir denn da?«, sagte er plötzlich und betrachtete Erik. »Einen jungen Kabeljaufischer oder vielleicht einen Schiffsjungen aus Bergen? … Und einer, der Gibbon auf Englisch liest?«, fügte er hinzu, nachdem er mit einem Blick festgestellt hatte, um welches Buch es sich da handelte, in das der kleine Fischerjunge so versunken war. – »Und das hier interessiert Sie, mein Junge?«, fragte er.

»Ja, mein Herr, dies ist ein Werk, das ich seit Langem lesen möchte, der erste Band vom *Verfall des Römischen Reiches*«[1], entgegnete Erik unbefangen.

»Teufel auch!«, rief der Herr Advokat, »es sieht so aus, als ob die Schiffsjungen von Bergen ernsthafte Lektüre mögen! … Aber sind Sie denn aus Bergen?«, fragte er gleich darauf.

»Ich bin aus Norö, nicht weit davon entfernt«, antwortete Erik.

»Aha! … Haben die Leute in Norö im Allgemeinen braune Augen und Haare wie Sie?«

»Nein, mein Herr. Mein Bruder, meine Schwester und alle anderen sind blond, ein bisschen so wie das Fräulein«, antwortete Erik.

[1] Das monumentale, in der Originalausgabe von 1776–1789 sechsbändige Geschichtswerk *The History of the Decline and Fall of the Roman Empire* des britischen Historikers Edward Gibbon füllte in der deutschen Übersetzung *Geschichte des Verfalls und Untergangs des Römischen Reichs* sogar 19 Bände zu je rund 400 Seiten.

»Aber sie sind nicht gekleidet wie sie«, fügte er lächelnd hinzu. »Auch ähneln sie ihr kaum.«

»Nein, das kann ich mir denken«, sagte Herr Bredejord. »Fräulein Kajsa ist ein Produkt der Zivilisation. Dort aber herrscht die schöne Natur, »deren einziger Schmuck die Einfachheit ist«.[1] Und was machen Sie hier in Stockholm, mein Junge, wenn ich fragen darf?«

»Der Herr Doktor hat die Güte, mich auf eine höhere Schule zu schicken«, sagte Erik.

»Aha, aha! ...«, sagte der Herr Advokat und tippte mit den Fingerspitzen auf seine Schnupftabaksdose.

Und sein schlauer Blick schien den Doktor zu diesem lebenden Rätsel zu befragen. Aber er bemerkte ein kaum wahrnehmbares Zeichen, dass es angebracht wäre, diese Befragung aufzuschieben, weshalb er sofort das Gesprächsthema wechselte.

Man sprach über den Hof, die Stadt und das, was in der Welt seit der Abreise des Doktors passiert war. Dann öffnete Frau Greta den Spieltisch und bereitete Jetons und Karten vor. Bald darauf herrschte Schweigen, während die drei Freunde in die kunstvollen Kombinationen des Whistspiels versanken.

Der Doktor erhob den naiven Anspruch, dass er in diesem Spiel einer der Besten sei, und hatte die weniger naive Angewohnheit, sich gegenüber den Fehlern, die seinen Mitspielern unterliefen, erbarmungslos zu zeigen. Er versäumte nie, lautstark zu frohlocken, wenn diese Fehler ihn gewinnen, und zu schimpfen, wenn sie ihn verlieren ließen. Er gönnte sich nach jedem *rubber*[2] das Vergnügen, dem Sünder zu erklären, worin sein Fehler bestanden hatte, welche Karte er nach diesem Stich hätte spielen sollen oder welches *rentrée*[3] er sich nach einem anderen Stich hätte sichern können. Dies ist eine ziemlich häufige Verschrobenheit unter Whistspielern, die aber keineswegs liebenswerter wird, wenn sie zur Manie ausartet und allabendlich an den gleichen Opfern ausgelassen wird.

Glücklicherweise hatte der Doktor es mit zwei Freunden zu tun, die ihn immer wieder beschwichtigen konnten: Der Professor auf-

---

[1] Fußnote im Original: Most adorned when unadorned. *(Ergänzung d. Hrsg.)* Das englische Zitat »*Most adorned when unadorned*« bedeutet: »Der größte Schmuck ist, nicht geschmückt zu sein.«

[2] Fachausdruck aus den Whist-Regeln: Für einen *rubber* müssen mindestens zwei von drei Partien gewonnen werden (analog einem Zweisatzsieg beim Tennis).

[3] Fachausdruck aus den Whist-Regeln: *Rentrée* bedeutet, die Vorhand zu erlangen (das Recht, auszuspielen).

grund seines unerschütterlichen Phlegmas und der Advokat durch die Gelassenheit seines Skeptizismus.

»Sie haben recht«, sagte der Erstere voller Ernst als Antwort auf die schärfsten Vorwürfe.

»Mein lieber Schwaryencrona, Sie wissen genau, dass Sie Ihren Ärger loswerden, wenn Sie mich ins Gebet nehmen!«, sagte Herr Bredejord und lachte dabei. »Mein ganzes Leben lang werde ich beim Whist die gröbsten Fehler machen, und das Schlimmste ist, dass ich das nicht einmal bedaure!«

Was soll man mit solch hartgesottenen Sündern machen? Der Doktor sah sich gezwungen, seine Kritik für sich zu behalten; aber eine Viertelstunde später erneuerte er sie schon wieder, denn er war unverbesserlich.

Der Zufall wollte es ausgerechnet an diesem Abend, dass er jedes Mal verlor. Seine üble Laune kam dadurch zum Ausdruck, dass er sich in den derbsten Bemerkungen dem Professor, dem Advokaten und selbst dem »Strohmann«[1] gegenüber äußerte, wenn diese imaginäre Person nicht die Anzahl der Trümpfe hatte, die der Doktor zu Recht bei ihm vorzufinden glaubte.

Aber der Professor steckte unerschütterlich seine Karten auf und der Advokat antwortete nur durch Scherze auf die bittersten Vorwürfe.

»Warum wollen Sie, dass ich meine Methode ändere, da ich gewinne, wenn ich schlecht spiele, während Sie verlieren, selbst wenn Sie wunderbar spielen?«, sagte er zum Doktor.

So wurde es zehn Uhr. Kajsa bereitete Tee in einem prächtigen Samowar aus Kupfer und servierte ihn mit viel Anmut, dann zog sie sich diskret zurück. Bald darauf rief Frau Greta nach Erik, um ihn in das für ihn bestimmte Appartement zu führen, eine hübsche kleine, weiße und adrette Kammer, die im zweiten Stock des Hauses lag; und die drei Freunde waren allein.

»Werden Sie uns nun endlich sagen, wer dieser junge Fischer aus Norö ist, der Gibbon im Originaltext liest?«, fragte Herr Bredejord jetzt, wobei er Zucker in seine zweite Tasse Tee tat. »Oder soll dieses

[1] Der nicht vorhandene »Strohmann« (französisch: *Le Mort*) ersetzt den vierten Spieler, wenn beim Whist, das nur zu viert gespielt werden kann, ein Spieler fehlt. So geschehen auch, als Jules Vernes berühmtester Whistspieler Phileas Fogg auf der langen Fahrt mit der Pazifikbahn neben Fix und Aouda die Runde noch mit einem Strohmann komplettieren musste.

Thema sorgfältig zurückgehalten und vor unserer Indiskretion verborgen bleiben?«

»Der Gegenstand hat überhaupt nichts Geheimnisvolles an sich und ich will Ihnen gern Eriks Geschichte erzählen, wenn Sie fähig sind, sie für sich zu behalten«, antwortete Schwaryencrona mit einem Rest von Groll.

»Oh! Ich wusste genau, dass es da eine Geschichte geben muss!«, rief der Advokat und machte es sich in seinem Lehnstuhl bequem. »Wir hören Ihnen zu, lieber Freund, und seien Sie sicher, dass Ihr Vertrauen nicht enttäuscht wird! … Ich gestehe Ihnen, dass dieser kleine Mann mich schon jetzt wie ein schwieriges Rätsel interessiert.«

»Das ist in der Tat ein lebendes Rätsel«, fuhr der Doktor fort, den die Neugier seines Freundes schmeichelte, »ein Problem, bei dem ich aber wage zu glauben, dass ich sehr wahrscheinlich die Lösung gefunden habe. Ich werde Ihnen mal alle Fakten mitteilen. Es liegt dann an Ihnen, mir zu sagen, ob Ihre Schlüsse sich mit den meinigen decken.«

Herr Schwaryencrona lehnte sich an den großen Kachelofen und nahm seinen Bericht an der Stelle auf, wo diese Erzählung begann. Er schilderte, was ihn dazu gebracht hatte, auf Erik in der Schule von Norö aufmerksam zu werden und sich genauer nach ihm zu erkundigen. Er erzählte, was er von den Herren Malarius und Hersebom erfahren hatte, ließ keine Einzelheit aus, sprach von dem Rettungsring mit dem Namen *Cynthia*, den kleinen Kleidungsstücken, die ihm Frau Katrina gezeigt hatte, den in seinen Sachen eingestickten Initialen, der Korallenrassel, dem Motto und schließlich von den bei Erik so deutlich ausgeprägten ethnographischen Merkmalen.

»Sie sind jetzt im Besitz aller Einzelheiten des Problems, so wie es sich mir gestellt hat«, sagte er. »Und ich möchte Ihnen gegenüber vor allem bemerken, dass der Grad der Bildung dieses Kindes, wie außergewöhnlich er auch sei, nur ein auf das Wirken von Malarius zurückzuführendes zweitrangiges Phänomen darstellt und nicht in Betracht zu ziehen ist. Es ist in der Tat der Bildungsgrad, der mich auf diesen Fall aufmerksam gemacht und veranlasst hat, mich nach ihm zu erkundigen. In Wirklichkeit spielt die wichtigste Rolle folgende Frage, die ich so formuliere: ›Woher kam dieses Kind? Wo muss die Suche ansetzen, um seine Familie wiederzufinden?‹

Die eigentlichen Faktoren des Problems, die einzigen, die uns weiterbringen können, sind doch:

1. die körperlichen Merkmale der Rasse, der das Kind angehört und

2. der Name *Cynthia*, der auf dem Rettungsring stand.

Was den ersten Punkt anbelangt, gibt es keinen Zweifel daran, dass das Kind der keltischen Rasse angehört: Er verkörpert den keltischen Typ sogar in seiner ganzen Schönheit und Reinrassigkeit.

Kommen wir zum zweiten Punkt. *Cynthia* ist gewiss der Name des Schiffes, zu dem der Rettungsring gehörte. Der Name könnte auf ein deutsches oder englisches Schiff verweisen. Aber er war nicht in gotischen Lettern[1] geschrieben. Also war es ein englisches Schiff, oder sagen wir ein angelsächsisches, um genauer zu sein.

Alles bestätigt übrigens diese Annahme; denn es kann nur ein englisches Schiff gewesen sein, das nach Inverness oder nach den Orkneyinseln fuhr beziehungsweise von dort kam und das durch den Sturm in die Gegend von Norö verschlagen worden sein könnte. Und vergessen Sie nicht, dass das kleine, lebende Treibgut nicht lange so schwimmen konnte, da es ja dem Hunger und den Risiken der gefährlichen Seereise standgehalten hat … Nun gut, was ist – nach all diesen Ausführungen – Ihre Schlussfolgerung, meine lieben Freunde?«

Weder der Professor noch der Advokat trafen Anstalten, ein Wort zu sagen.

»Die Schlussfolgerung daraus sehen Sie zweifellos nicht«, sagte der Doktor in einem Ton, der einen geheimen Triumph verriet, »auch wenn Sie möglicherweise glauben, einen Widerspruch innerhalb der beiden Punkte zu erkennen: ein Kind keltischer Rasse, aber ein Schiff mit angelsächsischem Namen? Das liegt einfach daran, dass Sie einen bedeutenden Umstand außer Acht lassen: die Existenz eines Volkes keltischer Rasse an Großbritanniens Flanke, nämlich auf der Schwesterinsel, auf Irland! … Auch ich habe zunächst nicht daran gedacht und das hat mich ganz klar daran gehindert, die Lösung des Problems zu erkennen. Diese Lösung drängt sich nunmehr auf: Das Kind ist aus Irland! Ist das nicht auch Ihre Ansicht, Hochstedt? …«

Wenn es etwas gab auf der Welt, was der würdevolle Professor wenig liebte, dann war es, wenn er zu irgendeinem Thema eine eindeutige Meinung aussprechen sollte. Und man muss wirklich zugeben, dass im gegenwärtigen Fall – was sein unparteiisches Ur-

[1] Gemeint ist Frakturschrift.

teil betraf – jede Meinung zumindest verfrüht war. Er begnügte sich deshalb damit, ausweichend mit dem Kopf zu nicken und zu sagen:

»Es ist nicht zu leugnen, dass die Iren dem keltischen Zweig der arischen Rasse angehören.«[1]

Dies war gewiss keine jener Weisheiten, die man als übertrieben wagemutig bezeichnen konnte.

Aber Doktor Schwaryencrona fragte nicht weiter, er sah darin die völlige Bestätigung seiner Theorie.

»Sie sind davon überzeugt!«, rief er mit Inbrunst. »Da die Iren Kelten sind, das Kind alle Merkmale der keltischen Rasse aufweist und die *Cynthia* ein englisches Schiff ist, scheint mir, dass wir den richtigen Faden in der Hand halten, um die Familie des armen Kindes zu finden. Man muss in Großbritannien nach ihr suchen. Ein paar Inserate in der *Times* werden wahrscheinlich genügen, um uns auf ihre Spur heften zu können.«

Der Doktor hatte zweifellos vor, seinen Plan für die Suche darzulegen, als er das hartnäckige Schweigen bemerkte, das der Advokat beibehielt, und den leicht ironischen Blick, mit welchem dieser seine Mutmaßungen aufnahm.

»Wenn Sie nicht meiner Ansicht sind, Bredejord, müssen Sie es sagen. Sie wissen, dass ich keine Angst vor Diskussionen habe«, sagte er und hielt kurz inne.

»Ich habe nichts gesagt!«, entgegnete Herr Bredejord. »Hochstedt ist Zeuge, dass ich nichts gesagt habe …«

»Nein, aber ich sehe genau, dass Sie meine Meinung nicht teilen! … Und ich würde zu gern erfahren, warum nicht?«, fragte der Doktor, erneut in der streitlustigen Stimmung, die das Whistspiel

[1] Der Begriff Rasse wurde bereits vor dem neunzehnten Jahrhundert als naturgeschichtlicher Ordnungsbegriff auch auf die Menschheit angewendet. Man unterschied verschiedene, mehr oder minder vernunftbegabte Menschenrassen. Eine neue Deutung des Rassenbegriffs ergab sich zur Mitte des Jahrhunderts durch seine Verknüpfung mit der Entwicklungsgeschichte von Völkern und Nationen. Als einer der Begründer dieser Richtung gilt Arthur de Gobineau (geb. 1816, gest. 1882) mit seinem 1853–1855 erschienenen Hauptwerk *Essai sur l'inégalité des races humaines*. Im Besonderen übertrug Gobineau den ursprünglich von Sprachwissenschaftlern geprägten Begriff »Arier« auf die Rassentheorie. Für ihn galt die arische Rasse den anderen als weit überlegen. Jules Verne kannte Gobineaus Thesen, hat sie aber öffentlich nie übernommen. Im Gegenteil, er hat sich über diese Theorie mehrfach lustig gemacht: *»bon aryen – bon à rien«* (zu Deutsch »Guter Arier – Tunichtgut«), so steht es in einer seiner Handnotizen. Laurie war offensichtlich deutlich von Gobineaus Thesen überzeugt.

bei ihm entwickelt hatte. »Ist *Cynthia* ein englisches Wort?«, fügte er mit Nachdruck hinzu. »Ja, da es nicht in gotischen Lettern geschrieben war, was auf ein deutsches Schiff hingewiesen hätte ... Sind Iren Kelten? Ganz sicher! Sie haben ja von so einem fähigen Mann wie unserem hervorragenden Freund Hochstedt gehört, was er vor Ihnen verkündet hat! ... Weist das Kind alle Merkmale der keltischen Rasse auf? Sie konnten das selbst beurteilen und waren ja auch verblüfft, bevor ich den Mund zu diesem Thema öffnen konnte! Ich folgere also daraus, dass es einer ganz besonderen Böswilligkeit bedarf, sich nicht meiner Auffassung anzuschließen und nicht wie ich zu erkennen, dass das Kind einer irischen Familie angehören muss!«

»Böswilligkeit, das ist stark!«, erwiderte Herr Bredejord. »Falls Ihre Worte an mich gerichtet sind, so habe ich noch nicht die geringste Meinung geäußert ...«

»Nein, aber Sie zeigen deutlich genug, dass Sie die meinige nicht teilen!«

»Das ist ja vielleicht auch mein Recht! ...«

»Dann müsste es einen triftigen Grund geben, um Ihre Ansicht zu stützen.«

»Was würden Sie sagen, wenn ich einen hätte?«

»Wäre dies dann systematische Opposition, sozusagen das Bedürfnis, mir wie beim Whist in allem zu widersprechen?«

»Nichts liegt mir ferner, das versichere ich Ihnen! Ihre Begründung erscheint mir nur nicht unwiderlegbar, das ist alles!«

»Und warum, bitte? Ich würde das zu gern wissen ...«

»Es würde zu lange dauern, Ihnen das zu erklären. Jetzt schlägt es bereits elf Uhr! ... Ich begnüge mich damit, Ihnen eine Wette anzubieten: Wetten wir Ihren *Plinius* des Aldus Manutius[1] gegen meinen *Quintilian*, Erstausgabe Venedig[2], dass Sie nicht richtig geraten haben und dass dieses Kind kein Ire ist!«

»Sie wissen, dass ich nicht wetten mag«, sagte der Doktor, der durch diesen unerschütterlichen Humor endlich wieder umgängli-

[1] Welche Ausgabe Laurie hier genau meint, ist unbekannt. Der venezianische Buchdrucker Aldus Manutius (geb. 1449 in Bassiano, gest. 1515 in Venedig) verlegte sowohl Werke des älteren Plinius (geb. 23 oder 24 in Novum Comum, gest. 79 in Stabiae) als auch des jüngeren (geb. um 61/62 in Novum Comum, gest. um 113 oder 115 wahrscheinlich in der Provinz Bithynia et Pontus). Am bekanntesten sind dabei die 1559 gedruckte Ausgabe der *Naturalis historia* (Naturgeschichte) von Plinius d.Ä. und die 1508 gedruckten *Epistulae* (Plinius-Briefe) von Plinius d.J.

[2] *M. Fabii Qvintiliani Oratoriarvm Institvtionum Lib. XII.* – Apvd Sanctam Coloniam : in aedibus Eucharij Ceruicorni, & Heronis Fuchs, M. D. XXI. mense Martio

cher geworden war. »Aber es wäre mir ein großes Vergnügen, Sie hier zu widerlegen, so dass ich Ihre Herausforderung annehme.«

»Nun gut! Dann ist das also abgemacht ... Wie lange brauchen Sie für Ihre Suche?«

»Ein paar Monate werden genügen, hoffe ich; aber ich habe mir von Hersebom zwei Jahre erbeten, um mir meiner Sache ganz sicher zu sein.«

»Gut! Ich gestehe Ihnen zwei Jahre zu. Hochstedt wird uns als Schiedsrichter dienen. Und alles ohne Groll, nicht wahr?«

»Ohne Groll, sicherlich. Aber ich sehe Ihren *Quintilian* in großer Gefahr, bei meinem *Plinius* zu landen«, erwiderte der Doktor.

Nachdem er seinen beiden Freunden die Hand gedrückt hatte, begleitete er sie bis zur Tür.

5. Kapitel
Tretten Yule Dage[1]

Vom folgenden Morgen an nahm Eriks neues Leben seinen alltäglichen Verlauf. Nachdem Doktor Schwaryencrona ihn zu einem Schneider geführt hatte, der ihn als Städter einkleidete, stellte er ihn dem Direktor einer der besten Schulen der Stadt vor. Das war eine von denen, die unseren Gymnasien entsprechen und in Schweden den Namen »*Högre elementarläroverk*«[2] tragen. Man lernt dort alte und neue Sprachen, Elementarwissenschaften und alles, was an Wissen unverzichtbar ist, um in ein Hochschulstudium an den Universitäten eintreten zu können. Wie in Deutschland und in Italien sind alle Schüler extern untergebracht. Diejenigen, die keine Familie in der Stadt haben, wohnen bei den Professoren oder bei Pensionseltern.[3] Das Schulgeld gehört zu den bescheidensten; es reduziert sich sogar auf Null, wenn das Kind nicht über die Mittel verfügt, es zu bezahlen. Jede dieser Elementarklassen verfügt über große eigene Turnhal-

[1] Laurie / Verne meint damit die dreizehn Tage vom Heiligabend oder *Julaften* (24.12.) bis zum Dreikönigsabend (5.1.). Weil als Überschrift verwendet, wurde der Begriff »Yule« ausnahmsweise beibehalten. Siehe dazu die eingangs gemachte Bemerkung über Lauries Literaturquelle.

[2] Im Original: »*Hogre elementar larovek*« Unter Bereinigung der Schreibfehler etwa: »Höhere elementare Sekundarschule«

[3] Nur sinngemäß. Im Original: »répondants«. Eine wörtliche Übersetzung ins Deutsche konnte nicht gefunden werden. »Répondre« bedeutet »für jemanden bürgen« oder »für jemanden haften«.

len. Die körperliche Ausbildung geht also immer Hand in Hand mit der geistigen Bildung.

Erik platzierte sich auf Anhieb als Bester in seiner Klasse. Er lernte alles mit außerordentlicher Leichtigkeit und hatte infolgedessen viel Zeit für sich. Aus diesem Grund erkannte der Doktor bald, dass er die Abende nutzen konnte, um die Kurse der *Slöjdskolan*[1], also der großen Gewerbeschule von Stockholm, zu besuchen. Dies ist eine Anstalt, die besonders der praktischen Seite der Wissenschaften, den Physik- und Chemieversuchen, den geometrischen Konstruktionen und all dem gewidmet ist, was man an einer höheren Schule nur in der Theorie lernen kann. Herr Schwaryencrona dachte zu Recht, dass die Ausbildung an dieser Schule, einer der herausragendsten Einrichtungen Stockholms, den schnellen Fortschritten Eriks zusätzlichen Schwung geben würde, aber er hätte niemals auf solche Ergebnisse zu hoffen gewagt, wie sie durch diese doppelte Lehre erzielt wurden.

In der Tat eignete sich sein junger Schützling umgehend die Kenntnisse an, die es ihm möglich machten, zutiefst in die fundamentalen Wissenschaften einzudringen. Statt verschwommener oder oberflächlicher Kenntnisse, wie sie bei vielen Schülern üblich sind, speicherte er einen ganzen Vorrat richtiger, präziser und definitiver Vorstellungen ab. Die zukünftige Weiterentwicklung seiner ausgezeichneten Grundlagen war lediglich eine Frage der Zeit. Nunmehr würde er mühelos und nahezu spielerisch die höchsten Ziele universitärer Bildung in Angriff nehmen können. Den gleichen Dienst, den ihm Herr Malarius bezüglich Fremdsprachen, Geschichte, Geographie und Botanik erwiesen hatte, indem er bei ihm zunächst ausführlich die Grundkenntnisse vertiefte, erwies ihm nun die *Slöjdskolan* bezüglich Mathematik und Naturwissenschaften, indem sie ihm das ABC der technischen Künste eintrichterte, ohne das die schönste Lehre auf lange Sicht nur tote Wissenschaft bleiben kann.

Statt Eriks Gehirn zu ermüden, kräftigten die Vielzahl und die Vielfältigkeit dieser Übungen es weit mehr, als dies allzu spezielle Studien vermocht hätten. Außerdem war, wenn der Geist seinen Teil bekommen hatte, als Ausgleich für seinen Körper die Turnhalle da; und in der Turnhalle war Erik ebenso der Erste wie auf den Schulbänken. In den freien Tagen versäumte er kaum eine Gelegenheit, das Meer zu sehen, das er mit kindlicher Zärtlichkeit liebte und wo er sich mit

[1] Die *Slojdskolan i Stockholm* wurde 1844 gegründet und erhielt 1859 diesen Namen, den sie bis 1879 behielt. Heute heißt die Schule *Konstfack*.

Seeleuten und Fischern unterhielt, ihnen gelegentlich zur Hand ging und mit so manchem schönen Fisch in seine Unterkunft zurückkehrte, der von Frau Greta stets gern in Empfang genommen wurde.

Die gute Frau hatte schon bald eine echte Zuneigung zu dem neuen Gast des Hauses gefasst. Erik war so sanft, von natürlicher Höflichkeit und zuvorkommend, lerneifrig und gleichzeitig anständig, dass es beinahe unmöglich schien, ihn zu kennen und nicht zu lieben. In acht Tagen war er der Liebling von Herrn Bredejord und Professor Hochstedt geworden, wie er es ja auch schon von Doktor Schwaryencrona war.

Eine einzige Person verhielt sich ihm gegenüber streng abweisend, und das war Kajsa. Entweder hielt die kleine Fee ihre unangefochtene Oberhoheit, welche sie bisher im Hause genossen hatte, für gefährdet oder aber sie hegte gegenüber Erik einen Groll wegen des Sarkasmus, zu dem der Doktor wegen ihres prinzessinnenhaften Getues inspiriert wurde, der jedoch ganz harmlos war. Jedenfalls fuhr sie fort, den Neuankömmling mit verächtlicher Kälte zu behandeln, die kein einnehmendes Wesen zu überwinden vermochte. Gelegenheiten, diese Geringschätzung an den Tag zu legen, waren glücklicherweise ziemlich selten, denn Erik war immer draußen oder in seiner Kammer eingeschlossen.

Die Dinge nahmen also einen ausgesprochen friedlichen Verlauf, und die Zeit verging ohne bemerkenswerte Vorfälle. Wir ziehen daraus den Vorteil, mit dem Leser zwei Jahre zu überspringen und ihn nach Norö zurückzubringen.

Zum zweiten Mal seit Eriks Abreise stand Weihnachten an. Dies ist in ganz Mittel- und Nordeuropa das jährliche große Fest, weil es mit der toten Jahreszeit beinahe jeden Gewerbes zusammenfällt. Besonders in Norwegen verlängert man dieses Fest auf dreizehn Tage. Man nennt sie *tretten jule dage*, die dreizehn Weihnachtstage, und hat daraus die Gelegenheit für außergewöhnliche Festivitäten gemacht. Es ist der Zeitpunkt für Familientreffen, festliches Essen und sogar Verlobungen. Die Speisevorräte türmen sich in den bescheidensten Behausungen. Überall ist die großzügigste Gastfreundlichkeit an der Tagesordnung. Das *jule öl* oder Weihnachtsbier fließt in Strömen. Jedem Besucher wird ein kräftiger Schluck aus einem hölzernen Trinkgefäß[1]

[1] Es handelt sich hier vermutlich um die sogenannten Bierhennen, hölzerne Trinkgefäße in Form einer Henne, die auf dem offenen Bierfass schwimmen und zum Füllen nur untergetaucht werden müssen.

angeboten, das in Gold, Silber oder Kupfer eingefasst ist und das innerhalb der Familien, sogar den ärmsten, seit uralter Zeit weitergegeben wird. Es ist unerlässlich, dieses im Stehen zu leeren, wobei man mit seinem Gastgeber die Wünsche für »frohe Festtage und ein gutes Neues Jahr« austauscht. Und schließlich erhalten die Dienstboten jeden Standes an Weihnachten neue Kleidung, welche oft den Großteil ihres Lohns ausmacht, und die Ochsen, die Schafe und sogar die Vögel am Himmel haben ein Anrecht auf doppelte Ration oder außergewöhnliche Zuwendungen. Man sagt in Norwegen über einen armen Mann: »Er ist so arm, dass er nicht einmal mehr den Spatzen ihr Weihnachtsessen spendieren kann«.

Von den dreizehn traditionellen Tagen ist der Abend vor Weihnachten der fröhlichste. Bei den Jungen und Mädchen ist es üblich, dass man in Gruppen durch die Umgebung zieht, wobei man auf »Schneeschuhen«[1] unterwegs ist, vor den Häusern stehen bleibt und im Chor die alten Volkslieder singt. Ihre hellen Stimmen, die sich da plötzlich in der kalten Nacht – mitten in der Einsamkeit der mit ihrem Winterschmuck bedeckten Täler – hören lassen, sind von einer zauberhaften, zugleich aber auch eigenartigen Wirkung. Die Türen öffnen sich sofort, man bittet die Sänger und Sängerinnen einzutreten und bietet ihnen Kuchen, Dörräpfel und Ale[2] an; manchmal bittet man sie auch darum, zu tanzen. Dann, nach diesem einfachen Essen, bricht die fröhliche Gruppe wie ein Schwarm Möwen wieder auf, um weiter weg erneut zu beginnen. Die Entfernungen spielen wegen der Schneeschuhe, das sind zwei oder drei Meter lange Gleitbretter aus Birke, die man mit Lederriemen unter die Füße schnallt und auf denen die Norweger sich mittels eines festen Stockes abstoßen und den Lauf beschleunigen, keine Rolle. Mit einer wunderbaren Schnelligkeit können sie Entfernungen von mehreren Meilen überwinden.

In diesem Jahr würde das Fest bei den Herseboms komplett sein. Man erwartete Erik. Ein Brief aus Stockholm hatte seine Ankunft gleich für Heiligabend angekündigt. Weder Otto noch Wanda konnten es an ihrem Platz aushalten. Jeden Moment liefen sie an die Tür,

[1] Gemeint sind offensichtlich Ski. Im Original steht »schnec-shuhe« (das »c« ist vermutlich ein Irrtum des Setzers), also der altertümliche deutsche Ausdruck für Ski.

[2] Eigentlich fermentiertes Getränk, welches hauptsächlich aus Gerste, aber ohne Hopfen, hergestellt wird. Im skandinavischen Raum wird der Begriff allgemein für alle Bierarten benutzt, so wie heute auch in Großbritannien, dem Mutterland des Ales.

um zu sehen, ob der Reisende käme. Obwohl Frau Katrina ihre Ungeduld zügelte, war sie doch selbst davon erfüllt. Nur Herr Hersebom rauchte schweigend seine Pfeife; er schien hin- und hergerissen zwischen dem Wunsch, seinen Adoptivsohn wiederzusehen, und der Befürchtung, ihn nicht lange bei sich zu behalten.

Vielleicht schon zum hundertsten Male war Otto auf Erkundung gegangen, als er plötzlich zurückkam und schrie: »Mutter, Wanda, ich glaube, er ist es!«

Alle drängten zur Türe. Auf der Straße von Bergen her konnte man in der Ferne tatsächlich einen schwarzen Punkt erkennen.

Dieser schwarze Punkt wurde schnell größer, nahm die Gestalt eines jungen Mannes an, der in dunkles Tuch gekleidet war sowie eine Pelzkappe und über den Schultern munter eine Proviantasche aus Lackleder trug. Er war auf Schneeschuhen unterwegs und kam zusehends näher.

Bald gab es keinen Zweifel mehr: Der Reisende hatte diejenigen, die ihn vor dem Haus erwarteten, erkannt. Sofort nahm er seine Kappe ab und schwenkte sie über seinem Kopf.

Zwei Minuten später fiel Erik Frau Katrina, Otto, Wanda und auch Herrn Hersebom in die Arme, der seinen Stuhl verlassen hatte, um sich an die Türschwelle zu begeben.

Man presste ihn an sich, dass er zu ersticken drohte, überhäufte ihn mit Liebkosungen und begeisterte sich an seinem guten Aussehen. Vor allem Frau Katrina ließ ihn kaum los.

Wie! Das war das liebe Kind, das sie auf ihren Knien gewiegt hatte! … Dieser große Junge mit dem offenen und entschlossenen Aussehen, den breiten Schultern, der eleganten Erscheinung, über dessen Lippe sich schon undeutlich der Schatten eines Schnurrbarts zeigte! … War das möglich? …

Die gute Frau fühlte sich von einer Art Respekt vor dem früheren Säugling ergriffen. Sie war stolz auf ihn, stolz vor allem auf die Tränen des Glücks, die sie in seinen braunen Augen sah. Denn auch er war zutiefst bewegt.

»Mutter, ist es wahr?«, sagte er. »Endlich sehe und habe ich Sie wieder! … Diese zwei Jahre sind mir lang vorgekommen! … Habe ich Ihnen allen auch so gefehlt wie Sie mir? …«

»Gewiss!«, sagte Herr Hersebom ernst. »Kein einziger Tag ist vergangen, ohne dass wir von dir gesprochen hätten: am Abend, in der Nacht oder am Morgen. Bei Tisch war es dein Name, der ständig auf allen Lippen lag … Aber du, mein Junge, hast du uns nicht vergessen in der großen Stadt? … Bist du glücklich darüber, das alte Land und das alte Haus wiederzusehen?«

»Ihr zweifelt wohl nicht daran, denke ich!«, sagte Erik, der alle noch kräftiger umarmte. »Ihr wart immer in meinen Gedanken vertreten! Aber vor allem dann, wenn stürmische Winde bliesen, habe ich an Sie gedacht, Vater … Ich habe mir gesagt: Wo ist er? Er ist doch hoffentlich heil zurückgekehrt? Hat er darauf geachtet, Schutz zu suchen? Und abends habe ich in der Zeitung des Doktors den Wetterbericht gelesen, um zu erfahren, ob das Wetter an dieser Küste dasselbe war wie in Schweden. Und ich stellte fest, dass Sie viel häufiger als wir in Stockholm Stürme hatten, die aus Amerika zu Ihnen kommen und sich in unseren Bergen austoben! … Ach! Wie gern wollte ich in diesen Augenblicken bei Ihnen auf dem Boot sein, Ihnen beim Sichern des Segels und der Überwindung aller Schwierigkeiten helfen! … Und wenn andererseits schönes Wetter war, kam es mir so vor, als werde ich in der großen Stadt mit den dreistöckigen Häusern gefangen gehalten. Ja! Ich hätte gern alles dafür gegeben, um nur eine Stunde auf dem Meer zu sein und mich wie früher frei und fröhlich im Wind zu fühlen!«

Ein Lächeln erhellte das sonnengebräunte Gesicht des Fischers.

»Die Bücher haben ihn nicht verdorben«, sagte er mit tiefer Genugtuung. »Eine frohe Weihnacht und ein glückliches Neues Jahr, mein Kind!«, fügte er hinzu. »Komm, setz dich an den Tisch! Das Abendessen wartet nur auf dich!«

Als er an seinem alten Platz, rechts neben der guten Katrina, Platz genommen hatte, konnte Erik sich endlich umsehen und die Veränderungen bemerken, welche in der Familie in diesen zwei Jahren vorgegangen waren. Otto war jetzt ein großer und kräftiger Junge von sechzehn Jahren, der wie zwanzig aussah. Was Wanda betraf, so war auch sie in diesen zwei Jahren außerordentlich gewachsen und schöner geworden. Ihr hübsches Gesicht hatte einen reiferen Zug angenommen. Die prächtigen aschblonden Haare, die in schweren Zöpfen über ihre Schultern herabfielen, bildeten um ihre Stirn eine leichte Silberwolke. Bescheiden und sanftmütig wie immer, beschäftigte sie sich – ohne sich in Szene zu setzen – damit, dass es niemandem an etwas fehlte.

»Wanda ist ein großes Mädchen geworden!«, sagte die Mutter mit Stolz. »Und wenn du wüsstest, Erik, wie klug sie ist und wie sie ar-

Er saß an seinem alten Platz …

beitet, um etwas zu lernen, seit du weggegangen bist! Sie ist jetzt die Klügste an der Schule. Herr Malarius sagt, dass nur sie allein ihn darüber hinwegtrösten kann, dass du nicht mehr unter seinen Schülern bist.«

»Dieser liebe Herr Malarius, ich wäre glücklich, wenn ich auch ihn umarmen könnte!«, rief Erik. »So klug ist unsere Wanda also geworden?«, fragte er interessiert, während das Mädchen wegen dieses mütterlichen Lobes bis in die Haarspitzen errötete.

»Sie lernt auch, Orgel zu spielen«, fügte Frau Katrina hinzu, »und Herr Malarius sagt, dass sie die schönste Stimme des ganzen Chores hat!«

»Oh! Aber dann ist das also wirklich eine vollendete junge Dame geworden, die ich hier wiedersehe!«, sagte Erik und lachte, um die Verlegenheit seiner Schwester zu vertreiben. »Sie muss uns morgen alle ihre Talente zeigen!«

Und ohne Affektiertheit lenkte er die Unterhaltung auf die guten Leute von Norö, fragte nach Neuigkeiten eines jeden Einzelnen, erkundigte sich nach seinen Kameraden, was alles nach seiner Abreise geschehen sei, nach Ereignissen aus der Fischerei und nach allen Einzelheiten des öffentlichen Lebens. Um dann seinerseits die Neugierde seiner Familie zu befriedigen, erzählte er von seinem Leben in Stockholm, von Frau Greta, Kajsa und dem Doktor.

»Das erinnert mich daran, dass ich einen Brief für Sie habe, Vater«, sagte er und zog ihn aus der Innentasche seiner Jacke. »Ich weiß nicht, was er enthält, aber der Doktor hat mir geraten, sorgfältig auf ihn zu achten, denn er betrifft mich.«

Herr Hersebom nahm den großen, verschlossenen Brief und legte ihn neben sich auf den Tisch.

»Nun«, fragte Erik, »wollen Sie ihn denn nicht lesen?«

»Nein«, antwortete der Fischer lakonisch.

»Aber er betrifft doch mich!«, beharrte der junge Mann.

»Die Adresse ist aber die meinige«, sagte Herr Hersebom und hielt sie ihm vor die Augen. »Ja! … ich werde ihn zu gegebener Zeit lesen.«

Der kindliche Gehorsam ist Grundlage der norwegischen Familie. Erik senkte den Kopf. Man erhob sich vom Tisch und die drei Kinder setzten sich auf die kleine Bank unter dem Kamin, so wie sie es früher oft getan hatten, und begannen eine dieser Plaudereien im engsten Kreis, bei denen man sich all das erzählt, was man begierig wissen will, wobei man all das wiederholt, was man schon hundertmal erzählt hat.

Inzwischen ging und kam Katrina in das Zimmer, um alle Dinge in Ordnung zu bringen, wobei sie Wanda aufforderte, »auf Dame zu machen«, wie sie sagte, das heißt, sie solle sich wenigstens einmal nicht um den Haushalt kümmern.

Was Herrn Hersebom betraf, so hatte er es sich in seinem großen Stuhl bequem gemacht und rauchte schweigend seine Pfeife. Erst nachdem er diese wichtige Handlung zu einem guten Ende geführt hatte, entschloss er sich, den Brief des Doktors zu öffnen.

Er las ihn, ohne ein Wort zu sagen, schloss ihn dann wieder, steckte ihn in seine Tasche und stopfte sich eine zweite Pfeife, die er wie die erste rauchte, ohne ein Wort zu sagen. Den ganzen Abend blieb er so in seine Gedanken versunken.

Obwohl er nie gesprächig gewesen war, so erschien dieses Schweigen doch recht sonderbar. Frau Katrina, die endlich ihre Arbeit beendet hatte und sich nun ihrerseits ans Feuer setzte, unternahm einen oder zwei Versuche, um von ihrem Mann eine Antwort zu erhalten. Aber als sie sich zurückgewiesen sah, verfiel sie bald in tiefe Melancholie, und sogar die Kinder, die miteinander geschwatzt hatten, bis ihnen der Atem ausgegangen war, fingen an, ebenfalls von der offensichtlichen Traurigkeit der Eltern erfasst zu werden.

Etwa zwanzig frische Stimmen, die plötzlich im Chor vor der Tür erklangen, sorgten in diesem Augenblick für eine willkommene Abwechslung. Eine ganze Schar fröhlicher Schüler und Schülerinnen hatte den guten Einfall gehabt, Erik einen herzlichen Willkommensgruß zu entbieten.

Man beeilte sich, sie eintreten zu lassen und ihnen den traditionellen Imbiss anzubieten, während sie sich um ihren ehemaligen Kameraden bemühten und ihm ihre große Freude zum Ausdruck brachten, ihn wiederzusehen. Erik, der über diesen überraschenden Besuch seiner Freunde aus der Kindheit sehr gerührt war, wollte sie unbedingt begleiten, als sie erwähnten, dass sie noch ihre Weihnachtswanderung machen wollten. Otto und Wanda waren natürlich mit von der Partie. Frau Katrina empfahl ihnen, sich nicht zu weit zu entfernen und ihren Bruder schnell wieder zurückzubringen, der dringend Ruhe benötige.

Kaum hatte sich die Türe hinter ihnen geschlossen, kehrte die gute Frau zu ihrem Mann zurück.

»Nun? Hat der Doktor irgendetwas erfahren?«, fragte sie ängstlich.

Anstelle einer Antwort nahm Herr Hersebom den Brief aus der Tasche, öffnete ihn und fing an, ihn laut vorzulesen, nicht ohne bei bestimmten Wörtern, wenn sie neu für ihn waren, mehrmals zu stocken.

> »Mein lieber Hersebom«, schrieb der Doktor, »Fast zwei Jahre sind vergangen, seit Sie mir Ihr liebes Kind anvertraut haben, und ich habe jeden Tag aufs Neue das Vergnügen gehabt, seinen Fortschritt in allen Bereichen feststellen zu können. Seine Intelligenz ist so stark und rege, wie sein Herz großmütig ist. Erik hat wirklich eine herausragende Veranlagung, und die Eltern, die ein solches Kind verloren haben, hätten, wenn sie das Ausmaß ihres Verlustes kennen würden, jeden Grund, ihn zu beweinen. Aber es ist von nun an mehr als zweifelhaft, dass seine Eltern noch leben. Wie wir es vereinbart hatten, habe ich nichts außer Acht gelassen, ihre Spuren

zu finden. Ich habe an mehrere Personen in England geschrieben, eine Spezialagentur für Ermittlungen beauftragt, in zwanzig englischen, irischen und schottischen Zeitungen Inserate aufgegeben. Aber nicht der geringste Hoffnungsschimmer konnte das Geheimnis aufklären, und ich muss sogar sagen, dass alle bis auf den heutigen Tag empfangenen Auskünfte nur dazu beitragen, es noch mehr zu verschleiern.

Der Name *Cynthia* ist in der Tat in der englischen Schifffahrt sehr weit verbreitet. Das Büro von Lloyd hat mich auf nicht weniger als siebzehn Schiffe unterschiedlichster Tonnage hingewiesen, die diesen Namen tragen. Von diesen Schiffen gehören die einen zu Häfen Englands, die anderen zu Häfen Schottlands und Irlands. Meine Annahme bezüglich der Staatsangehörigkeit des Kindes ist soweit wie möglich bestätigt, und es wird für mich immer deutlicher, dass Erik einer irischen Familie angehört. Ich weiß nicht, ob ich Ihnen meine Folgerung mitgeteilt habe, aber ich hatte schon bei meiner Rückkehr nach Stockholm zwei meiner engsten Freunde darauf hingewiesen. Alles hat sich bestätigt, das wiederhole ich. Entweder ist diese irische Familie vollständig verschwunden oder es ist ihr daran gelegen unerkannt zu bleiben; sie hat jedenfalls nicht das geringste Lebenszeichen von sich gegeben.

Ein weiterer besonderer Umstand ist – und der ist meiner Meinung nach noch auffälliger –, dass beim Lloyd oder den maritimen Versicherungsgesellschaften[1] kein einziger Schiffbruch vermeldet ist, der sich auf den Zeitpunkt des Auffindens des Kindes an unseren Küsten bezieht. Zwei *Cynthias* sind in diesem Jahrhundert zugrunde gegangen, das stimmt, aber die eine vor zweiunddreißig Jahren im Indischen Ozean und die andere vor achtzehn Jahren unmittelbar vor Portsmouth.

So muss man zu dem Schluss gelangen, dass das Kind kein Opfer

[1] Der (gekürzte) Begriff des »Lloyd« oder »Lloyd's« führt oft zu Verwechselungen bezüglich dessen, was damit gemeint ist; hier ist es das *Lloyd's Register of Shipping*, ein Verzeichnis, in dem nicht nur alle größeren Handelsschiffe aufgeführt, sondern auch nach ihrem Zustand klassifiziert werden, um den Kaufleuten und Versicherern eine Vorstellung über die Schiffe, die sie chartern oder versichern, zu geben. In dieser Liste wird also Buch geführt über die Seetauglichkeit (und infolgedessen auch die Verluste) von Schiffen. Die Klassifikationsgesellschaft, die das Verzeichnis erstellt und pflegt, ist als *Lloyd's Register* (abgekürzt LR) auch heute noch als Dienstleister für Risikobewertungen und Zertifizierungen tätig, nicht nur für die Schifffahrt. Daneben gibt es auch noch *Lloyd's of London* – das ist eine Versicherungsbörse, wo (natürlich auch) Schiffe versichert werden. Sie hat, außer ihren frühesten Wurzeln, nichts mit der LR gemein.

eines Schiffbruchs gewesen ist. Zweifellos hat man es bewusst den Fluten ausgesetzt! … Dies würde auch erklären, warum alle meine Anzeigen wirkungslos geblieben sind.
Wie auch immer, nachdem ich der Reihe nach alle Reeder oder Schiffseigner, die eine *Cynthia* besitzen, befragt und alle Nachforschungsmittel ausgeschöpft habe, glaube ich schließen zu dürfen, dass es keinerlei Möglichkeiten mehr gibt, Eriks Familie wiederzufinden.
Die Frage, die sich uns und ganz besonders Ihnen, mein lieber Hersebom, stellt, ist, ob es angebracht ist, dies dem Jungen zu sagen, und was man für ihn tun kann.
Wenn ich an Ihrer Stelle wäre, das sage ich Ihnen in aller Aufrichtigkeit, würde ich ihm von jetzt an das, was ihn betrifft, anvertrauen und ihn frei über seinen Weg entscheiden lassen. Sie wissen, dass wir vereinbart hatten, diese Maßnahme zu ergreifen, falls meine Nachforschungen ergebnislos bleiben sollten. Die Zeit ist gekommen, dieses Wort einzuhalten. Ich wollte es Ihnen überlassen, dafür Sorge zu tragen, Erik alles zu erzählen. Wenn er nach Norö zurückkommt, weiß er noch nicht, dass er nicht Ihr Sohn ist, und er weiß auch noch nicht, ob er nach Stockholm zurückkehren oder ob er bei Ihnen bleiben wird. Es liegt an Ihnen, dies zu besprechen.
Denken Sie jedoch daran, wenn Sie vor dieser Aufgabe zurückweichen, dass Erik sich vielleicht eines Tages zu Recht darüber wundern wird. Denken Sie vor allem auch daran, dass dies ein Kind ist, dessen Intelligenz zu bemerkenswert ist, um es unwiderruflich zu einem düsteren oder bildungsleeren Leben zu verurteilen. Eine solche Entscheidung hätte er schon vor zwei Jahren nicht verdient. Sie wäre auch jetzt, da er in Stockholm den glänzendsten Erfolg erzielt hat, absolut nicht zu rechtfertigen.
Ich erneuere daher mein Angebot: Ich werde ihn seine Studien abschließen und in Uppsala den Titel eines Doktors der Medizin erwerben lassen; er wird weiterhin wie mein Sohn betrachtet werden und er muss nur seinem Weg folgen, um zu Ehren und Wohlstand zu gelangen.
Ich weiß, indem ich mich an Sie und die ausgezeichnete Adoptivmutter von Erik wende, lege ich sein Schicksal in gute Hände. Keine persönlichen Gründe werden Sie, da bin ich mir sicher, daran hindern, meinen Vorschlag anzunehmen. Beziehen Sie in all

das auch die Meinung des Herrn Malarius ein. In Erwartung Ihrer Antwort drücke ich Ihnen, Herr Hersebom, herzlich die Hand und bitte Sie, meine besten Grüße auch Ihrer guten Gattin und den Kindern auszurichten.

R. W. Schwaryencrona, M. D.«[1]

Als Hersebom diesen Brief beendet hatte, fragte ihn Frau Katrina, die ihm unter Tränen zugehört hatte, was er zu tun gedenke.

»Das ist ganz klar: mit dem Jungen reden«, sagte er.

»Das ist auch meine Ansicht, und es muss ein Ende nehmen oder wir werden keine Ruhe mehr haben«, murmelte sie, während sie ihre Tränen trocknete.

Und beide verfielen erneut in Schweigen.

Mitternacht war vorbei, als die Kinder wieder von ihrer Wanderung zurückkehrten. Mit vom Lauf an der frischen Luft geröteten Wangen und vor Vergnügen leuchtenden Augen nahmen sie ihre Plätze in der Ecke am Feuer wieder ein. Vor dem riesigen Holzscheit sitzend, das langsam in seiner glühenden Höhle zusammenfiel, beschlossen sie, beim Knabbern eines letzten Kuchens fröhlich den Heiligen Abend zu beenden.

6. Kapitel
Eriks Entscheidung

Am nächsten Tag ließ der Fischer Erik kommen, und vor Frau Katrina, Wanda und Otto sagte er zu ihm:

»Erik, der Brief von Dr. Schwaryencrona betrifft dich tatsächlich. Er bestätigt, dass du deine Lehrer vollständig zufrieden gestellt hast, und der Doktor schlägt vor, die Kosten bis zum Ende deines Studiums zu tragen, falls du es fortsetzen willst. Aber dieser Brief verlangt, dass du, in Kenntnis dessen, was ich dir gleich mitteilen werde, über die Frage entscheidest, ob du deine Verhältnisse endgültig ändern oder ob du bei uns in Norö bleiben willst, wie wir es zweifellos viel lieber hätten! ... Und daher muss ich dir ein großes Geheimnis mitteilen, ein Geheimnis, das meine Frau und ich lieber für uns behalten hätten!«

In diesem Augenblick begann Frau Katrina, die unfähig war, ihre

[1] M.D. steht für *»Medicinae Doctor«* (Doktor der Medizin).

Tränen zurückzuhalten, zu schluchzen, ergriff Eriks Hand und drückte sie an ihr Herz, als ob sie gegen das protestieren wollte, was der junge Mann nun hören würde.

»Dieses Geheimnis ist«, fuhr Hersebom mit einer Stimme fort, die sich aufgrund der Erregung immer mehr veränderte, »dass du nur unser Adoptivsohn bist! Ich habe dich, mein Kind, auf dem Meer gefunden und aufgenommen, als du kaum acht oder neun Monate alt gewesen bist. Gott ist mein Zeuge, dass ich niemals daran gedacht habe, dir das zu sagen, und dass weder deine Mutter noch ich jemals den geringsten Unterschied zwischen dir und Otto oder Wanda gemacht haben! … Aber Doktor Schwaryencrona verlangt das! … Nimm daher Kenntnis von dem, was er mir schreibt!«

Erik war plötzlich totenblass geworden. Otto und Wanda, die über das, was sie erfahren hatten, bestürzt waren, hatten beide einen Schrei des Erstaunens ausgestoßen. Und sie hatten fast gleichzeitig dasselbe gemacht wie ihre Mutter: Nachdem sie einen Arm um Eriks Nacken gelegt hatten, hielten sie ihn eng umschlungen zwischen sich, der eine rechts, die andere links. Dann nahm Erik den Brief des Doktors, und ohne zu versuchen, seine Erregung zu verbergen, welche ihm die Lektüre bereitete, las er ihn bis zum Ende durch.

Herr Hersebom stellte dann in allen Einzelheiten dar, was er dem Doktor berichtet hatte. Er erklärte, wie Herr Schwaryencrona es sich in den Kopf gesetzt hatte, Eriks Familie ausfindig zu machen, und wie es letztendlich dazu kam, dass er, Hersebom, ganz gut damit beraten gewesen war, sich nicht um die Lösung dieses unlösbaren Problems zu kümmern.

Dann stand Frau Katrina auf, lief zu der Eichentruhe, zog die Kleidungsstücke hervor, welche das Baby getragen hatte, und zeigte ihm die Rassel, die an seinem Hals gehangen hatte. Natürlich löste der Bericht bei den Kindern sofort das Interesse an einer spannenden Geschichte aus, welche jeden bitteren Beigeschmack darüber auslöschte. Entzückt betrachteten sie die Spitzen und den Samt, das Gold der Rassel und ihre Inschrift – ungefähr so, wie wenn sie einem sich gerade abspielenden Feenmärchen beigewohnt hätten. Gerade die vom Doktor festgestellte Unmöglichkeit, das geringste praktische Ergebnis aus diesen doch recht handfesten Indizien abzuleiten, schien sie nahezu heilig zu machen.

Erik betrachtete sie wie im Traum und sein Gedanke flog zu der unbekannten Mutter, die ihn zweifellos in diese Stücke gekleidet und mehr als einmal diese Rassel vor den Augen ihres Kindes geschüttelt hatte, um es zum Lächeln zu bringen. Indem er diese Dinge berührte, kam es ihm vor, als ob er mit ihr durch Zeit und Raum in direkter Verbindung stünde. Und dennoch: Wo war sie, diese Mutter? Lebte sie noch oder war sie umgekommen? Weinte sie um ihren Sohn oder musste dieser Sohn sie im Gegenteil als für immer verloren betrachten?

Den Kopf auf seine Brust gesenkt, war er mehrere Minuten in diese Gedanken versunken, als ihn ein Wort von Frau Katrina veranlasste, ihn wieder zu heben.

»Erik, du bist ein für alle Mal unser Kind!«, rief sie, durch sein Schweigen beunruhigt.

Die Augen des jungen Mannes schweiften umher und gewahrten all die guten, lieben Gesichter: den mütterlichen Blick der braven Frau, das redliche Gesicht von Herrn Hersebom, dasjenige Ottos, das ihm noch zugeneigter als gewöhnlich erschien, und das ernste und traurige Wandas. Indem er die Zärtlichkeit und Sorge in ihren Gesichtszügen las, fühlte Erik, wie sein Herz sprichwörtlich schmolz. Plötzlich kehrte das Gefühl für jene Situation wieder zurück, sah er die Szene erneut, welche sein Vater ihm geschildert hatte: Diese der Gnade der Wellen überlassene Wiege, geborgen durch einen gewöhnlichen Fischer und einfach seiner Frau mitgebracht; diese Leute, bescheiden und arm wie sie waren, die nicht zögerten, das fremde Kind zu behalten, es zu adoptieren und genauso wertzuschätzen wie den eigenen Sohn. Sie hatten vierzehn Jahre lang nichts von diesen Dingen zu ihm gesagt und hingen jetzt an seinen Lippen, als wenn sie ein Urteil über Leben und Tod erwarteten.

Dies alles bewegte ihn so tief, dass ihm plötzlich die Tränen flossen. Ein unwiderstehliches Gefühl von Dankbarkeit und Liebe bemächtigte sich seiner. Er verspürte eine Art Drang, sich zu opfern und nun auch seinerseits diesen guten Leuten etwas von dieser blinden Zärtlichkeit, die sie ihm gegenüber gezeigt hatten, zurückzugeben, indem er sich weigerte, sie zu verlassen, sich für immer an sie und an Norö band und sich mit ihren bescheidenen Lebensbedingungen zufrieden gab.

»Mutter!«, sagte er und warf sich in die Arme Katrinas. »Glauben Sie, dass ich zögern könnte, jetzt, nachdem ich das alles weiß? … Wir werden dem Doktor schreiben, um ihm für seine Wohltaten zu danken und zu sagen, dass ich hierbleibe! … Ich will Fischer werden wie

Sie, mein Vater, und wie du, Otto! Denn Sie haben mir einen Platz in Ihrem Heim gegeben und ich möchte ihn behalten! Sie haben mich mit Ihrer Hände Arbeit ernährt; ich möchte Ihnen im Alter das zurückgeben, was Sie mir so großzügig in meiner Kindheit gegeben haben!«

»Gott sei gelobt«, rief Frau Katrina und drückte Erik in einer Anwandlung von Zärtlichkeit und Freude an ihr Herz.

»Jawohl, ich wusste es genau, dass das Kind das Meer den Büchern vorzieht!«, sagte Herr Hersebom einfach, ohne zu bemerken, was für ein Opfer die von Erik getroffene Entscheidung bedeutete. »Also dann, die Sache ist damit erledigt! … Sprechen wir nicht mehr darüber, sondern denken wir nur noch daran, ein schönes Weihnachtsfest zu feiern!«

Alle umarmten sich mit vor Glück feuchten Augen und schworen sich, einander nie zu verlassen.

Als Erik allein war, gelang es ihm nicht, einen Seufzer zu unterdrücken, indem er an all die Karriereträume und Erfolge dachte, auf die er verzichten musste; zumindest lag aber im Opfer selbst eine asketische Freude, die er genießen konnte.

»Was bedeutet der ganze Rest«, sagte er sich, »da das der Wunsch meiner Adoptiveltern ist? Ich muss mich damit abfinden und für sie dort arbeiten, wohin mich das Schicksal und ihre Selbstlosigkeit gestellt haben! … Wenn ich gelegentlich nach einem besseren Schicksal getrachtet habe, geschah das dann nicht, um sie daran teilhaben zu lassen? Weil sie jedoch so glücklich sind und kein anderes Los ersehnen, muss ich mich damit begnügen, zu versuchen, ihnen nur durch mein gutes Betragen und meine Arbeit Zufriedenheit zu verschaffen! Also Adieu den Büchern, es lebe das Meer!«

So dachte er und bald kehrten seine Gedanken zu dem zurück, was er gerade erfahren hatte. Und er fing an, wieder darüber nachzugrübeln woher er gekommen war, als Herr Hersebom ihn auf den Wellenbergen treibend gefunden hatte: Welches war sein Vaterland? Wer waren seine Eltern? … Lebten sie noch? … Hatte er in irgendeiner fernen Gegend Brüder oder Schwestern, die er niemals kennenlernen würde?

Auch in Stockholm, bei Doktor Schwaryencrona, gab das Weihnachtsfest Anlass zu einer besonderen Zusammenkunft. Auf diesen Tag, man wird sich zweifellos daran erinnern, war die Entscheidung über den Ausgang der Wette zwischen Herrn Bredejord und seinem angesehenen Freund festgelegt worden, bei der Professor Hochstedt der Schiedsrichter sein sollte.

Seit zwei Jahren hatte weder der eine noch der andere ein Wort über das Thema ihrer Wette verloren. Der Doktor verfolgte geduldig seine Nachforschungen in England, schrieb an die Seefahrtsagenturen, vervielfachte seine Zeitungsinserate, hatte sich aber nicht eingestanden, dass seine Bemühungen mehr oder weniger ergebnislos geblieben waren. Was Herrn Bredejord betraf, so vermied der aus Gründen der Höflichkeit, das Gespräch auf dieses Thema zu bringen, und begnügte sich damit, wenn sich die Gelegenheit ergab, eine diskrete Anspielung auf die Schönheit des *Plinius*-Exemplars aus der Presse des Aldus Manutius zu machen, welches in der Bibliothek des Doktors prangte.

Und nur durch die spöttische Art, in der er in diesem Moment mit den Fingerspitzen auf seine Schnupftabaksdose klopfte, konnte man erraten, dass er für sich dachte:

»Da gibt es einen *Plinius*, der sich nicht übel machen wird zwischen meinem *Quintilian*, Erstausgabe Venedig, und meinem *Horaz*, breitrandig und auf Chinapapier, der Brüder Elzevir[1].«

So jedenfalls verstand der Doktor diese wortlose Andeutung, welche die besondere Gabe hatte, ihm den Nerv zu töten. An diesen Abenden verhielt er sich beim Whist besonders unerbittlich und ließ seinem unglücklichen Partner nichts durchgehen.

Aber die Zeit nahm nichtsdestotrotz ihren Lauf und schließlich kam die Stunde, da er die Angelegenheit dem unparteiischen Urteil des Professor Hochstedt unterbreiten musste.

Dies tat Doktor Schwaryencrona in aller Offenheit. Kaum hatte ihn Kajsa mit seinen beiden Freunden allein gelassen, als er ihnen den Misserfolg seiner Nachforschungen gestand, wie er es schon Herrn Hersebom gegenüber in seinem Brief zugegeben hatte. Nichts habe das Geheimnis, welches die Herkunft Eriks verhüllte, erhellen können und so sehe er sich nun – in aller Aufrichtigkeit – genötigt, daraus zu folgern, dass es unlösbar sei.

»Jedoch«, fuhr er fort, »wäre ich mir selbst gegenüber ungerecht, wenn ich nicht mit der gleichen Ehrlichkeit erklären würde, dass ich

[1] Holländische Buchdruckerfamilie Elsevier, welche im 17. Jahrhundert ihre Glanzzeit hatte. Die Elsevier-Ausgaben römischer Klassiker, die mit roten Lettern geziert waren, gelten als Meisterwerke der Typografie in Bezug auf Korrektheit und Schönheit.

nicht im Mindesten glaube, meine Wette verloren zu haben. Ich habe Eriks Familie nicht gefunden, das ist wahr, aber die Auskünfte, die ich bekommen habe, sind eher derart, meine Schlussfolgerung zu untermauern, als sie zu widerlegen. Die *Cynthia* ist oder war wohl ein englisches Schiff, da es in den Registern des Lloyd[1] mindestens siebzehn gibt, welche diesen Namen tragen. Was die ethnographischen Zeichen anbelangt, so sind diese immer noch genauso offensichtlich keltisch wie zuvor. Meine Annahme über Eriks Staatsangehörigkeit ist also, das kann ich Ihnen sagen, siegreich aus den Nachforschungen hervorgegangen. Für mich steht mehr denn je fest, dass er Ire ist, so wie ich es vorhergesehen hatte. Ich kann die Familie aber natürlich nicht dazu zwingen, sich zu melden, falls sie Gründe hat, das nicht zu tun, oder falls sie verschwunden ist! … Nun, mein lieber Hochstedt, das war es, was ich zu sagen hatte. Jetzt liegt es an Ihnen zu verkünden, ob der *Quintilian* unseres Freundes Bredejord ganz legitim in meine Bibliothek überwechseln soll!«

Nach diesen Worten des Doktors, die – wie es schien – bei ihm das ungemeine Bedürfnis zu lachen auslösten, lehnte sich der Anwalt in seinen Lehnstuhl zurück, machte eine schwache Handbewegung, wie um zu protestieren, und richtete dann seine kleinen, funkelnden Augen auf Professor Hochstedt, um zu sehen, wie dieser sich aus der Affäre ziehen würde.

Professor Hochstedt schien nicht so verlegen zu sein, wie man das vielleicht hätte annehmen müssen. Er wäre es gewiss gewesen, wenn irgendein Argument, das der Doktor vorgebracht hatte, unschlagbar gewesen wäre, weil es ihn vor die schmerzliche Notwendigkeit gestellt hätte, Partei für den einen oder den anderen zu ergreifen. Sein bedächtiger und unentschlossener Charakter brachte es aber mit sich, stets die unentschiedenen Lösungen zu bevorzugen. Er verstand sich in solchen Fällen bestens darauf, die beiden Aspekte einer Frage eine nach der anderen aufzuzeigen und lange Reden mit kurzem Sinn zu halten. So war er an diesem Abend ganz in seinem Element.

»Es ist nicht zu leugnen«, brachte er hervor und schüttelte dabei den Kopf, »dass in der Tatsache, dass es siebzehn englische Schiffe mit dem Namen *Cynthia* gibt, ein sehr ernst zu nehmender Hinweis zugunsten der zum Ausdruck gebrachten Schlussfolgerung unseres angesehenen Freundes liegt. Dieser Hinweis, der mit den ethnogra-

[1] Siehe hierzu die Fußnote auf Seite 62.

phischen Eigenheiten des Gegenstandes in Verbindung zu bringen ist, wiegt ganz gewiss schwer, und ich zögere nicht zu sagen, dass er mir fast entscheidend zu sein scheint. Falls ich meine persönliche Meinung zur Nationalität Eriks zum Ausdruck bringen sollte, hätte ich keine Schwierigkeit damit zuzugeben, dass dies die folgende wäre: Die Wahrscheinlichkeit spricht für eine Annahme der irischen Staatsangehörigkeit! … Aber eine Sache ist die Wahrscheinlichkeit und eine andere die Gewissheit; und wenn ich es zu sagen wage, dann muss es die Gewissheit sein, welche über den Ausgang der Wette zu entscheiden hat. Die Chancen stehen in der Tat gut, die Meinung von Schwaryencrona zu vertreten, Bredejord kann aber immer behaupten, dass ein absoluter Beweis nicht vorgebracht wurde.

Ich sehe daher keinerlei ausreichenden Grund, um zu erklären, dass der Doktor den *Quintilian* gewonnen hat, und ich sehe auch keinen Anlass, noch länger zu behaupten, dass der *Plinius* verloren sei … Meiner Meinung nach ist die Angelegenheit unentschieden, die Wette muss aufgehoben werden, und das ist immer noch das Beste, was in solchen Fällen passieren kann.«

Wie alle Urteile, welche den Parteien gleichermaßen Schuld zuweisen, schien auch das des Professor Hochstedt weder den einen noch den anderen zufrieden zu stellen.

Der Doktor verzog die Unterlippe, womit er das ziemlich deutlich zeigte. Herr Bredejord dagegen sprang auf seine Füße und rief:

»Alles schön, mein lieber Hochstedt, aber nicht so schnell mit Ihrer Folgerung! … Da, wie Sie sagen, Schwaryencrona eine Tatsache nicht ausreichend belegen könne, die Sie Ihrerseits für wahrscheinlich halten, deshalb können Sie nicht entscheiden, dass er gewonnen habe? … Was würden Sie denn erwidern, wenn ich Ihnen hier und jetzt beweisen würde, dass die *Cynthia* überhaupt kein englisches Schiff gewesen ist?«

»Was ich erwidern würde?«, sagte der Professor, der durch diesen plötzlichen Angriff ein wenig verunsichert war. »Meiner Treu, das weiß ich nicht! … Ich würde abwarten, würde die Frage auf ihre verschiedenen Aspekte hin untersuchen …«

»Dann überprüfen Sie alles, bitte schön, wie Sie wollen«, entgegnete der Anwalt und versenkte die rechte Hand in der Innentasche seines Überrocks, um daraus seine Brieftasche hervorzuholen, aus der er einen Brief in einem dieser kanariengelben Umschläge, welche auf den ersten Blick auf amerikanischen Ursprung verweisen, entnahm.

Der Doktor las mit lauter Stimme.

»Hier habe ich ein Dokument, das Sie nicht zurückweisen werden«, fügte er hinzu und legte diesen Brief dem Doktor vor, der mit lauter Stimme vorlas:

Herrn Rechtsanwalt Bredejord, Stockholm

New York, 27. Oktober

Werter Herr! In Beantwortung Ihres geehrten Schreibens vom 5. des Monats beeile ich mich, Sie über die nachstehenden Tatsachen zu informieren:
1.) Ein Schiff mit dem Namen *Cynthia*, Kapitän Barton, im Besitz der Allgemeinen Kanadischen Transportgesellschaft, ist exakt vor vierzehn Jahren auf der Höhe der Färöer-Inseln mit Leib und Gut untergegangen.

2.) Das Schiff war bei der *General Steam Navigation Insurance Company*, New York, für die Summe von drei Millionen achthunderttausend Dollar versichert.
3.) Das Verschwinden der *Cynthia* blieb unaufgeklärt; die Ursachen für die Katastrophe schienen für die Versicherungsgesellschaft nicht klar genug gewesen zu sein, weshalb ein Prozess angestrengt wurde, dieser Prozess wurde von den genannten Schiffseigentümern verloren.
4.) Der verlorene Prozess hat die Auflösung der Kanadischen Transportgesellschaft verursacht, die als Folge der Liquidation seit elf Jahren nicht mehr besteht.
In Erwartung weiterer Aufträge entbiete ich Ihnen, sehr geehrter Herr, unsere besten Grüße.

Jeremie Smith, Walker & Co.
Schifffahrtsagentur

»Nun! Was sagen Sie zu diesem Dokument?«, fragte Herr Bredejord, als der Doktor zu Ende gelesen hatte. »Stimmen sie mir darin zu, dass dies hier ein Dokument ist, das seinen Wert hat?«

»Da stimme ich Ihnen gerne zu«, antwortet der Doktor. »Wie zum Teufel haben Sie das erlangt?«

»Auf die einfachste Art und Weise. An dem Tag, als Sie mir sagten, dass die *Cynthia* ein englisches Schiff sei, habe ich sofort gedacht, dass Sie dadurch das Feld Ihrer Nachforschungen zu sehr eingrenzen würden, weil das Schiff auch ein amerikanisches hätte sein können. Als ich sah, dass die Zeit verging und Sie nichts erreichten, denn Sie hätten es uns ja gesagt, hatte ich den Einfall, nach New York zu schreiben. Mit dem dritten Brief bekam ich das Ergebnis, das hier vorliegt. Das war nicht kompliziert! … Meinen Sie nicht, dass er wie dafür gemacht ist, mir unbestreitbar den Besitz Ihres *Plinius* zu sichern?«

»Diese Schlussfolgerung erscheint mir nicht zwingend!«, erwiderte der Doktor, der den Brief noch einmal schweigend las, wie um darin nach neuen Gründen zur Unterstützung seiner Ansicht zu suchen.

»Wie, nicht zwingend?«, empörte sich der Anwalt. »Ich beweise Ihnen, dass das Schiff amerikanisch war, dass es auf der Höhe der Färöer-Inseln untergegangen ist, das heißt ganz in der Nähe der norwegischen Küste, und zwar genau zu dem Zeitpunkt, der zum Auftauchen des Kindes passt, und Sie sind noch nicht von Ihrem Irrtum überzeugt?«

»Nicht im Geringsten! Beachten Sie, mein lieber Freund, dass ich den sehr großen Wert Ihres Dokuments nicht leugne. Sie haben das gefunden, was ich nicht in der Lage gewesen bin zu entdecken, nämlich die wahre *Cynthia*, welche zum gewünschten Zeitpunkt in geringer Entfernung von unseren Küsten verloren gegangen ist! … Aber erlauben Sie mir, Ihnen gegenüber zu bemerken, dass genau dieser Fund meine Ansicht bestätigt. Denn schließlich war das Schiff kanadisch, das heißt englisch, und das irische Element ist in Kanada sehr beträchtlich; ich habe von nun an einen Grund mehr, sicher zu sein, dass das Kind irischer Herkunft ist!«

»Ach, das ist es also, was Sie in meinem Brief finden?«, rief Herr Bredejord, verärgerter, als er erscheinen wollte. »Und zweifellos bestehen Sie auch weiterhin auf der Ansicht, dass Sie Ihren *Plinius* nicht verloren haben?«

»Sicherlich.«

»Vielleicht glauben Sie auch, irgendwelche Rechte an meinem *Quintilian* zu haben?«

»Ich hoffe jedenfalls, mir diese Rechte dank Ihrer Entdeckung selbst zu verschaffen, wenn Sie mir nur die Zeit geben, unsere Wette zu erneuern.«

»So sei es! Das mache ich gern. Wie viel Zeit brauchen Sie?«

»Nehmen wir nochmals zwei Jahre und vertagen wir uns auf das zweite Weihnachtsfest, das auf dieses hier folgt!«

»Einverstanden!«, antwortete Herr Bredejord. »Aber ich versichere Ihnen, mein lieber Doktor, dass Sie mir Ihren *Plinius* genauso gut sofort schicken könnten!«

»Meiner Treu, nein! Er wird sich in meiner Bibliothek sehr schön neben Ihrem *Quintilian* machen!«

7. Kapitel
Wandas Meinung

Zu Beginn stürzte sich Erik – brennend vor Opferbereitschaft – Hals über Kopf in das Leben eines Fischers, in dem guten Glauben, mit diesem Versuch vergessen zu können, dass er ein anderes kennengelernt hatte. Immer war er der Erste, der aufstand, und er war auch der Erste, der das Boot des Adoptivvaters vorbereitete, er machte alles, damit Herr Hersebom nichts weiter zu tun brauchte, als das Ruder in die Hand zu nehmen und loszufahren. Wenn die Brise fehlte, so nahm Erik die schweren Riemen und ruderte sie mit aller Kraft; es schien, als suche er die härtesten und anstrengendsten Aufgaben. Nichts entmutigte ihn, weder die langen Aufenthalte im Fass mit doppeltem Boden, in dem der Kabeljaufischer darauf wartet, dass der Fisch anbeißt, noch die verschiedenen Vorbereitungen mittels derer er gefangen wird, um ihm dann zuerst die Zunge zu entfernen, welche eines der zartesten Stücke ist, dann den Kopf und dann die Gräten, bevor man ihn in den Behälter wirft, wo er seine erste Einsalzung erfährt. Welcher Art auch immer seine Arbeit war, Erik erledigte sie nicht nur mit Verstand, sondern auch mit einer Art Leidenschaft. Er erstaunte den Gleichmut Ottos durch seinen Arbeitseifer selbst bei den kleinsten Einzelheiten dieses Handwerks.

»Wie du in der Stadt gelitten haben musst!«, sagte der gute Junge ahnungslos zu ihm. »Du scheinst dich nur dann in deinem Element zu befinden, wenn du aus dem Fjord heraus- und auf dem offenen Meer angekommen bist!«

Fast immer blieb Erik schweigsam, wenn das Gespräch diesen Verlauf nahm. Andere Male brachte er hingegen selbst das Thema zur Sprache, versuchte Otto oder – um es besser zu sagen – sich selbst zu beweisen, dass es keine schönere Existenz gebe als die ihrige.

»Da bin ich ganz deiner Meinung!«, kam die Antwort mit beruhigtem Lächeln.

Und der arme Erik wandte sich ab, um einen Seufzer zu unterdrücken.

In Wahrheit litt er grausam darunter, auf seine Studien verzichtet zu haben, sich zu einer rein körperlichen Arbeit verdammt zu sehen. Wenn ihm diese Gedanken kamen, stemmte er sich dagegen und schlug sich – um es so auszudrücken – gleichsam im Nahkampf mit ihnen herum. Aber trotz allem fühlte er sich überwältigt von Bitterkeit und Bedauern. Um nichts in der Welt hätte er diese Entmutigung erahnen lassen wollen. So verschloss er sie in seinem Innersten, litt aber sehr darunter.

Eine Katastrophe, die sich zu Beginn des Frühlings ereignete, sollte diesem Kummer einen noch heftigeren Charakter geben. An diesem Tag gab es viel Arbeit im Schuppen, um die Klippfische[1] zu stapeln. Herr Hersebom, der Erik und Otto mit dieser Arbeit betraut

[1] Klippfisch – Bezeichnung für getrockneten und gesalzenen Kabeljau.

hatte, war allein zum Fischen gefahren. Das Wetter war grau und drückend, es passte recht wenig zur Jahreszeit. Während die beiden jungen Leute ihre Arbeit emsig vorantrieben, kamen sie nicht umhin zu bemerken, dass sie ihnen außergewöhnlich schwer fiel. Man hätte sagen können, dass alle Dinge um sie herum mehr wogen als gewöhnlich, die Luft eingeschlossen.

»Das ist eigenartig«, bemerkte Erik, »ich habe Ohrensausen, wie wenn ich mich in einem Ballon in einer Höhe von vier- oder fünftausend Metern befände!«

Und fast gleichzeitig bekam er Nasenbluten. Auch Otto erlebte ähnliche Symptome, wenn er sie auch weniger genau beschreiben konnte.

»Ich vermute, dass das Barometer außergewöhnlich niedrig stehen muss!«, fuhr Erik fort. »Wenn ich Zeit hätte, zu Herrn Malarius zu laufen, dann würde ich es sehen können.«

»Du hast alle Zeit der Welt«, erwiderte Otto. »Schau, unsere Arbeit ist fast vollendet; und selbst wenn du dich verspäten würdest, könnte ich sie mühelos allein beenden!«

»Nun gut, dann gehe ich!«, antwortete Erik. »Ich weiß nicht, warum mich der Zustand der Luft so unruhig macht! … Ich wünschte, zu wissen, dass Vater zurück ist!«

Als er die Richtung zur Schule einschlug, begegnete er auf dem Weg Herrn Malarius.

»Du hier, Erik!«, rief der Lehrer. »Ich bin froh, dich zu sehen und sicher zu sein, dass du nicht auf dem Meer bist! … Ich wollte mich gerade erkundigen! … Das Barometer ist seit einer halben Stunde mit einer solchen Schnelligkeit gefallen! Ich habe so etwas noch nie gesehen. Derzeit steht es bei 718 Millimetern. Wir werden mit Sicherheit einen extremen Wetterumschwung bekommen.«

Herr Malarius hatte noch nicht geendet, als ein fernes Grollen, dem eine Art schauriges Quäken folgte, die Luft zerriss. Der Himmel, der sich fast augenblicklich nach Westen hin mit einem Fleck wie von schwarzer Tinte bedeckt hatte, verdunkelte sich nach allen Seiten mit erstaunlicher Schnelligkeit. Dann wurden plötzlich – nach einem Intervall vollständiger Stille – die Blätter der Bäume, Strohballen, Sand und Kieselsteine durch einen Windstoß über den Boden gefegt. Der Orkan war angekommen.

Er war von unerhörter Gewalt. Schornsteine, Fensterläden und an einigen Stellen sogar ganze Bedachungen wurden fortgeweht, als wenn sie Federn wären. Häuser stürzten ein. Ausnahmslos alle Schuppen wurden weggerissen und vom Wind zerstört. Im Fjord, der gewöhnlich so ruhig wie ein Brunnen bei den schrecklichsten Stürmen der offenen See war, bildeten sich riesige Wellen und brachen sich mit ohrenbetäubendem Getöse an der Küste.

Der Orkan tobte eine Stunde lang; nachdem er dann von den hohen Bergen Norwegens aufgehalten wurde, bog er nach Süden ab und machte sich daran, über Kontinentaleuropa hinwegzufegen. In den Annalen der Meteorologie wurde er als einer der außergewöhnlichsten und verheerendsten registriert, die jemals den Atlantik überquert hatten. Diese großen Luftschwankungen werden heutzutage meistens telegrafisch angekündigt. So fanden die meisten durch Depeschen vorgewarnten Häfen Europas glücklicherweise Zeit, den abfahrenden oder an schlecht geschützten Plätzen ankernden Schiffen die Sturmwarnung mitzuteilen. Auf diese Weise wurden die Katastrophen bis zu einem gewissen Maß gemildert. Aber an den wenig frequentierten Küsten, in den Fischerdörfern und auf dem Meer entging die Anzahl der Schiffsunglücke jeder Erfassung. Allein das *Bureau Veritas*[1] in Frankreich und der Lloyd hatten nicht weniger als siebenhundertdreißig registriert.

Der einzige Gedanke der gesamten Familie Hersebom galt an diesem Unglückstag – wie bei Tausenden anderer Fischerfamilien auch – natürlich jenem, der auf dem Meer war. Herr Hersebom fuhr sehr oft an die Westküste einer ziemlich großen Insel, die etwa zwei Meilen außerhalb des Eingangs zum Fjord lag; jene, an der er das Kind Erik geborgen hatte. Man konnte hoffen, dass er zur maßgeblichen Stunde des Sturms noch die Zeit gehabt hatte, sich in Sicherheit zu bringen, und sei es, indem er sein Boot an der niedrigen und sandigen Küste hatte auflaufen lassen.

Aber ihre Besorgnis erlaubte Erik und Otto nicht, bis zum Abend zu warten, um den Wahrheitsgehalt dieses Gedankens zu überprüfen.

Kaum hatte der Fjord – nach dem Durchzug des Orkans – seine gewöhnliche Ruhe wiedererlangt, als sie beschlossen, sich von einem ihrer Nachbarn ein Boot auszuleihen, um sich Gewissheit zu verschaffen. Herr Malarius beharrte darauf, die jungen Leute auf dieser Unternehmung zu begleiten. Alle drei brachen auf, gefolgt von einem bangen Blick seitens Frau Katrinas und ihrer Tochter.

[1] *Bureau Veritas* – Klassifikationsgesellschaft mit Sitz in Paris mit gleicher Zielsetzung wie die Londoner *Lloyd's Register Society*. Siehe hierzu die Fußnote auf Seite 62.

Im Fjord hatte der Wind nachgelassen, blies aber noch aus dem Westen, und um die Meerenge zu erreichen, musste man die Ruder gebrauchen. Das dauerte länger als eine Stunde.

Als sie dort ankamen, traf man auf ein unerwartetes Hindernis. Der Sturm tobte noch immer über dem Meer und die Wellen, die sich an der Insel brachen, welche den Eingang zum Fjord von Norö verschließt, veranlassten zwei Strömungen, die auf der Rückseite dieser Insel aufeinander trafen, sich mit Gewalt in die Durchfahrt wie in einen Trichter zu stürzen. Es war nicht daran zu denken, sie unter diesen Bedingungen zu überwinden; einem Dampfschiff wäre das nur mit Mühe gelungen, erst recht nicht einem schwachen, von Rudern angetriebenen Boot unter Gegenwind.

Man musste daher nach Norö zurückkehren und warten.

Die übliche Zeit der Rückkehr kam, ohne Herrn Hersebom zurückzubringen, sie brachte aber auch keinen der anderen Fischer zurück, die an diesem Tag ausgefahren waren. Man musste daher hoffen, dass irgendein alle gemeinsam betreffendes Hindernis sie außerhalb des Fjords zurückgehalten hatte, statt an ein persönliches Unglück zu glauben. Der Abend war deshalb tief traurig in all den Häusern, in denen jemand fehlte. Und je mehr die Nacht verging, ohne dass die Abwesenden wieder erschienen, umso mehr wuchs die Angst. Bei den Hersebоms schlief niemand. Man verbrachte diese langen Stunden des Wartens, indem man schweigend und traurig im Kreis um das Feuer saß.

Ende März kommt der Tag noch spät in diesen hohen Breiten; zumindest aber kam er hell und klar. Die Landbrise wehte auf das Meer hinaus; man konnte hoffen, die Durchfahrt zu überwinden. Eine beachtliche Flottille, welche sich aus nahezu allen in Norö zur Verfügung stehenden Booten bildete, schickte sich an, auf Erkundungsfahrt zu gehen, als gemeldet wurde, dass mehrere Boote aus der Meerenge kämen und bald am Dorf ankommen würden.

Dies waren diejenigen, welche am Abend vor dem Orkan aufgebrochen waren, alle bis auf das Boot des Herrn Hersebom.

Niemand konnte über ihn etwas vermelden. Die Tatsache, dass er nicht mit den anderen zurückgekehrt war, machte diese Ausnahme beunruhigend, da sich alle Fischer in großer Gefahr befunden hatten. Einige waren vom Orkan überrascht und an die Küste geworfen worden, oder ihr Boot war auf Grund gelaufen. Andere hatten noch Zeit gehabt, sich in eine vor dem Orkan geschützte Bucht zu flüchten. Die geringste Zahl hatte sich im kritischen Augenblick an Land befunden.

Es wurde beschlossen, dass die zum Auslaufen bereite Flottille nun auf die Suche nach demjenigen, der noch fehlte, gehen solle. Herr Malarius wollte sich in Gesellschaft Eriks und Ottos an der Expedition beteiligen. Einem großen gelben Tier, das offensichtliche Anzeichen von Unruhe zeigte, erlaubte man ebenfalls, sich ihnen anzuschließen: Das war Klaas, der grönländische Hund, den Herr Hersebom von einer Reise zum Kap Farewell mitgebracht hatte.

Beim Verlassen der Durchfahrt teilten sich alle Boote, die einen rechts, die anderen links, um die Ufer der zahllosen Inseln zu untersuchen, die in der Umgebung des Fjords von Norö wie an der gesamten norwegischen Küste vorzufinden sind.

Als sie mittags wie vereinbart zur Südspitze der Meerenge zurückgekommen waren, hatten sie keine Spur von Herrn Hersebom entdeckt. Da die Suche anscheinend sorgfältig ausgeführt worden war, waren alle der Ansicht, dass man unglücklicherweise nichts anderes tun konnte, als umzukehren.

Aber Erik wollte sich weder geschlagen geben noch ohne Weiteres auf jede Hoffnung verzichten. Er erklärte, dass er nun, nachdem er die Inseln im Süden abgesucht hatte, diejenigen im Norden erkunden wolle. Herr Malarius und Otto unterstützten sein Anliegen. Als man das einsah, erfüllte man ihren Wunsch. Man vertraute ihnen eine Jolle an, die leicht zu bedienen war, um eine letzte Suchfahrt durchzuführen, dann verabschiedete man sich von ihnen.

Diese Beharrlichkeit verdiente es, belohnt zu werden. Als das Boot gegen zwei Uhr an einer Insel nahe des Festlandes entlangfuhr, fing Klaas plötzlich an, wütend zu bellen. Dann sprang er, bevor man ihn zurückhalten konnte, ins Wasser und schwamm zu den Riffen.

Erik und Otto ruderten kräftig in die gleiche Richtung. Bald sahen sie, wie der Hund die Insel erreichte, auf sie hinauflief und jaulend um etwas herumsprang, das eine menschliche Gestalt zu sein schien und auf einem grauen Felsen ausgestreckt dalag. Jetzt legten sie ihrerseits an.

Es war tatsächlich ein Mann, der da lag, und dieser Mann war Hersebom! … Hersebom, bluttriefend, bleich, unbeweglich und kalt, leblos – vielleicht tot … Klaas leckte ihm die Hände und wimmerte dabei.

Das erste, was Erik machte, war, sich neben dem eiskalten Körper auf die Knie zu werfen und sein Ohr auf das Herz zu legen.

Erik kniete vor dem eiskalten Körper.

»Er lebt! … Ich spüre den Herzschlag!«, rief er.

Herr Malarius, der einen Arm des Herrn Hersebom ergriffen und den Puls gesucht hatte, schüttelte zum Zeichen des Zweifels traurig den Kopf; aber er wollte zumindest alles versuchen, was in derartigen Fällen verordnet wird. Nachdem er einen breiten Wollgürtel, den er um die Lenden trug, abgewickelt und in drei Fetzen zerrissen hatte, reichte er jedem seiner jungen Freunde einen Fetzen und machte sich an die Aufgabe, kräftig die Brust, die Beine und die Arme des Fischers abzureiben.

Bald stellte er fest, dass diese einfache Behandlung Erfolg hatte und den Blutkreislauf wiederbelebte. Die Pulsschläge des Herzens verstärkten sich, die Brust hob sich, den Lippen entrang sich eine schwache Atmung … Endlich erwachte Herr Hersebom aus seiner Ohnmacht, eine undeutliche Klage äußernd.

Herr Malarius und die beiden jungen Leute hoben ihn von der

Erde auf und beeilten sich nun, ihn wegzubringen. Als sie ihn im hinteren Teil des Bootes auf ein Lager aus Segeltuch legten, öffnete er die Augen.

»Trinken!«, sagte er mit schwacher Stimme.

Erik setzte ihm eine Flasche Branntwein an die Lippen. Er nahm einen Schluck und schien sich bewusst zu sein, was vorging, soweit man das aufgrund seines innigen und dankbaren Blicks beurteilen konnte. Aber die Müdigkeit überwältigte ihn fast sofort; er fiel erneut in einen Schlaf, der einer kompletten Lethargie glich.

Nach vernünftiger Einschätzung konnten sie nichts Besseres tun als schnellstens zurückzukehren. Seine Retter ergriffen die Ruder und trieben das Boot energisch zur Durchfahrt. Sie kamen bald dort an und kehrten, begünstigt durch die Brise, in sehr kurzer Zeit nach Norö zurück.

Nachdem Herr Hersebom in sein Bett gebracht, in Bergarnikakompressen eingewickelt und mit einer Bouillon und einem Glas Bier gestärkt worden war, hatte er endgültig wieder das Bewusstsein erlangt. Außer einem Unterarmbruch, Prellungen und Schnitten am ganzen Körper war ihm nichts Ernstes passiert. Nichtsdestotrotz verlangte Herr Malarius von ihm, sich zumindest etwas Ruhe zu gönnen und sich nicht durch Sprechen zu ermüden. Daraufhin schlief er friedlich ein.

Erst am nächsten Morgen erlaubte man ihm, den Mund aufzumachen und mit ein paar Worten zu erzählen, was ihm widerfahren war.

Vom Orkan in dem Augenblick überrascht, als er sein Segel gehisst hatte, um nach Norö zurückzukehren, war Hersebom gegen die Riffe der Insel geworfen worden, wo sein Boot in tausend Stücke zerschellte, welche sofort vom Sturm weggetragen wurden. Er selbst hatte sich kurz vor dem Unglück ins Meer gestürzt, um diesem entsetzlichen Aufprall zu entgehen. Aber es hatte nicht viel gefehlt und er wäre an den Felsen zerschmettert worden. Nur unter tausendfachen Qualen hatte er es geschafft, sich außerhalb der Reichweite der Wellen zu schleppen. Erschöpft von der Müdigkeit, mit einem gebrochenen Arm und der Körper mit Blutergüssen bedeckt, war er kraftlos liegengeblieben und wusste nichts mehr über die Art und Weise, wie er diese zwanzigstündige Wartezeit überstanden hatte. Zweifellos hatte er einen Fieberanfall bekommen und eine Ohnmacht erlitten.

Jetzt sah er sich außer Gefahr, aber nun begann er, sich über den Verlust seines Bootes und den unbeweglichen Arm zwischen zwei Schienen zu sorgen. Was sollte aus ihm werden, selbst wenn er sich dieses Arms nach acht oder zehn Wochen Erholung wie früher bedienen konnte? Das Boot war das einzige Kapital der Familie, und dieses Kapital war durch einen Windstoß verloren gegangen. In seinem Alter war es eine harte Sache, für jemand anderen zu arbeiten. Aber würde er überhaupt Arbeit finden? Dies war zumindest zweifelhaft, denn niemand in Norö beschäftigte Hilfskräfte und selbst die Fabrik hatte erst kürzlich ihr Personal reduzieren müssen.

Das waren die bitteren Überlegungen Herrn Herseboms, während er auf seinem Schmerzenslager ruhte, und vor allem, als er wieder auf den Beinen war und es ihm möglich war, den Arm in der Schlinge, wieder in seinem großen Lehnstuhl zu sitzen.

In der Erwartung seiner vollständigen Gesundung lebte die Familie von den letzten Mitteln und dem Ertrag der gesalzenen Klippfische, die es noch im Lager gab. Aber die Zukunft war schwarz und niemand sah, wie sie sich wieder aufhellen könnte.

Diese ständige Verzweiflung bewirkte bald einen neuen Verlauf von Eriks Überlegungen. Für zwei oder drei Tage genügte das Glück, das Leben Herrn Herseboms gerettet zu haben, um seine Gedanken zu beschäftigten. Es war ja wirklich seine leidenschaftliche Selbstlosigkeit gewesen, die sich ausgezahlt hatte. Wie hätte er auch nicht stolz sein können, wenn er die von Dankbarkeit tränenfeuchten Blicke von Frau Katrina oder von Wanda auf sich haften sah, wie um ihm zu sagen:

»Lieber Erik, Vater hat dich aus dem Wasser gerettet, aber du hast ihn deinerseits dem Tod entrissen! …«

Gewiss war dies die höchste Belohnung, die er sich für seine Selbstverleugnung, die er unter Beweis gestellt hatte, indem er sich zu dem Leben als Fischer verurteilt hatte, wünschen konnte. Welcher Gedanke hätte kräftigender und süßer sein können, als sich zu sagen, dass er seiner Adoptivfamilie in gewisser Weise alle Wohltaten auf einmal vergolten hatte?

Aber diese Familie, die mit ihm so großmütig die Früchte ihrer Arbeit geteilt hatte, befand sich jetzt kurz davor, brotlos zu werden. Musste er eine Last für sie bleiben? War es nicht vielmehr seine Aufgabe, alles zu versuchen, um zu helfen?

Er war sich dieser Verpflichtung deutlich bewusst. Es ging nur um die Art und Weise, weswegen er zögerte, sei es, dass er daran dachte, nach Bergen zu gehen, um dort als Matrose zu arbeiten, oder sei es, von irgendeinem anderen Weg zu träumen, um sich sofort als nützlich zu erweisen.

Eines Tages offenbarte er Herrn Malarius seine Zweifel, der sich seine Gründe anhörte, sie guthieß, aber bezüglich seines Vorhabens, als Matrose wegzugehen, protestierte.

»Ich würde verstehen, wenngleich ich es bedauern würde«, sagte er zu ihm, »dass du dich damit abfindest, hierzubleiben, um das Leben deiner Adoptiveltern zu teilen! Ich würde aber nicht verstehen, wenn du dich fern von ihnen zu einem Beruf ohne Zukunft zwingen würdest, wo Doktor Schwaryencrona sich doch anbietet, dir eine frei zu wählende berufliche Laufbahn zu eröffnen! Überlege, mein liebes Kind, bevor du eine solche Entscheidung triffst!«

Was Herr Malarius nicht sagte, war, dass er schon nach Stockholm geschrieben hatte, um den Doktor über die Lage auf dem Laufenden zu halten, nämlich was der Orkan vom 3. März bei Eriks Familie angerichtet hatte. Er war daher nicht überrascht, als er drei Tage danach einen Brief erhielt, den er sofort den Herseboms mitteilte. Er lautete wie folgt:

Stockholm, 17. März

Mein lieber Malarius,

ich danke dir herzlich, dass du mich über die verheerenden Folgen informiert hast, welche der Orkan für den guten Herrn Hersebom am 3. des laufenden Monats gehabt hat. Ich bin glücklich und stolz zu erfahren, dass Erik sich unter diesen Umständen wie immer als tapferer Junge und ergebener Sohn verhalten hat. Du wirst anbei eine Banknote von 500 Kronen finden, welche du ihm bitte in meinem Namen zukommen lässt. Bestell ihm, dass er es mich ohne Verzögerung wissen lassen soll, falls es nicht genug ist, um in Bergen das beste Fischerboot zu kaufen, das er sich beschaffen kann. Er soll diesem Boot den Namen *Cynthia* geben, denn er wird es Herrn Hersebom als kindliches Andenken entbieten. Wenn er das getan hat, wird Erik – falls er meinem Rat folgen mag – zu mir nach Stockholm zurückkehren und sein Studium wieder aufnehmen. Sein Platz in meinem Heim ist immer frei; und falls er noch einen Grund benötigen sollte, um sich zu entscheiden, hierher zurückzukehren, füge ich hinzu, dass ich jetzt gewisse Informationen habe und die Hoffnung hege, das Geheimnis seiner Geburt zu lüften. Glaube mir, mein lieber Malarius, dass ich stets dein aufrichtiger und ergebener Freund bin.

R. W. Schwaryencrona, M.D.

Man kann sich denken, dass dieser Brief mit Freude aufgenommen wurde. Der Doktor zeigte, dass er – indem er das Geschenk an Erik adressiert hatte – den Charakter des alten Fischers richtig verstanden hatte. Wenn er ihm das Angebot direkt gemacht hätte, so wäre es wenig wahrscheinlich gewesen, dass Herr Hersebom das Boot angenommen hätte. Aber es von seinem Adoptivkind kommend zurückzuweisen; und dazu unter dem Namen *Cynthia*, der daran erinnerte, wie Erik zur Familie gekommen war! …

Die Kehrseite der Medaille, der Gedanke, der sogleich alle Mienen verdüsterte, war die Aussicht, ihn erneut gehen zu sehen. Niemand wagte, davon zu sprechen, wenn auch jeder daran dachte. Erik selbst fühlte sich, den Kopf hängen lassend, gespalten zwischen dem ganz natürlichen Bedürfnis, den Doktor zufriedenzustellen und sich seinen geheimen Herzenswunsch zu erfüllen, sowie dem nicht weniger natürlichen Wunsch, seine Adoptiveltern nicht zu verletzen.

Da war es Wanda, die es übernahm, das Eis zu brechen.

»Erik«, sagte sie mit ihrer süßen und ernsten Stimme, »nach solch einem Brief kannst du dem Doktor nicht absagen! Das kannst du nicht, denn das würde bedeuten, ihm Undankbarkeit zu zeigen und dich gegen dich selbst zu versündigen! Dein Platz ist unter den Gelehrten, nicht unter den Fischern. Ich habe lange darüber nachgedacht! Nachdem es keiner wagt dir das zu sagen – ich sage es dir jetzt! …«

»Wanda hat recht!«, rief Herr Malarius mit einem Lächeln.

»Wanda hat recht!«, wiederholte Frau Katrina und wischte sich eine Träne ab.

Und so geschah es, dass Eriks Weggang zum zweiten Mal beschlossen wurde.

8. Kapitel
Patrick O'Donoghan

Die Neuigkeit, die Doktor Schwaryencrona erfahren hatte, war kaum von großer Bedeutung, aber schließlich dazu geeignet, ihn auf eine Spur zu bringen. Er kannte jetzt den Namen des Ex-Direktors der Kanadischen Transportgesellschaft: Herr Joshua Churchill.

Man wusste natürlich nicht, was aus dieser Person nach der Auflösung der Gesellschaft geworden war. Selbstverständlich wurden Nachforschungen in dieser Hinsicht angestellt. Falls es gelang, Herrn Joshua Churchill wiederzufinden, würde man durch ihn vielleicht Auskunft zu den früheren Registern der Gesellschaft bekommen können – vielleicht sogar eine Passagierliste der *Cynthia* erhalten. Und darin musste das Baby mit seiner Familie oder den Personen, die mit seiner Aufsicht betraut waren, erwähnt worden sein. Infolgedessen wäre das Feld für Nachforschungen ungemein eingrenzbar. Das war der Rat des Anwalts, der früher dieses Register als Konkursverwalter der Gesellschaft in der Hand gehabt hatte, aber seit mindestens zehn Jahren nichts mehr davon gehört hatte, was aus Herrn Joshua Churchill geworden war.

Einen Augenblick lang hatte Doktor Schwaryencrona sich verfrüht gefreut, nämlich als er feststellte, dass die amerikanischen Zeitungen in der Regel Listen von an Bord gegangenen Passagieren veröffentlichten, welche das Reiseziel Europa hatten. Er hatte sich gesagt, dass es wahrscheinlich genügen würde, eine Sammlung alter Zeitungen durchzugehen, um die Liste der *Cynthia* zu finden. Aber man musste die Erfahrung machen, dass sich diese Überlegung als unzutreffend erwies – die Gewohnheit, diese Listen zu veröffentlichen, war gänzlich neu und kaum mehr als ein paar Jahre alt. Die alten Zeitungen hatten wenigstens den Nutzen gehabt, dass sie das genaue Abreisedatum der *Cynthia* angegeben hatten: Sie hatte am 3. November nicht einen kanadischen Hafen verlassen, wie man anfangs geglaubt hatte, sondern den von New York, um nach Hamburg auszulaufen.

Deshalb versuchte der Doktor zunächst in der letztgenannten Stadt und dann in den Vereinigten Staaten Auskünfte zu erlangen.

Aber in Hamburg ergaben sie so gut wie nichts. Die Konsignatäre[1]

[1] Warenempfänger im Überseehandel.

der Kanadischen Transportgesellschaft wussten nichts über die Passagiere der *Cynthia*, sondern konnten lediglich die Art ihrer Fracht angeben, welche man schon kannte.

Erst sechs Monate, nachdem Erik nach Stockholm zurückgekehrt war, erfuhr man endlich aus New York, dass der Ex-Direktor Joshua Churchill schon vor sieben Jahren in einem Hospital der Ninth Avenue seinen letzten Atemzug getan hatte, ohne bekannte Erben und wahrscheinlich auch ohne eine Erbschaft hinterlassen zu haben. Was die Register der Gesellschaft betraf, so waren diese zweifellos schon vor langer Zeit als Altpapier verkauft und von den Tabakhändlern New Yorks als Tüten verwendet worden.

Die Spur führte also ins Leere, und das einzige Ergebnis dieser langen Nachforschungen war, dass Herr Bredejord über die Selbstliebe seines Freundes die schmerzlichsten Sticheleien vom Stapel ließ, wenn auch die meisten eigentlich harmlos waren.

Eriks Geschichte war jetzt im Hause des Doktors allgemein bekannt. Man genierte sich nicht länger, offen darüber zu sprechen, und alle Phasen der Nachforschungen wurden bei Tisch oder im Besuchszimmer erörtert. Möglicherweise war der Doktor während der ersten beiden Jahre besser beraten, als er diese Dinge geheim gehalten hatte, weil sie nun dem Klatsch von Frau Greta und Kajsa ebenso Nahrung boten wie auch den Überlegungen von Erik selbst. Und diese waren häufig äußerst schwermütig.

Seine Eltern nicht zu kennen, falls sie noch lebten, sich zu sagen, dass er vielleicht niemals das Geheimnis seiner Geburt erfahren würde, war schon eine recht schmerzliche Sache an sich. Doch nicht zu wissen, was sein Vaterland war, das war noch viel trauriger.

»Das ärmste Straßenkind, der armseligste Bauer weiß wenigstens, was sein Vaterland ist und zu welcher großen menschlichen Familie er gehört«, sagte er sich manchmal, wenn er an diese Dinge dachte. »Ich, ich weiß es nicht! Ich bin auf dem Erdball wie Treibgut, ein vom Wind weggetragenes Staubkorn, das nicht weiß, woher es kommt! Ich habe keine Wurzeln, keine Überlieferungen, keine Vergangenheit! Die Erde, auf der meine Mutter geboren wurde und in der ihre sterblichen Überreste ruhen oder ruhen werden, kann von einem Fremden entehrt und von seinen Füßen zertreten werden, ohne dass es mir gegeben wäre, sie zu verteidigen oder mein Blut für sie zu vergießen.«

Dieser Gedanke machte den armen Erik traurig. In diesen Momenten mochte er sich noch so oft sagen, dass er in Frau Katrina eine

Mutter, bei Herrn Hersebom ein Heim und in Norö eine Heimat gefunden hatte, er mochte sich noch so sehr schwören, dass er ihnen diese Wohltaten hundertfach zurückgeben und immer der treueste Sohn Norwegens sein würde, und dennoch fühlte er sich als Außenseiter.

Auch die äußeren Unterschiede, die er beiläufig in einem Spiegel oder in einer Schaufensterscheibe zwischen seinen Mitmenschen und sich selbst bemerkte, wie etwa die Farbe seiner Augen und seiner Haut, führten ihn ständig zu diesem schmerzlichen Gedanken zurück. Manchmal fragte er sich, welches Vaterland auf der Welt er bevorzugen würde, wenn er die Wahl hätte. Es war dieser besondere Blickwinkel, der ihn veranlasste, Geschichte und Geographie zu studieren, Zivilisationen und Völker an sich vorbeiziehen zu lassen. Er empfand eine Art Trost, sich wenigstens sagen zu können, dass er der keltischen Rasse angehörte, und so suchte er in den Büchern die Bestätigung dieses vom Doktor behaupteten Sachverhalts.

Aber als ihm der Gelehrte wiederholte, dass er seiner Meinung nach Ire sei, war Erik völlig niedergeschlagen! Was! Musste ihm von all den keltischen Völkern ausgerechnet das am meisten unterdrückte bestimmt worden sein? … Wenn er nur den absoluten Beweis gehabt hätte, dann hätte er gewiss dieses unglückselige Vaterland genauso geliebt wie die mächtigsten und berühmtesten! Doch dieser Beweis fehlte. Weshalb sollte er zum Beispiel nicht viel lieber glauben, ein Franzose zu sein? … Auch in Frankreich hatte es ja Kelten gegeben! … Das war ein Land, wie er es gern gehabt hätte: mit großartigen Überlieferungen, seiner dramatischen Geschichte und den fruchtbringenden Prinzipien, die es in der Welt verbreitet hat! Oh! Mit welcher Leidenschaft hätte er ein solches Vaterland geliebt, hätte er ihm mit Hingabe gedient! Wie stolz hätte er sich gefühlt, ihm anzugehören! Mit welch kindlicher Liebe hätte er sich in die Studien seiner glorreichen Annalen vertieft, die Bücher seiner Schriftsteller gelesen und die Werke seiner Künstler bewundert. … Aber leider! Es war genau diese Art zarter Gefühle, die ihm für immer verschlossen war! … Deutlich sah er, dass dieses Problem seiner Herkunft niemals gelöst werden würde, nachdem es das ja auch nach so vielen Nachforschungen noch immer nicht war.

Und dennoch schien es Erik, dass er vielleicht zu einem Ergebnis kommen könnte, wenn er persönlich die bereits erhaltenen Auskünfte zu ihrem Ursprung zurückverfolgen und vor Ort möglicherweise neu entdeckte Spuren selbst weiter verfolgen würde. Warum sollte es ihm nicht gelingen, das zu vollbringen, woran bezahlte Agenten gescheitert waren? Brachte er nicht eine Begeisterung, einen Erfolgswillen mit, die durch nichts ersetzt werden konnten?

Dieser Einfall, der ihm keine Ruhe mehr ließ, übte auf seine Tätigkeiten unmerklich eine immer stärker prägende Wirkung aus und gab ihnen nahezu unbewusst eine ganz besondere Richtung. Wie wenn es eine im Voraus beschlossene Sache gewesen wäre, dass er auf Reisen würde gehen müssen, begann er von Grund auf Kosmografie, Geografie, Nautik und das gesamte Programm der Seefahrtsschulen zu studieren.

»Eines Tages«, sagte er sich, »werde ich das große Kapitänspatent machen und dann werde ich auf eigene Kosten nach New York gehen und die Nachforschungen nach der *Cynthia* wieder aufnehmen können!«

Einer angeborenen Neigung folgend gab sein Plaudern den Plan, persönlich nachzuforschen, preis und ließ ihn in aller Arglosigkeit wie eine Bombe einschlagen.

Das hatte zur Folge, dass Doktor Schwaryencrona, Herr Bredejord und Professor Hochstedt es selbst übernahmen, sich in diesen Punkt zu vertiefen, denn die Frage nach Eriks Abstammung, welche in ihren Augen anfangs nichts weiter als ein interessantes theoretisches Problem gewesen war, wurde mehr und mehr zu ihrer Passion. Sie sahen, welch eine Herzensangelegenheit dies für Erik darstellte; und da sie ihn aufrichtig liebten und fühlten, was für eine Bedeutung das für ihn hatte, waren sie entschlossen, alles dafür zu tun, um Licht in das Dunkel dieses Geheimnisses zu bringen.

So wurde eines schönen Abends der Einfall geboren, zusammen eine Urlaubsreise nach New York zu machen, um selbst zu sehen, ob es nicht etwas Neueres gäbe als das, was man bereits wusste.

Wer äußerte als Erster diesen Einfall? Dieser Punkt blieb im Unklaren und diente lange dem Doktor und Herrn Bredejord als Gesprächsstoff, jeder beanspruchte den Vorrang. Zweifellos hatten sie ihn gleichzeitig gehabt, denn nachdem diese Idee einmal aufgekommen war, ließ Erik seine Umgebung damit nicht mehr in Frieden. Als Tatsache bleibt bestehen, dass sie Gestalt annahm, dass sie endgültig angenommen wurde und dass sich die drei Freunde – von Erik begleitet – im September des folgenden Jahres in Christiania nach den Vereinigten Staaten einschifften.

Zehn Tage später waren sie in New York, und ohne Zeit zu verlieren, nahmen sie Kontakt mit dem Hause Jeremie Smith, Walker & Co. auf, von dem sie die ersten Auskünfte erhalten hatten.

Nun kam ein neuer Faktor ins Spiel, mit dessen Effizienz niemand gerechnet hatte. Dieser Faktor bestand im persönlichen Vorgehen Eriks. Von New York und den Vereinigten Staaten, von all diesen für ihn so neuen Anblicken interessierte ihn vor allem nur, was im Zusammenhang mit dem Gegenstand der Nachforschungen stehen konnte. Von Tagesanbruch an war er auf den Beinen, eilte zum Hafen, lief die Kais entlang, fuhr zu den vor Anker liegenden Schiffen, suchte und sammelte unermüdlich auch die allergeringsten Auskünfte.

»Haben Sie die Kanadische Transportgesellschaft gekannt? Könnten Sie mir irgendeinen Offizier, einen Passagier, einen Matrosen benennen, der mit der *Cynthia* gefahren ist?«, fragte er nach allen Seiten.

Dank seiner perfekten Kenntnis der englischen Sprache, seines freundlichen und ehrbaren Aussehens, seiner Vertrautheit mit allen Dingen des Meeres wurde er überall gut aufgenommen. Man nannte ihm der Reihe nach mehrere ältere Offiziere, Matrosen oder Angestellte der Kanadischen Transportgesellschaft. Manche konnte er ausfindig machen, bei anderen war die Spur verloren gegangen. Aber keiner von ihnen konnte ihm brauchbare Informationen über die letzte Reise der *Cynthia* geben. Fünfzehn Tage Hin- und Hergelaufe und unaufhörliche Nachforschungen waren notwendig, um endlich an eine Auskunft zu kommen, welche durch ihre Genauigkeit aus der konfusen Menge der manchmal widersprüchlichen Kenntnisse hervorstach, die Erik zusammentragen konnte. In der Tat, diese Auskunft schien goldwert zu sein.

Man versicherte ihm, ein Matrose namens Patrick O'Donoghan habe den Schiffbruch der *Cynthia* überlebt und sei danach sogar mehrmals nach New York zurückgekommen. Dieser Patrick O'Donoghan habe während der letzten Reise des Schiffes als Leichtmatrose an Bord gedient. Er sei besonders für die Bedienung des Kapitäns eingeteilt gewesen, und aller Wahrscheinlichkeit nach habe er die Passagiere der Ersten Klasse gekannt, welche stets am rückwärtigen Tisch speisten. Wenn man nun die Feinheit seiner Kleidungsstücke in Betracht zog, konnte es keinen Zweifel geben, dass das auf den Rettungsring der *Cynthia* gebundene Kind zu dieser Kategorie gehörte. Es konnte daher von allerhöchster Bedeutung sein, diesen Matrosen wiederzufinden.

So lautete die Schlussfolgerung des Doktors und Herrn Bredejords, als Erik ihnen beim Gang zum Abendessen im Hotel an der Fifth Avenue von seiner Entdeckung berichtete. Im Übrigen nahm das Gespräch nahezu sofort eine andere Richtung, weil der Doktor dieses neue Element als Beweis zur Unterstützung seiner Lieblingsthese heranziehen wollte.

»Wenn jemals ein Name irisch gewesen ist«, rief er, »dann ist es unweigerlich derjenige des Patrick O'Donoghan! … Ich sagte ja, dass die Angelegenheit Eriks mit Irland zu tun hat!«

»Bis jetzt sehe ich noch kaum etwas davon!«, antwortete Herr Bredejord lächelnd. »Ein irischer Leichtmatrose an Bord bedeutet noch nicht viel; die Schwierigkeit besteht vielmehr darin, glaube ich, ein amerikanisches Schiff zu entdecken, zu dessen Besatzung kein Sohn des grünen Erin[1] gehört!«

Das war genug, um noch zwei oder drei Stunden lang zu diskutieren, und das tat man dann auch ausgiebig. Von diesem Tag an konzentrierte Erik alle seine Anstrengungen auf nur ein Ziel: Patrick O'Donoghan zu finden!

Es gelang ihm nicht, das ist wahr, aber durch das Suchen und Fragen entdeckte er schließlich am Hudsonkai einen Matrosen, der die genannte Person gekannt hatte und ihm einige Einzelheiten liefern konnte. Patrick O'Donoghan war tatsächlich Ire, gebürtig aus Innishannon in der Grafschaft Cork. Er war ein Mann von dreiunddreißig bis fünfunddreißig Jahren, von mittlerer Größe mit roten Haaren, schwarzen Augen und einer aufgrund eines Unfalls plattgedrückten Nase.

»Das ist ein Kerl, den man unter zwanzigtausend erkennt!«, sagte der Matrose. »Ich erinnere mich sehr gut an ihn, wenngleich ich ihn seit sieben oder acht Jahren nicht mehr gesehen habe!«

»War es in New York, wo Sie ihm für gewöhnlich begegnet sind?«

»In New York und anderswo. Aber das letzte Mal war es sicher in New York.«

»Könnten Sie mir nicht irgendjemanden nennen, der mir Auskunft erteilt, was aus ihm geworden ist?«

»Aber meiner Treu, nein! … Es sei denn, der Besitzer der Herberge

[1] Erin ist die latinisierte Form des gälischen Namens Irlands und gleichzeitig auch die Personifikation Irlands selbst.

Red Anchor[1] in Brooklyn weiß etwas! … Patrick O'Donoghan hat dort gewohnt, wenn er in New York von Bord ging! … Ein Mr. Bowles, ein alter Seemann! … Wenn der nichts weiß, dann habe ich keine Ahnung, wer Ihnen sagen kann, wo O'Donoghan ist!«

Erik beeilte sich, auf eines dieser großen Dampffährboote zu springen, die am East River verkehren, und zwanzig Minuten später war er in Brooklyn.

An der Tür zum *Red Anchor* traf er auf eine alte Frau von außerordentlicher Sauberkeit, die eifrig damit beschäftigt war, Kartoffeln zu schälen.

»Ist Mr. Bowles zu Hause, gnädige Frau?«, fragte Erik, nachdem er sie mit der Höflichkeit seiner Wahlheimat begrüßt hatte.

»Er ist da, macht aber gerade seinen Mittagsschlaf!«, antwortete die gute Frau und warf einen neugierigen Blick auf den Fragesteller. »Wenn Sie ihm irgendetwas sagen wollen, können Sie es auch mir ausrichten … Ich bin Mrs. Bowles!«

»Oh! Gnädige Frau, Sie können mir zweifellos dasselbe sagen wie Mr. Bowles«, erwiderte Erik. »Ich möchte wissen, ob Sie einen Matrosen namens Patrick O'Donoghan kennen, ob er gegenwärtig bei Ihnen ist oder ob Sie mir sagen können, wo ich ihn finden könnte!«

»Patrick O'Donoghan? … Ja, den kenne ich! Es sind aber etwa fünf oder sechs Jahre, dass er nicht mehr hier gewesen ist! … Und bezüglich dessen, wo er sein könnte, bin ich – meiner Treu – ganz ratlos.«

Eriks Gesicht drückte eine so tiefe Enttäuschung aus, dass die alte Frau es bemerkte und davon zweifellos sehr berührt war.

»Da Sie, wie es scheint, so verdrossen sind, weil Sie Patrick O'Donoghan hier nicht antreffen, haben Sie wohl ein dringendes Anliegen?«, fragte sie.

»Ein sehr dringendes Anliegen, gnädige Frau«, antwortete der junge Mann traurig. »Nur er allein könnte vielleicht das Geheimnis lüften, das ich schon mein ganzes Leben lang aufklären will!«

Während der drei Wochen, die Erik an allen möglichen Orten nach Auskünften herumgelaufen war, hatte er eine gewisse Erfahrung über menschliches Verhalten erworben. Er sah, dass die Neugier von Mrs. Bowles geweckt war und sagte sich, dass es nicht schaden könne, sie weiter zu befragen. Er bat sie daher, ob er nicht ein

[1] Zu Deutsch: *Roter Anker*.

»In New York hatten Sie ihn angetroffen?«

Glas Selterwasser haben könne, um sich zu erfrischen, und trat dann – nach ihrer bejahenden Antwort – in die Herberge.

Der niedrige Raum, in dem er sich befand, war mit lackierten Holztischen und Stühlen ausgestattet, aber gänzlich menschenleer. Dieser Umstand ermutigte Erik, ein Gespräch mit der alten Frau anzufangen, als sie mit einer kleinen Steingutflasche aus dem Keller zurückkam.

»Sie fragen sich zweifellos, gnädige Frau, was ich von diesem Patrick O'Donoghan wollen kann«, sagte er mit weicher Stimme. »Folgendes: Patrick O'Donoghan war allem Anschein nach bei dem Schiffbruch der *Cynthia*, eines amerikanischen Schiffes, das vor ungefähr siebzehn Jahren an der Küste von Norwegen untergegangen ist, dabei! ... Nun, und ich, der ich mit Ihnen spreche, bin von einem norwegischen Fischer aufgenommen worden, der mich als kleines Kind, im Alter von kaum neun Monaten, in einer Wiege gefunden hat, die, festgebunden auf einem Rettungsring der *Cynthia*, im Meer trieb! Ich suche O'Donoghan, um zu erfahren, ob er mir Auskunft über meine Familie oder zumindest über mein Heimatland geben kann! …«

Ein Aufschrei von Mrs. Bowles unterbrach Eriks Erklärungen abrupt.

»Auf einem Rettungsring, sagen Sie? … Sie waren an einen Rettungsring gebunden?«

Und ohne die Antwort abzuwarten, lief sie zur Treppe. »Bowles! Bowles! … Komm schnell herunter!«, rief sie mit durchdringender Stimme. »Auf dem Rettungsring! Sie sind das Kind vom Rettungsring? … Wer hätte eine solche Geschichte erwarten können?«, wiederholte sie, als sie zu Erik zurückkehrte, der vor Überraschung und Hoffnung bleich geworden war.

Würde er nun doch endlich das Geheimnis erfahren, nach dem er so leidenschaftlich gesucht hatte?

Ein schwerer Schritt war von der Holztreppe her zu hören und gleich darauf erschien auf der Schwelle des niedrigen Raumes ein kleiner, alter Mann von rundem und rosigem Aussehen, in einen vollständigen Anzug aus grobem, blauem Tuch gekleidet; sein Gesicht war von einem Paar großer, weißer Koteletten umrahmt, seine Ohren waren mit Goldringen verziert.

»Was? … Was ist denn? … Was ist los?«, fragte er und rieb sich die Augen.

»Das ist los, dass wir dich brauchen!«, antwortete Mrs. Bowles kategorisch. »Setz dich dorthin und hör dem Herrn zu, der dir wiederholen wird, was er zu mir gesagt hat.«

Mr. Bowles gehorchte ohne Widerrede. Erik tat es ihm gleich. Er wiederholte ungefähr das, was er gerade der guten Frau erklärt hatte.

Darüber weitete sich das Gesicht von Herrn Bowles wie ein Vollmond, sein Mund verzog sich zu einem breiten Lächeln und er schaute – sich die Hände reibend – seine Frau an. Sie schien ihrerseits nicht minder zufrieden zu sein.

»Darf ich daraus schließen, dass Sie meine Geschichte bereits kennen?«, fragte Erik mit klopfendem Herzen.

Mr. Bowles machte eine bejahende Geste, kratzte sich hinter dem Ohr und entschied sich schließlich zu reden.

»Ich kenne sie, ohne sie zu kennen«, sagte er endlich, »und auch meine Frau kennt sie gut! … Wir haben ziemlich oft davon gesprochen, ohne dass wir dabei irgendetwas verstanden hätten!«

Erik, blass und mit zusammengebissenen Zähnen, saugte diese Worte auf und wartete auf eine Erklärung. Aber diese Erklärung ließ auf sich warten. Mr. Bowles hatte nicht die Gabe der Beredsamkeit und auch nicht die der Klarheit. Vielleicht waren seine Gedanken auch aufgrund des Schlafes noch etwas verworren. Bevor er nach einem Schlummer wieder auf Posten war, benötigte er im Allgemeinen zwei oder drei Gläser von einem Schnaps, den der Name *Pick me up* (»Muntermacher«) zierte und der unheimlich dem Gin ähnelte.

Erst als seine Frau die Flasche mit zwei Gläsern vor ihn hingestellt hatte, entschloss sich der gute Mann zu reden.

Er ließ sich jetzt auf eine sehr konfuse Schilderung ein, in der die wenigen Fakten inmitten einer unendlichen Anzahl unnützer Einzelheiten untergingen. Diese Erzählung dauerte nicht weniger als zwei Stunden. Es bedurfte der ganzen Aufmerksamkeit und des glühenden Interesses, das der arme Erik mitgebracht hatte, um etwas Brauchbares dabei herauszuholen. Durch beharrliche Fragen und dank der Unterstützung von Frau Bowles gelang es schließlich doch.

9. Kapitel
Fünfhundert Pfund Sterling Belohnung

Soweit Erik dem Zögern und den Abschweifungen von Herrn Bowles entnommen hatte, war Patrick O'Donoghan nicht gerade ein Muster an Tugend gewesen. Der Besitzer des *Red Anchor* hatte ihn vor und nach dem Schiffbruch der *Cynthia* als Schiffsjungen, Leichtmatrosen und Matrosen kennengelernt. Bis zu diesem Zeitpunkt war Patrick O'Donoghan arm gewesen, so wie es im Allgemeinen alle Seeleute sind. In der Folge des Schiffbruchs war er aus Europa mit einem großen Bündel Banknoten zurückgekehrt und behauptete, in Irland eine Erbschaft gemacht zu haben, was aber ziemlich unwahrscheinlich schien.

Herr Bowles hatte nie an diese Erbschaft geglaubt. Vielmehr hatte er sich gesagt, dass ein so schnell erworbenes Vermögen auf irgendeine – aber wahrscheinlich wenig ehrenwerte – Weise mit dem Schiffbruch der *Cynthia* zusammenhängen musste. Denn es war sicher, dass Patrick O'Donoghan mit dabei gewesen war, er aber, entgegen den seemännischen Gepflogenheiten in solchen Fällen, es sorgfältig vermied, davon zu sprechen. Sobald es sich um dieses Thema drehte, lenkte er das Gespräch ungeschickt in eine andere Richtung. Er hatte sich zur Zeit des Zivilprozesses, den die Versicherungsgesellschaft gegen die Besitzer der *Cynthia* angestrengt hatte, eiligst aus dem Staub gemacht, indem er auf Große Fahrt ging, und das nur, um nicht in den Prozess verwickelt zu werden, etwa als Zeuge. Dieses Verhalten war äußerst verdächtig, zumal Patrick O'Donoghan damals der einzige bekannte Überlebende der Besatzung gewesen war. Mr. Bowles hatte nie das letzte Wort erfahren, das in dieser Angelegenheit gesprochen wurde, aber er und seine Frau hatten sie immer als dubios empfunden.

Noch mehr aber war ihm aufgefallen, dass Patrick während seines Aufenthalts in New York niemals knapp an Geld gewesen war. Von seinen Reisen berichtete er beinahe gar nichts. Ein paar Tage nach seiner Rückkehr fehlte es ihm jedoch nicht an Gold und Banknoten. Und wenn er einen über den Durst getrunken hatte, was bei ihm oft vorkam, rühmte er sich, ein Geheimnis zu besitzen, das einem Vermögen gleichkomme. Und die Worte, die in seinem Geschwafel ständig wiederkehrten, waren *das Kind auf dem Rettungsring*.

»*Das Kind auf dem Rettungsring*, Mister Bowles«, sagte er und klopfte dabei auf den Tisch, »*das Kind auf dem Rettungsring* kann nur in Gold aufgewogen werden! ...«

Darüber lachte er und war sehr zufrieden mit sich selbst. Niemals hatte er eine Erklärung zu diesen Worten geliefert, die über die Jahre hinweg für Spekulationen im Hause Bowles gesorgt hatten.

Daher rührte also die Aufregung von Frau Bowles, als sie von Erik erfahren hatte, dass genau er dieses berühmte *Kind auf dem Rettungsring* sei.

Patrick O'Donoghan, der mehr als fünfzehn Jahre lang die Gewohnheit gehabt hatte, im *Red Anchor* zu wohnen, wenn er sich in New York aufhielt, war seit ungefähr vier Jahren nicht mehr erschienen. Und hier gab es, den Worten Mr. Bowles gemäß, noch eine seltsame Sache zu erwähnen. Der Ire hatte eines Abends den Besuch eines Mannes empfangen, der sich mit ihm für etwa eine Stunde eingeschlossen hatte. Im Anschluss an diesen Besuch hatte Patrick O'Donoghan, aufgewühlt und in Eile, überstürzt seine Rechnung bezahlt, seinen Seesack geschnürt und war abgereist. Seither hatte man ihn nicht mehr wiedergesehen.

Mr. und Mrs. Bowles kannten natürlich nicht den Grund für seine plötzliche Abreise. Aber sie hatten immer angenommen, dass sie mit

Der Irländer war eines Abends von einem Mann besucht worden.

dem Schiffbruch der *Cynthia* und der Geschichte des *Kindes auf dem Rettungsring* zusammenhing. Ihrer Meinung nach war Patricks Besucher gekommen, um ihn darauf hinzuweisen, dass ihm irgendeine ernsthafte Gefahr drohe, und der Ire hatte aus Vorsicht beschlossen, New York sofort zu verlassen. Die Eheleute Bowles glaubten nicht, dass er nach diesem Zeitpunkt noch einmal zurückgekommen sei. Das hätten sie, wie sie sagten, mit Sicherheit von anderen Gästen ihrer Herberge erfahren, die sich sofort gewundert und ihn nach dem Grund gefragt hätten, wenn Patrick woanders als im *Red Anchor* abgestiegen wäre.

Dies war, im Großen und Ganzen, der Bericht, den Erik in Erfahrung bringen konnte. Er beeilte sich, ihn seinen Freunden mitzuteilen. Auch erbat er sich eilig von Mr. und Mrs. Bowles die Erlaubnis, das Ehepaar in ihrer Begleitung erneut aufzusuchen.

Sein Bericht wurde natürlich in der Fifth Avenue mit dem gebührenden Interesse aufgenommen. Zum ersten Mal befand man sich nach so vielen Nachforschungen auf der Spur eines Mannes, der mit dem *Kind auf dem Rettungsring* wiederholt Anspielungen gemacht hatte. Auch wenn man in Wahrheit nicht wusste, wo dieser Mann war, so konnte man doch hoffen, ihn eines Tages wiederzufinden. Keine der bisher erlangten Informationen besaß eine solche Tragweite. Die Angelegenheit schien hinreichend wichtig zu sein, so dass man beschloss, an Frau Bowles zu telegrafieren, um sie zu bitten, ein Abendessen für sechs Personen vorzubereiten. Herr Bredejord hatte dieses Mittel vorgeschlagen, um aus diesen braven Leuten all das, was sie wissen konnten, herauszuholen; man würde es sich bei ihnen bequem machen, sie zu Tisch bitten und über alles sprechen.

Erik erwartete kaum Neues zu erfahren. Er kannte das Ehepaar Bowles schon gut genug, um überzeugt zu sein, dass er sie dazu gebracht hatte, all das zu sagen, was sie wussten. Aber er ließ die große Fähigkeit außer Acht, die Herr Bredejord bei der Befragung von Zeugen im Gerichtshof hatte, wobei er ihnen Antworten entlockte, die sie oft nicht einmal selbst vermuteten.

Mrs. Bowles übertraf sich selbst. Sie hatte den Tisch in ihrem schönsten Zimmer im ersten Stock gedeckt und in weniger als einer Stunde ein ausgezeichnetes Abendessen improvisiert. Sehr geschmeichelt, dass man sie eingeladen hatte, zusammen mit ihrem Ehemann dort Platz zu nehmen, erklärte sie sich mit der größten Anmut der Welt einverstanden, an der Befragung durch den berühmten Anwalt teilzunehmen. So erhielten sie eine Reihe wichtiger Fakten.

Zunächst hatte Patrick O'Donoghan zum Zeitpunkt des von der Versicherungsgesellschaft angestrengten Prozesses mit eigenen Worten gesagt, dass er wegginge, »um nicht als Zeuge benannt zu werden«. Das war ein offensichtlicher Beweis dafür, dass er keine Lust hatte, die Einzelheiten des Schiffbruches zu erklären, wie es ja auch aus seinem gesamten Verhalten hervorging.

Des Weiteren war es richtig, dass sich in New York oder in dessen Umgebung die Quelle seiner verdächtigen Einnahmen befunden hatte, die er zu einem Geheimnis machte. Denn immer wenn er ankam, hatte es ihm stets an Geld gemangelt, doch eines schönen Abends war er – nachdem er den Nachmittag außer Haus verbracht hatte – mit den Taschen voller Gold zurückgekommen.

Man konnte nicht daran zweifeln, dass dieses Geheimnis mit dem

Kind auf dem Rettungsring zusammenhing, denn das hatte er verschiedentlich wiederholt.

Patrick O'Donoghan musste versucht haben, einen letzten Nutzen aus diesem Geheimnis zu ziehen, und der nämliche Versuch hatte eine entscheidende Wendung ausgelöst. In der Tat hatte er noch am Vorabend seines plötzlichen Aufbruchs behauptet, der Seefahrt müde zu sein; er würde nicht mehr zur See fahren und von nun an in New York als Pensionär leben wollen.

Letztlich hatte die Person, die Patrick O'Donoghan aufgesucht hatte, ein Interesse daran gehabt, ihn zum Aufbruch zu veranlassen. Denn tags darauf war sie nochmals gekommen, um sich nach dem Iren im *Red Anchor* zu erkundigen, und sei offensichtlich sehr zufrieden gewesen, ihn dort nicht mehr anzutreffen. Mr. Bowles glaubte, sicher zu sein, diesen Menschen wiedererkennen zu können, der ihm aufgrund seines Verhaltens und Auftretens wie ein »*detective*«, also wie einer jener inoffiziellen Polizeiagenten vorgekommen sei, die es in allen großen Städten gibt.[1]

Herr Bredejord folgerte aus diesen Umständen, dass Patrick O'Donoghan von der Person selbst, durch die er während seiner Aufenthalte in New York zu Geld gekommen war, systematisch in Schrecken versetzt worden war. Zweifellos hatte sie ihm diesen Detektiv geschickt, um ihm Angst vor einer Strafverfolgung zu machen. Dies allein konnte erklären, weshalb der Ire infolge dieses Besuches überhastet aufgebrochen und niemals wieder aufgetaucht war.

Deshalb war es wichtig, eine Beschreibung dieses Detektivs und gleichzeitig auch des Patrick O'Donoghan zu bekommen. Mr. und Mrs. Bowles machten das sehr genau. Indem sie in ihrem Rechnungsbuch nachschlugen, konnten sie sogar das genaue Abreisedatum des Iren ermitteln, das dreidreiviertel Jahre zurücklag und nicht fünf oder sechs Jahre, wie sie anfangs geglaubt hatten.

Doktor Schwaryencrona war unmittelbar von der Tatsache überrascht, dass das Datum der Abreise und demnach das des Besuchs des Detektivs ausgerechnet jenem seiner ersten Anzeigen in Großbritannien entsprach, als er nach Überlebenden der *Cynthia* hatte suchen lassen. Die Übereinstimmung war so frappierend, dass es unmöglich war, keinen Zusammenhang zwischen den beiden Phänomenen herzustellen.

[1] Gemeint sind damit die privaten Detektivbüros, wie zum Beispiel die bekannte Detektei Pinkerton in den Vereinigten Staaten.

Man begann augenscheinlich etwas klarer zu sehen. Der auf einem Rettungsring ausgesetzte Erik musste das Ergebnis eines Verbrechens gewesen sein, eines Verbrechens, bei dem der Leichtmatrose O'Donoghan an Bord der *Cynthia* Zeuge oder Komplize gewesen war. Er kannte den Urheber, der in New York oder dessen Umgebung wohnte, und hatte dieses Geheimnis lange Zeit ausgebeutet. Dann war ein Tag gekommen, an dem man, der Forderungen des Iren überdrüssig und unter dem Einfluss der Zeitungsanzeigen, Patrick ausreichend Angst eingejagt hatte, damit er sich entschließe, zu verschwinden.

In jedem Fall, und selbst unter der Annahme, dass diese Folgerungen nicht richtig begründet seien, gab es hier Faktoren für eine ernsthafte Ermittlung. Erik und seine Freunde verließen daher den *Red Anchor* in der festen Hoffnung auf ein baldiges Ergebnis.

Am darauffolgenden Tag ließ sich Herr Bredejord durch den schwedischen Gesandten dem Superintendenten der New Yorker Polizei vorstellen und setzte ihn in Kenntnis der bisher bekannten Fakten. Gleichzeitig trat er in Kontakt mit den Anwälten der Versicherungsgesellschaft, welche gegen die Besitzer der *Cynthia* prozessiert hatten. Es gelang ihm, das Dossier dieses Prozesses auszugraben, das in verstaubten Kartons seit langen Jahren schlummerte.

Aber die Prüfung dieser Papiere brachte kein wichtiges Dokument hervor. Beide Seiten hatten keinen Zeugen des Schiffbruchs ausfindig machen können. In der ganzen Angelegenheit ging es nur um Rechtsfragen und die überhöhte Versicherungssumme, die konträr zum tatsächlichen Wert des Schiffes und seiner Fracht war. Die Reeder der *Cynthia* waren nicht in der Lage gewesen, dies dem Gericht überzeugend zu begründen oder zu erklären, wie es zu dem Schiffbruch gekommen sei. Die gesamte Verteidigung war recht schwach erschienen, und so hatte das Gericht der Gegenpartei recht gegeben. Hingegen war die Versicherungsgesellschaft gezwungen, den Erben verschiedener Passagiere mehrere Lebensversicherungsprämien auszubezahlen. Aber nirgends in diesem Prozess oder den richterlichen Vergleichen fand sich die geringste Spur eines neun Monate alten Kindes.

Die Überprüfung dieser Dossiers hatte mehrere Tage gedauert. Sie stand kurz vor dem Abschluss, als Herr Bredejord die Mitteilung bekam, sich beim Superintendenten der Polizei einzufinden, der ihm zu seinem großen Bedauern mitteilte, dass man nichts gefunden habe. Niemand in New York kannte einen amtlichen oder privaten

Detektiv, welcher der von Mr. Bowles abgegebenen Beschreibung entsprochen hätte. Niemand hatte den geringsten Hinweis auf eine einzelne Person geben können, die ein Interesse gehabt haben könnte, Patrick O'Donoghan loszuwerden. Was diesen Matrosen betraf, so schien er seit mindestens vier Jahren seinen Fuß nicht mehr auf den Boden der Vereinigten Staaten gesetzt zu haben.[1] Im Übrigen wurde seine Beschreibung vermerkt, um sich ihrer vielleicht bei Gelegenheit zu bedienen. Aber der Superintendent konnte nicht verhehlen, dass für ihn die Untersuchung abgeschlossen zu sein schien. Außerdem lagen die Fakten so weit zurück und reichten so nahe an die Verjährungsfrist von zwanzig Jahren heran, dass es, selbst wenn man die sofortige Rückkehr Patrick O'Donoghans annehmen würde, zumindest zweifelhaft war, ob die Justiz einwilligen würde, sich des Falles anzunehmen.

Insgesamt lief diese Lösung, welche Erik einen Augenblick lang gefunden zu haben glaubte, also ins Leere, und sie entzog sich ihm vielleicht für immer.

Es blieb nichts anderes übrig, als nach Schweden zurückzukehren, mit einem Abstecher über Irland, um zu erfahren, ob Patrick O'Donoghan nicht zufällig dorthin gegangen war, um sich aufs Land zurückzuziehen.[2] Und das war es, was Doktor Schwaryencrona und seine Freunde taten, nachdem sie sich von Mr. und Mrs. Bowles verabschiedet hatten.

Die Dampfer von New York nach Liverpool machten stets Zwischenstation in Cork; die Reisenden brauchten nur diese Route zu nehmen, um sich auf ein paar Meilen Innishannon zu nähern. Dort erfuhren sie, dass Patrick O'Donoghan seit 12 Jahren nicht mehr in seine Heimat zurückgekommen sei und nie wieder etwas von sich habe hören lassen.

»Wo sollen wir ihn jetzt suchen?«, fragte Doktor Schwaryencrona, da man im Begriff stand, sich wieder nach London einzuschiffen, von wo aus man nach Stockholm gelangen würde.

»Natürlich in Seehäfen und vor allem in nichtamerikanischen Häfen«, antwortete Herr Bredejord. »Denn, passen Sie gut auf, ein Mat-

[1] Diese Aussage steht allerdings mit rund drei Monaten Differenz im Widerspruch zu dem zuvor geäußerten Datum aus dem Rechnungsbuch des Ehepaares Bowles.

[2] Im Original eine schöne, leider so nicht ins Deutsche zu übertragende Redewendung: *»… O'Donoghan n'y serait pas simplement allé planter ses choux.«* – wörtlich: »… [ob] O'Donoghan nicht einfach dorthin gegangen war, um dort seinen Kohl anzubauen.«

rose, ein ehemaliger Schiffsjunge, gibt nicht mit fünfunddreißig Jahren seinen Beruf auf. Das ist das Einzige, was er kennt. Patrick fährt zur See! Und weil Schiffe dazu da sind, von einem Hafen zum anderen zu fahren, kann man nur dort hoffen, einen Seemann zu finden. Was meinen Sie, Hochstedt?« …

»Die Schlussfolgerung erscheint mir korrekt, obgleich sie ein wenig einschränkend ist«, erwiderte der Professor auf seine vorsichtige Weise.

»Lassen wir mal zu, dass sie es ist«, fuhr Herr Bredejord fort. »Vorausgesetzt, dass Patrick O'Donoghan unter dem Einfluss wirklicher Verängstigung, und wahrscheinlich unter Androhung einer Strafverfolgung, abgereist ist, muss er seine Auslieferung befürchten. So besteht die Möglichkeit, dass er versucht, unerkannt zu bleiben, und deshalb seine früheren Kameraden meidet. Er wird also die Häfen bevorzugen, denen er sich normalerweise nicht nähert … Ich weiß, dies ist nur eine Hypothese, aber vermuten wir einstweilen, dass sie begründet ist, so ist die Anzahl der Häfen, mit denen die Amerikaner keine Geschäftsbeziehungen haben, nicht so groß, dass man sie nicht leicht auflisten könnte. Ich denke, dass man damit beginnen und zuerst in diesen Häfen fragen könnte, ob man nicht Nachricht über eine Person geben könne, welche der Beschreibung O'Donoghans entspricht.«

»Warum nutzen wir stattdessen nicht ganz einfach das Mittel des Zeitungsinserats?«, fragte Herr Schwaryencrona.

»Weil Patrick O'Donoghan sich hüten würde, es zu beantworten, falls er sich verbirgt, selbst wenn man voraussetzt, dass das Inserat von einem Matrosen gelesen würde.«

»Wer hindert uns daran, ihn zu beruhigen, indem wir ihn darauf hinweisen, dass er in jedem Fall durch die Verjährung geschützt ist und es für ihn von Vorteil wäre, uns Auskunft zu erteilen?«

»Das ist richtig. Aber ich kehre zu meinem Einwand zurück: Ich fürchte stark, dass eine Annonce bei einem einfachen Matrosen nicht ankommen wird.«

»Man kann immer noch versuchen, Patrick O'Donoghan eine Belohnung anzubieten, oder dem, der hilft, ihn wiederzufinden. Was meinst du, Erik?«

»Es scheint mir, dass solche Anzeigen – wenn sie Erfolg haben sollen – in einer großen Anzahl von Zeitungen wiederholt werden müssten. Sie würden daher sehr viel kosten und könnten, so verlockend sie auch sein mögen, Patrick O'Donoghan erschrecken, in dem Fall, dass er glaubt, sich versteckt halten zu müssen. Wäre es nicht besser, jemandem den Auftrag zu erteilen, persönlich eine Ermittlung in den Häfen durchzuführen, von denen man annimmt, dass dieser Mann dort zu finden sein könnte?«

»Sehr gut, aber wo sollten wir diesen Mann des Vertrauens finden, um eine solche Ermittlung durchzuführen?«

»Er ist schon gefunden, wenn Sie wollen, mein lieber Maître«, erwiderte Erik. »Ich bin es.«

»Du, mein liebes Kind? … Und dein Studium? …«

»Mein Studium würde nicht darunter leiden. Nichts würde mich daran hindern, es während der Reisen fortzusetzen … Außerdem habe ich mich, das muss ich Ihnen gestehen, Doktor, bereits des Mittels versichert, kostenlos zu reisen.«

»Und wie sollte das gehen?«, fragten Herr Schwaryencrona, Herr Bredejord und Herr Hochstedt gleichzeitig.

»Indem ich mich ganz einfach auf die Kapitänsprüfung für Große Fahrt vorbereite. Ich könnte sie morgen ablegen, falls das nötig sein sollte. Und einmal im Besitz dieses Diploms wird nichts leichter sein, als am erstbesten Hafen ein Schiff zu finden, bei dem ich als Leutnant an Bord gehen kann.«

»Wie, das hast du gemacht, ohne mir etwas davon zu sagen?«, rief der Doktor halb verärgert, während der Advokat und der Professor herzlich lachten.

»Wirklich«, erwiderte Erik, »ich glaube nicht, dass mein Verbrechen so groß ist, denn es beschränkt sich bisher nur darauf, dass ich mich nach dem Stoff der Prüfung erkundigt und diesen gelernt habe. Ohne Sie um Erlaubnis zu fragen, wollte ich sie gar nicht ablegen, und somit bitte ich jetzt in diesem Moment darum.«

»Die gebe ich dir, du garstiger Junge«, sagte der Doktor, durch diese Begründung beschwichtigt. »Aber dich jetzt gehen zu lassen, und zwar ganz allein, das ist eine andere Sache! … Da wollen wir doch warten, bis du volljährig bist.«

»Oh! Einverstanden, so soll es sein«, erwiderte Erik in einem Ton von Dankbarkeit und Fügsamkeit, den man nicht missverstehen konnte.

Allerdings wollte der Doktor deshalb nicht von seiner Idee ablassen. Seiner Ansicht nach war die persönliche Suche in den Häfen nichts weiter als eine Notlösung. Eine Zeitungsannonce hingegen verbreitet sich überall zur gleichen Zeit. Wenn sich Patrick O'Donoghan nicht versteckte, was ja möglich war, musste dieses Mittel ihn direkt erreichen. Wenn er sich versteckte, würde es helfen, ihn zu finden. Nachdem sie alle Dinge reiflich abgewogen hatten, gaben sie also die folgende Mitteilung heraus, welche, in sieben oder acht Sprachen übersetzt, bald auf den Schwingen der hundert weitverbreitetsten Zeitungen in alle fünf Erdteile flattern würde:

> »Patrick O'Donoghan, seit vier Jahren aus New York abgängiger Matrose. Hundert Pfund Sterling für denjenigen, der hilft, ihn zu finden. Fünfhundert Pfund Sterling für ihn selbst, wenn er sich beim Unterzeichner meldet. Nichts zu befürchten, die Taten sind durch Verjährung abgedeckt.
>
> Dr. Schwaryencrona, Stockholm.«

Am 20. Oktober waren der Doktor und seine Reisebegleiter in ihr trautes Heim zurückgekehrt. Am Folgetag wurde dieses Inserat beim Allgemeinen Anzeigenbüro in Stockholm[1] aufgegeben und drei Tage später war es bereits in mehreren Zeitungen erschienen. Erik konnte in Vorahnung einer endgültigen Niederlage beim Lesen einen Seufzer nicht unterdrücken.

Was Herrn Bredejord betraf, so erklärte der ganz einfach, dass dies die größte Dummheit der Welt sei und er die Sache von nun an für verloren betrachte.

Erik und Herr Bredejord irrten sich, wie es die Folge der Ereignisse zeigen wird.

[1] Im Original »*Agence générale de publicité*«. In der Realität gab es zwar eine Anzeigenagentur dieses Namens in Paris und anderen französischen Städten, nicht aber in Stockholm.

10. Kapitel
Tudor Brown, Esquire[1]

Eines Morgens im Mai, der Doktor saß in seinem Arbeitszimmer, brachte ihm der Hausdiener die Karte eines Besuchers. Diese Karte, in winzigen Buchstaben beschriftet, wie es in England üblich ist, trug einen Namen: »Mr. Tudor Brown« sowie einen Hinweis: »on board the *Albatros*«[2].

»Mr. Tudor Brown?«, fragte sich der Doktor und versuchte, sich zu erinnern, ohne etwas zu finden, was zu dieser Namensverbindung gepasst hätte.

»Dieser Herr wünscht, den Herrn Doktor zu sehen«, antwortete der Hausdiener.

»Könnte er nicht zu meiner Sprechstunde kommen?«

»Er sagt, dass es wegen persönlicher Angelegenheiten sei.«

»Dann lassen Sie ihn eintreten«, sagte der Doktor mit einem Seufzer.

Er hob den Kopf, als er die Tür sich wieder öffnen hörte, und betrachtete mit einer gewissen Überraschung die seltsame Person, welche auf den feudalen Vornamen Tudor hörte und gleichzeitig den sehr plebejischen Familiennamen Brown trug.

Man stelle sich einen Mann von etwa fünfzig Jahren vor, dessen Stirn von einer Vielzahl kleiner karottenfarbiger Locken à la Titus[3] bedeckt war, welche sich schon bei oberflächlichster Prüfung als nicht aus Haaren, sondern aus Rohseide hergestellt erwiesen; mit einer Hakennase und darüber einer riesigen goldenen Bandbrille mit getönten Gläsern; mit langen Zähnen, welche denen eines Pferdes glichen; glattrasierten Wangen, von einem riesigen abknöpfbaren Kragen umrahmt, aus dem unter dem Kinn ein Büschel roten Bartes hervorschaute; einem eigenartigen Kopf, den ein Zylinder zierte, der wie angeschraubt wirkte, denn sein Besitzer tat nichts, um anzudeu-

---

1 Dieser Titel bezeichnete ursprünglich den Schildknappen *(squire)*; seit dem 16. Jahrhundert steht er für Angehörige des niederen Adels und wappenführende Bürger, ist etwa vergleichbar mit dem Titel »Hochwohlgeboren« im Deutschen. In späterer Zeit (teilweise sogar heute noch) wurde der Titel in Großbritannien und Irland anstelle des *»Mister« (Mr.)* verwendet, allerdings hinter den Namen und in verkürzter Form (*esq.* oder *Esq.*) gesetzt.

2 Deutsch: An Bord der *Albatros*.

3 Ausdruck für eine Lockentracht, die auf den römischen Kaiser Titus anspielt.

ten, dass er ihn in die Hand nehmen wolle; das Ganze auf einem großen dünnen Körper ruhend, kantig und grobschlächtig, von den Füßen bis zum Kopf in einen grün und grau karierten Wollstoff gekleidet. Eine mit einem haselnussgroßen Diamanten versehene Krawattennadel, eine sich in den Aufschlägen einer Weste mit Amethystknöpfen schlängelnde Uhrkette; ein Dutzend Ringe an den Fingern, so knorrig wie die eines Schimpansen, vervollständigten die Gesamterscheinung, welche die anmaßendste, kunterbunteste und groteskeste war, die man sich vorstellen kann.

Ohne einen Gruß anzudeuten, trat dieser Mensch in das Arbeitszimmer des Doktors, als ob er einen Bahnhof betreten würde. Er blieb stehen, und mit einer Stimme, welche der von Pulcinella[1] glich und deren Tonfall gleichzeitig guttural und nasal war, fragte er: »Sind Sie Doktor Schwaryencrona?«

»Der bin ich«, antwortete der Doktor, äußerst erstaunt über diese Manieren.

Er fragte sich bereits, ob er nicht läuten sollte, um diesen Grobian hinauswerfen zu lassen, als ein Wort des Neuankömmlings dieses Ansinnen stoppte.

»Ich habe Ihre Anzeige bezüglich Patrick O'Donoghans zu Gesicht bekommen«, sagte der Fremde. »Und ich habe mir gedacht, dass Sie gern erfahren würden, was ich über ihn weiß.«

»Machen Sie sich doch die Mühe, sich zu setzen, mein Herr«, antwortete der Doktor.

Doch er bemerkte, dass der Fremde auf seine Einladung gar nicht gewartet hatte. Kaum dass er einen Stuhl gewählt hatte, der ihm am bequemsten erschien, schob er ihn dicht an den Doktor heran, dann nahm er Platz, steckte die Hände in seine Taschen, streckte seine Hacken aus, legte sie auf die nächstgelegene Fensterbank und betrachtete sein Gegenüber mit zufriedener Miene.

»Ich habe mir gedacht«, fuhr er fort, »dass Sie diese Einzelheiten mit Freude aufnehmen werden, denn Sie bieten ja fünfhundert Pfund, um sie aufzudecken. Deshalb bringe ich sie Ihnen auch.«

Der Doktor verbeugte sich, ohne ein Wort zu sagen.

»Zweifellos«, fuhr der andere mit seiner näselnden Stimme fort,

[1] Im Original *Polichinelle*. Ursprünglich stammt die *Pulcinella*, eine derb-bäuerliche Figur, aus der italienischen *Commedia dell'arte*. In Deutschland ist sie als *Hanswurst*, in angelsächsischen Ländern als *Punch* bekannt. Die französische Variante *Polichinelle* zeichnete sich zusätzlich durch ihre kreischende Stimme aus.

»fragen Sie sich bereits, wer ich bin. Nun, ich werde es Ihnen sagen. Wie Sie aus meiner Karte erfahren konnten, heiße ich Tudor Brown und bin britischer Staatsbürger.«

»Ire vielleicht?«, fragte der Doktor interessiert.

Der Fremde, der offensichtlich überrascht war, zögerte einen Augenblick, dann fuhr er fort: »Nein, Schotte … Oh, ich weiß, dass ich nicht so aussehe und dass man mich eher für einen Yankee hält. Aber das macht nichts, ich bin Schotte!«

Und diese Behauptung wiederholend, blickte er auf Herrn Schwaryencrona, wie um zu sagen: »Sie können glauben, was Sie wollen, das ist mir vollkommen gleichgültig.«

»Aus Inverness vielleicht?«, schlug der Doktor vor, der seinem Lieblingssteckenpferd nachging.

Der Fremde zögerte erneut einen Augenblick. »Nein, aus Edinburgh«, antwortete er. »Aber das ist schließlich unerheblich und hat vor allem nichts mit der Angelegenheit zu tun! … Ich besitze ein beachtliches Vermögen und bin niemandem etwas schuldig. Wenn ich Ihnen sage, wer ich bin, dann geschieht das, weil es mir gefällt, denn nichts verpflichtet mich dazu!«

»Erlauben Sie mir zu bemerken, dass ich Sie nicht darum gebeten habe«, sagte der Doktor lächelnd.

»Nein; na gut! Nun, unterbrechen Sie mich nicht oder wir kommen niemals ans Ziel. Sie lassen Anzeigen veröffentlichen, um zu erfahren, was aus Patrick O'Donoghan geworden ist, nicht wahr? Das heißt doch, dass Sie derer bedürfen, die das wissen! … Ich, der ich mit Ihnen spreche, weiß es!«

»Sie wissen es?«, fragte der Doktor, indem er seinen Stuhl an den des Fremden heranrückte.

»Ich weiß es! Aber bevor ich es Ihnen sage, muss ich Sie fragen, was für einen Grund Sie für diese Nachforschung haben.«

»Das ist ihr gutes Recht!«, entgegnete der Doktor. Mit wenigen Worten erzählte er die Geschichte Eriks, welche sich sein Besucher mit gespannter Aufmerksamkeit anhörte.

»Und dieser Junge lebt noch?«, fragte Tudor Brown.

»Aber sicher! Er lebt, ist bei guter Gesundheit und fängt im kommenden Oktober sein Medizinstudium an der Universität von Uppsala an.«

»Aha! Aha!«, erwiderte der Fremde, der zu überlegen schien. »Und sagen Sie mir etwas: Haben Sie kein anderes Mittel, das Geheimnis seiner Geburt aufzudecken, als sich an Patrick O'Donoghan zu wenden?«

»Ich kenne sonst keines«, erwiderte der Doktor. »Nach langen Nachforschungen habe ich erfahren, dass dieser Patrick O'Donoghan im Besitz eines Geheimnisses ist, das vielleicht nur er mir enthüllen kann, und das ist der Grund, weshalb ich auf dem Zeitungswege Auskünfte einholen will. Übrigens gibt es keine große Hoffnung, sie durch dieses Mittel zu erlangen.«

»Warum das?«

»Weil ich Anlass habe zu glauben, dass O'Donoghan schwerwiegende Gründe hat, sich zu verstecken. Folglich ist es wenig wahrscheinlich, dass er jemals auf meine Anzeigen antwortet. Auch habe ich die Absicht, in Kürze eine andere Methode anzuwenden. Ich verfüge über seine Beschreibung, weiß, was für Häfen er bevorzugt aufsucht und nehme mir vor, ihn durch Spezialagenten suchen zu lassen.«

Doktor Schwaryencrona sagte diese Dinge nicht leichtfertig. Er sprach sie mit der eindeutigen Absicht aus, zu sehen, welche Wirkung sie bei seinem Gegenüber hervorrufen würden. So bemerkte er sehr gut im Widerspruch zur vorgespielten Gleichgültigkeit des Fremden ein Flattern der Augenlider und ein leichtes Zusammenziehen der Mundwinkel in Tudor Browns glattem Gesicht. Aber fast gleichzeitig richtete dieser sich auf.

»Nun gut, Doktor«, sagte er, »wenn Sie kein anderes Mittel haben, um Auskünfte zu erlangen, als Patrick O'Donoghan wiederzufinden, so werden Sie sie niemals bekommen! … Patrick O'Donoghan ist tot.«

So schmerzlich überrascht der Doktor über diese Nachricht auch war, so zuckte er mit keiner Wimper und begnügte sich damit, seinen Besucher zu beobachten, der weiterredete:

»Tot und begraben, oder besser gesagt: tot und in dreihundert Faden[1] Tiefe versenkt! Der Zufall hat es gewollt, dass dieser Mann, dessen Vergangenheit mir geheimnisvoll vorkam und auf den ich aus

[1] *»une brasse«* (ein französischer *Faden*) ist ein nautisches Längenmaß und entspricht 5 *Fuß* oder 1,624 Meter. Er weicht von der in den meisten Ländern üblichen Länge von 6 *Fuß* ab. Da auch der *Fuß* in seiner Länge variierte, war auch die Länge eines *Faden* von Land zu Land unterschiedlich. Heute wird der ursprüngliche englische *Fathom* mit 1,829 Metern verwendet, während die moderne Navigation für den *Faden* i. d. R. den tausendsten Teil einer Seemeile (1,852 Meter) zugrunde legt. In modernen Seekarten ist jedoch, auch in England, das metrische System üblich, d. h. Tiefenangaben in Faden werden heute nicht mehr verwendet.

diesem Grund aufmerksam geworden bin, vor drei Jahren von mir als Mastwächter an Bord meiner Yacht *Albatros* angeheuert worden ist. Ich muss Ihnen sagen, dass meine Yacht ein zuverlässiges Schiff ist, mit welchem ich sieben bis acht Monate lange Kreuzfahrten mache. Nun, vor ungefähr drei Jahren, als wir an Madeira vorbeifuhren, fiel der Mastwächter Patrick O'Donoghan ins Meer. Ich ließ stoppen und die Rettungsboote zu Wasser lassen, um intensiv nach ihm zu suchen, auf dass er gefunden und an Bord mit jeder erdenklichen Sorgfalt behandelt werden könne. Aber das war vergebens. O'Donoghan war tot. Wir mussten dem Meer die Beute zurückgeben, die wir versucht hatten, ihm zu entreißen! … Das Protokoll des Unfalls ist natürlich im Logbuch aufgenommen worden. Weil ich gedacht hatte, dass dieser Vorgang für Sie nützlich sein könnte, habe ich davon eine beglaubigte Kopie anfertigen lassen, die ich Ihnen hiermit übergebe.«

Indem er dies sagte, zog Herr Tudor Brown seine Brieftasche hervor, entnahm ihr ein Blatt Papier, das mit Stempeln bedeckt war, und legte es dem Doktor vor.

Der überflog es schnell. Es handelte sich wirklich um einen Auszug aus dem Logbuch der *Albatros,* Besitzer Tudor Brown, welches den Tod des Mastwächters Patrick O'Donoghan bei der Passage von Madeira verbürgte. Zwei anerkannte Zeugen bescheinigten unter Eid die Übereinstimmung des gesamten Dokuments mit dem Original, das in Somerset House, London, von den Kommissaren Ihrer Britischen Majestät ausgestellt worden war.

Diese Urkunde hatte offensichtlich alle Merkmale von Echtheit. Aber die Art und Weise, mit der sie in seine Hände gekommen war, war derart merkwürdig, dass der Doktor nicht verhindern konnte, laut sein Erstaunen, das er empfand, auszudrücken. Er tat es dennoch in seiner üblichen Höflichkeit.

»Erlauben Sie mir eine Frage, eine einzige Frage, mein Herr«, sagte er zu seinem Besucher.

»Sprechen Sie, Doktor.«

»Wie kommt es, dass Sie eine solche Urkunde in Ihrer Tasche tragen, vollständig vorbereitet und ordnungsgemäß beglaubigt? … Und warum bringen Sie sie mir?«

»Wenn ich richtig zähle, sind das zwei Fragen«, entgegnete Tudor Brown. »Ich beantworte sie daher Punkt für Punkt. Diese Urkunde trage ich in der Tasche, weil – seit ich vor zwei Monaten Ihre Anzeigen gesehen habe und Ihnen die Auskunft liefern kann, die Sie wünschen – ich sie Ihnen vollständig und abschließend geben wollte, soweit es mir möglich ist … Ich bringe sie Ihnen aus dem Grund, da ich gerade in dieser Gegend an Bord meiner Yacht spazieren fahre und es als natürlich betrachtet habe, dieses kleine Papier persönlich vorzulegen, um meine Neugier und die Ihrige zugleich zu befriedigen!«

Auf diese Begründung gab es nichts zu erwidern. Auch der Doktor gelangte zu dem einzigen Schluss, den er daraus ziehen konnte.

»Sie sind also mit der *Albatros* hier?«, fragte er lebhaft.

»Natürlich.«

»Und haben Sie noch einige Matrosen an Bord, die Patrick O'Donoghan gekannt haben?«

»Einige sicherlich.«

»Würden Sie mir erlauben, diese aufzusuchen?«

»So viele Sie mögen! Wollen Sie sofort mit mir an Bord gehen?«

»Wenn Sie nichts dagegen haben?«

»Überhaupt nicht«, sagte der Fremde, indem er sich erhob.

Herr Schwaryencrona bediente eine Klingel, ließ sich seinen gefütterten Pelz, den Spazierstock und den Hut bringen und ging mit Tudor Brown weg. In fünf Minuten erreichten sie den Kai, an dem die *Albatros* festgemacht war.

Sie wurden von einem alten Seewolf mit hochrotem Gesicht und grauen Koteletten empfangen, aus dessen Zügen Gradlinigkeit und Loyalität sprachen.

»Herr Ward, hier ist ein Gentleman, der über das Schicksal des Patrick O'Donoghan informiert werden möchte«, sagte Tudor Brown, auf ihn zutretend.

»Patrick O'Donoghan …«, antwortete der alte Seemann. »Gott sei seiner Seele gnädig! … Es hat uns ziemlich viel Mühe gekostet, ihn herauszufischen an jenem Tag, als er bei der Passage der Insel Madeira ertrunken ist! Und wozu, frage ich Sie, da wir ihn dann doch den Fischen zurückgeben mussten?«

»Haben Sie ihn schon länger gekannt?«, fragte der Doktor.

»Diesen Haifisch? … Meiner Treu, nein! Seit ein oder zwei Jahren vielleicht! Ich glaube, dass es in Sansibar war, wo wir ihn angeheuert haben! Nicht wahr, Tommy Duff?«

»Wer ruft mich?«, fragte ein junger Matrose, der intensiv damit beschäftigt war, eine Kugel aus Kupfer auf dem Treppengeländer zu polieren.

»Patrick O'Donoghan?«, fragte der Matrose.

»Hierher!«, antwortete der Andere. »Nicht wahr, es war in Sansibar, wo wir Patrick O'Donoghan angeworben haben?«

»Patrick O'Donoghan?«, sagte der Matrose, wie wenn seine Erinnerungen zunächst nicht sehr genau wären. »Ach ja, ich erinnere mich! … Dieser Mastwächter, der zu Tode gekommen ist, als er bei der Passage von Madeira über Bord ging! Ja, Herr Ward, es war in Sansibar, wo er zu uns kam!«

Doktor Schwaryencrona ließ sich Patrick O'Donoghan beschreiben und vergewisserte sich, dass die Beschreibung genau derjenigen entsprach, die er besaß. Alle diese Leute erschienen ihm ehrbar und aufrichtig. Sie hatten offene und naive Gesichter. Die Einheitlichkeit ihrer Antworten mochte allerdings ein wenig seltsam und abgestimmt erscheinen. Aber folgte dies nicht ganz natürlich aus den Umständen selbst? Da sie Patrick O'Donoghan höchstens ein Jahr lang gekannt hatten und sich außer an seine Beschreibung und seinen Tod kaum an ihn erinnerten, konnten sie nur sehr wenig über die Sache wissen und nur das sagen, was sie wussten.

Zudem war die *Albatros* eine so gut geführte Yacht, dass sie – wenn sie ein paar Kanonen gehabt hätte – durchaus als Kriegsschiff hätte angesehen werden können. Strengste Sauberkeit herrschte an Bord, die Männer waren gesund, gut gekleidet und bewundernswert diszipliniert, denn sie blieben auf ihren Posten, obwohl sie sich mit einem Sprung an Land befunden hätten. Kurz gesagt, alles zusammen erweckte einen Eindruck, welcher dem Verstand des Doktors unwiderlegbar erschien.

Er zeigte sich daher völlig zufrieden und fühlte sich aus Gastfreundschaft verpflichtet, sich nicht zurückzuziehen, ohne Herrn Tudor Brown zum Abendessen einzuladen, der auf dem Heck hin und her spazierte und eine ihm bekannte Melodie pfiff.

Aber Herr Tudor Brown entschied sich dafür, diese Einladung nicht anzunehmen. Mit höflichen Worten lehnte er sie ab: »Nein. Das nicht! … Esse nie in der Stadt zu Abend!«

Herrn Schwaryencrona blieb also nichts übrig, als sich zurückzuziehen. Das tat er, ohne den geringsten Hutgruß dieses seltsamen Fremden erhalten zu haben.

Als Erstes suchte er dann Herrn Bredejord auf, um ihm das Abenteuer zu erzählen. Der hörte ihm zu, ohne ein Wort zu sagen, und nahm sich im Stillen vor, eine Gegenuntersuchung einzuleiten.

Aber als er am gleichen Tag in Gesellschaft Eriks damit beginnen wollte, der alles erfahren hatte, als er aus der Schule zum Mittagessen nach Hause kam stieß er auf eine leichte Schwierigkeit: Die *Albatros* hatte Stockholm verlassen, ohne den nächsten Zielhafen anzugeben und ohne die Adresse des Herrn Tudor Brown zu hinterlassen.

Die ordnungsgemäß bescheinigte Todesurkunde des Patrick O'Donoghan war alles, was von dieser Angelegenheit übrig geblieben war.

Hatte diese Urkunde einen ernsthaften Wert? Genau das hatte Herr Bredejord sich erlaubt, zu bezweifeln – trotz der Beglaubigung des Generalkonsuls von England in Stockholm, der mit dem Fall befasst gewesen war und erklärt hatte, die einwandfreie Echtheit der Stempel und Unterschriften, die auf dem Dokument angebracht waren, anzuerkennen. Auch hatte er in Edinburgh Nachforschungen angestellt, mit dem Ergebnis, dass dort niemand Tudor Brown kannte, was verdächtig erschien.

Aber die unleugbare Tatsache, vor der jeder Widerspruch allmählich doch kapitulieren musste, war, dass man von Patrick O'Donoghan nichts mehr hörte und die Inserate ohne weitere Wirkung blieben.

Wenn Patrick O'Donoghan jedoch für immer verschwunden war, bestand keine Hoffnung mehr, das Geheimnis von Eriks Geburt zu lösen. Er musste selbst zugeben, dass er gezwungen war einzusehen, dass jede weitere Untersuchung von nun an zwecklos sein würde.

Jedenfalls kamen von ihm keine Einwände, im kommenden Herbst sein Medizinstudium in Uppsala zu beginnen, ganz nach dem Wunsch des Doktors. Er wollte zuvor nur noch die Kapitänsprüfung für Große Fahrt ablegen. Und schon das allein hätte genügt, um zu zeigen, dass er seine Reisepläne nicht aufgegeben hatte.

Denn er trug jetzt einen anderen Kummer im Herzen, einen quälenden Kummer, bei dem er kein anderes Mittel zur Abhilfe sah, als die Aufregung und Unstetigkeit großer Abenteuer. Erik verspürte das Bedürfnis, einen Vorwand zu finden, um sein Heim zu verlassen, sobald er sein Studium beendet haben würde, ohne dass der Doktor misstrauisch werden würde. Diesen Vorwand konnte er sich kaum anders vorstellen als in der Form eines allgemeinen Reiseplans. Der Grund für dieses Bedürfnis lag in der Abneigung, welche *fröken* Kajsa, die Nichte des Doktors, ihm gegenüber immer mehr zum Ausdruck brachte. Sie ließ keine Gelegenheit aus, um sie ihm zu bezeugen, und er wollte dies den trefflichen Mann um keinen Preis ahnen lassen.

Seine Beziehungen zu dem jungen Mädchen waren immer sehr einseitig gewesen. In den Augen Eriks war die kleine Fee, vom ersten Tag an wie auch sieben Jahre nach seiner Ankunft in Stockholm, das Urbild aller Eleganz und die Vollendung einer Frau von Welt. Er hatte ihr rückhaltlose Bewunderung gezollt und heroische Anstrengungen unternommen, um ihr Freund zu werden. Aber Kajsa hatte sich niemals an den Gedanken gewöhnt, zuzusehen, wie dieser »Eindringling«, wie sie ihn nannte, beim Doktor festen Fuß fasste, indem er als Adoptivsohn behandelt und der Liebling der drei Freunde wurde. Die schulischen Erfolge Eriks, seine Güte und seine Sanftheit waren weit davon entfernt, ihre Gunst zu finden; sie gaben vielmehr neuen Anlass zur Eifersucht. Im Grunde verzieh Kajsa dem jungen Mann nicht, dass er nur ein Fischer und ein Bauer war. Es kam ihr so vor, als ob dadurch das Haus, wie auch sie selbst, von der hohen

Stellung innerhalb der gesellschaftlichen Hierarchie, auf der sie sich selber gerne sehen wollte, herabgewürdigt worden wäre.

Aber es war dann wohl doch etwas ganz anderes, als sie erfuhr, dass Erik sogar noch geringer als ein Bauer sei, nämlich ein Findelkind. Das kam ihr ganz einfach ungeheuerlich und entehrend vor. Sie war nicht weit davon entfernt zu denken, dass ein Findelkind in der Hierarchie der Lebewesen einen Platz unterhalb dem einer Katze oder eines Hundes einzunehmen hätte. Und dieses Gefühl drückte sich bei ihr durch die verächtlichsten Blicke, das tödlichste Schweigen und die grausamsten Kränkungen aus. War Erik gemeinsam mit ihr zu irgendeinem Kinderfest in einem befreundeten Haus eingeladen, weigerte sie sich ganz einfach, mit ihm zu tanzen. Bei Tisch pflegte sie auf das, was er sagte, nicht zu antworten oder es überhaupt nicht zu beachten. Bei jeder Gelegenheit machte sie es sich zur Aufgabe, ihn zu demütigen.

Der arme Erik hatte den Grund für dieses wenig barmherzige Betragen erraten. Es war ihm unmöglich zu begreifen, warum dieses schreckliche Unglück, seine Familie und sein Vaterland nicht zu kennen, dazu geführt hatte, dass sie ihm dies übel nahm. Eines Tages versuchte er, mit Kajsa darüber zu diskutieren, ihr die Ungerechtigkeit und die Grausamkeit eines solchen Vorurteils begreiflich zu machen, aber sie geruhte nicht einmal, ihm zuzuhören. Je älter sie wurden, desto mehr schien sich die Kluft, die sie trennte, zu verbreitern. Mit achtzehn Jahren debütierte Kajsa in der Gesellschaft. Sie wurde umschwärmt und als Erbin vergöttert; diese Huldigungen bestärkten sie in ihrer Meinung, dass sie etwas Besseres sei als die gewöhnlichen Sterblichen.[1]

Erik, der zunächst unter dieser Verachtung gelitten hatte, empörte sich schließlich darüber und schwor sich, über sie zu triumphieren. Dieses Gefühl der Erniedrigung hatte sogar einen großen Anteil an dem leidenschaftlichen Eifer, den er für sein Studium aufbrachte. Er träumte davon, durch seine Leistungen im öffentlichen Ansehen derart aufzusteigen, dass jeder sich gezwungen sähe, sich vor ihm zu verneigen. Aber er schwor sich auch, bei der ersten Gelegenheit wegzugehen, nicht mehr unter diesem Dach zu bleiben, das für ihn täglich mit einer heimlichen Demütigung verbunden war. Es war nur erforderlich, dass der gute Doktor die wahren Gründe für diesen Auf-

[1] Im Original: »*qu'elle était faite d'une autre pâte*«, zu Deutsch »dass sie aus einem anderen Teig gemacht sei«.

bruch nicht erfuhr. Die musste er einfach nur seiner Leidenschaft für das Reisen zuschreiben. Daher sprach Erik häufig davon, dass er sich am Ende seines Studiums für irgendeine wissenschaftliche Expedition verpflichten wolle. Aus diesem Grund bereitete er sich – während er weiterhin in Uppsala die Vorlesungen an der Medizinischen Fakultät besuchte – durch schwerste Arbeiten und Übungen für ein Leben in Mühen und Gefahren vor, welches das Los großer Reisender ist.

11. Kapitel
Man schreibt uns von der *Vega*

Man schrieb Dezember 1878. Erik war in sein zwanzigstes Lebensjahr eingetreten und hatte seine erste Prüfung zum Doktorat abgelegt.[1] Die fast einzige Sorge der Wissenschaftler Schwedens – und man kann sagen der ganzen Welt – galt der großen arktischen Expedition des Seefahrers Nordenskiöld. Nachdem er sein Unternehmen durch mehrere Reisen in die Polarregionen vorbereitet und alle Aspekte gründlich studiert hatte, versuchte Nordenskiöld erneut jene Nordostpassage vom Atlantik zum Pazifik zu finden, welche seit drei Jahrhunderten den Bemühungen aller seefahrenden Nationen getrotzt hatte.

Der geplante Ablauf dieser Expedition war von dem schwedischen Seefahrer in einem mustergültigen Bericht skizziert worden, worin er die Gründe aufführte, die ihn dazu gebracht hatten zu glauben, dass die Nordostpassage im Sommer zu bewältigen sei, und die finanziellen Mittel bezifferte, mit denen er hoffte, seinen geografischen Wunschtraum zu verwirklichen. Die einsichtsvolle Großzügigkeit zweier skandinavischer Reeder und die Unterstützung der schwedischen Regierung hatten es ihm erlaubt, die Expedition zu den Bedingungen auszustatten, die er für den Erfolg erforderlich hielt.

Es war am 21. Juli 1878 gewesen, als Nordenskiöld Tromsö an Bord der *Vega* verlassen hatte, um zu versuchen, nördlich von Russland und Sibirien die Beringstraße zu erreichen. Leutnant Palander[2]

[1] Entspricht etwa dem Vorphysikum an deutschen Hochschulen. Die damalige französische Prüfungsordnung, auf die sich die Autoren hier wohl beziehen, sah für den Doktor der Medizin fünf Examina mit anschließender Promotionsarbeit vor.

[2] Adolf Arnold Louis Palander af Vega (geb. 1842 in Karlskrona, gest. 1920 in Djurs-

von der schwedischen Marine befehligte das Schiff, an dessen Bord sich neben dem Leiter und dem Initiator der Reise auch ein Stab von Botanikern, Geologen, Ärzten und Astronomen befand. Die speziell für die Expedition nach Nordenskiölds eigenen Plänen ausgestattete *Vega* war ein erst kürzlich in Bremen erbautes Schiff von 500 Tonnen, das mit einer Schiffsschraube und einer sechzig Pferdestärken leistenden Maschine ausgestattet war.[1] Drei Kohlenschiffe sollten sie bis zu vorausbestimmten und aufeinanderfolgenden Punkten an der sibirischen Küste begleiten. Alles war für ein zweijähriges Unternehmen geplant, falls es nötig sein sollte, auf der Strecke zu überwintern. Aber Nordenskiöld verbarg nicht seine Hoffnung, dank der von ihm ergriffenen präzisen Maßnahmen noch vor dem Herbst die Beringstraße zu erreichen – und ganz Schweden teilte seine Hoffnung.

Nachdem die *Vega* aus dem nördlichsten Hafen Norwegens ausgelaufen war, erreichte sie am 29. Juli Nowaja Semlja, am 1. August die Kara-See und am 6. August die Mündung des Jenissei. Am 9. August umfuhr sie das Kap Tscheljuskin[2] oder das Nordostkap, den äußersten Punkt des Alten Kontinents, den noch kein Schiff überschritten hatte. Am 7. September ging sie in der Mündung der Lena vor Anker und trennte sich von dem dritten der Kohlenschiffe. Am 16. Oktober verkündete eine von jenem Schiff in Irkutsk aufgegebene telegrafische Depesche der Welt den Erfolg dieses ersten Teils der Expedition.[3]

---

holm), schwedischer Marineoffizier und Polarforscher. Wurde nach Nordenskiölds Expedition zum Kapitänleutnant ernannt, stieg später in den Admiralsrang auf und war eine Zeitlang Marineminister Schwedens.

1 »ein erst kürzlich in Bremen erbautes Schiff von 500 Tonnen«: Richtig ist, dass die *Vega* 1872/73 als Wal- und Robbenfänger erbaut und verwendet wurde, also fünf Jahre vor ihrem Einsatz als Expeditionsschiff. Auch hatte sie lediglich 357 anstatt der hier genannten 500 Registertonnen.

2 Im Original wird die Schreibweise »*Tchelynskin*« verwendet, ein weiteres Beispiel für die Schwierigkeiten mit der Transkription (der russische Buchstabe »y« ist im Deutschen wie ein »u« auszusprechen und wird auch so transkribiert).

3 Zum historischen Hintergrund: Kap Tscheljuskin, der nördlichste auf einem Festland liegende Punkt der Erde, wurde am 19. August 1878 passiert (nicht schon am 9., wie irrtümlich im Roman angegeben). Am 27. August wurde die Flussmündung der Lena erreicht, wo sich das dritte und letzte Begleitschiff, die *Lena*, verabschiedete. Die *Lena* fuhr flussaufwärts bis Jakutsk, wo sie am 21. September eintraf. Von dort wurden telegraphisch Depeschen über Irkutsk, der 3000 km entfernt liegenden Hauptstadt des Generalgouvernements Ostsibirien, nach Europa versandt. Die Telegramme erreichten am 16. Oktober Schweden, sie waren unter anderem an den »Hauptsponsor«, den Göteborger Reeder Oscar Dickson adressiert. Der andere im Text erwähnte Gönner war der sibirische Grubenbesitzer und Millionär Sibiriakow. Der Nachweis der Befahrbarkeit der Nordost-Passage lag natürlich bei beiden in eigenem wirtschaftlichen Interesse.

Man kann sich die Ungeduld vorstellen, mit der die zahlreichen Freunde des schwedischen Seefahrers auf detaillierte Nachrichten von dieser Reise gewartet hatten. Diese trafen allerdings erst in den ersten Dezembertagen ein. Denn auch wenn die Elektrizität die Entfernungen mit der Schnelligkeit des Gedankens überwand, so galt das nicht für die sibirische Post. Die von der *Vega* in Irkutsk[1] zur gleichen Zeit wie die Depesche aufgegebenen Briefe brauchten mehr als sechs Wochen, bis sie nach Stockholm gelangten.[2] Letztendlich kamen sie aber dort an und schon am 5. Dezember veröffentlichte eine der großen schwedischen Zeitungen zum ersten Teil der Reise eine Korrespondenz aus der Feder eines jungen Doktors der Medizin, eines Teilnehmers der Expedition.[3]

Am gleichen Tag war Rechtsanwalt Bredejord während des Essens lebhaft damit beschäftigt, in all diesen vier Spalten die aufgeführten Einzelheiten zu studieren, als seine Augen auf einen Absatz fielen, der ihn aufspringen ließ. Er las ihn aufmerksam erneut und dann noch einmal; dann erhob er sich jäh, stürzte nach seinem Mantel und seinem Hut und sprang in nur einem Satz zu Doktor Schwaryencrona.

»Haben Sie die Korrespondenz der *Vega* gelesen?«, schrie er, als er wie ein Wirbelsturm den *matsal* betrat, in dem sein Freund dabei war, mit Kajsa zu essen.

»Ich habe gerade erst damit begonnen«, entgegnete der Doktor, »und wollte dann während dieser Lektüre meine Pfeife rauchen.«

»Dann haben Sie es also noch nicht gesehen«, fuhr Herr Bredejord außer Atem fort. »Sie haben noch nicht gesehen, was diese Korrespondenz enthält?«

»Nein«, antwortete Herr Schwaryencrona vollständig ruhig.

»Nun gut, dann hören Sie sich das an«, schrie Herr Bredejord und näherte sich dem Fenster ... »Dies ist ein Tagebuch eines Ihrer Kollegen, eines Naturwissenschaftlers an Bord der *Vega*. Hören Sie das hier: 30. und 31. Juli - Wir fahren in die Jugorstraße ein und ankern vor einem Samojedendorf namens Chabarowa. An Land gegangen.

---

1 Die *Vega* selbst war nie in Irkutsk, siehe vorangegangene Fußnote.

2 Die *Lena* überbrachte auch Briefe, wissenschaftliche Berichte und handgezeichnete Karten von Nordenskiöld und den anderen Expeditionsteilnehmern. Diese kamen auf dem Postweg am 23. November in Europa an und wurden unmittelbar, nicht erst Anfang Dezember, wie es im Roman heißt, an die Presse gegeben.

3 Der Name des jungen Arztes war Ernst Almqvist (geb. 1852, in der Schiffsrolle nicht als Dr. med., sondern nur als Cand. med. aufgeführt).

Einheimische untersucht, um nach Holmgrens Methode das Ausmaß ihres Farbensinns zu überprüfen. Gefühl, dass dieser Sinn bei ihnen ganz normal entwickelt ist … Von einem samojedischen Fischer zwei prächtige Lachse gekauft …«[1]

»Entschuldigung!«, unterbrach ihn der Doktor lächelnd. »Ist das ein Rätselspiel? Ich gestehe, dass mir das Interesse an diesen Einzelheiten fehlt.«

»Ach, das Interesse an diesen Einzelheiten fehlt Ihnen?«, rief Herr Bredejord triumphierend. »Nun gut, warten Sie ab, Sie werden schon sehen …«

»Von einem samojedischen Fischer zwei prächtige Lachse einer nicht näher beschriebenen Art gekauft, die ich für unseren Alkoholtank reserviert habe, trotz der Proteste unseres Chefkochs. Zwischenfall: Dieser Fischer fällt beim Verlassen des Schiffs ins Wasser, in dem Augenblick, als wir ablegen. Man fischt ihn – er ist durch die Kälte steif wie eine Eisenstange und überdies am Kopf verletzt – halb erstickt wieder heraus. Bewusstlos auf die Krankenstation der *Vega* gebracht, ausgezogen und liegend, erkennt man, dass dieser samojedische Fischer ein Europäer ist. Er hat rote Haare, seine Nase ist wegen eines Unfalls plattgedrückt und auf der Brust sind, in der Höhe des Herzens, diese Worte in ein Wappen tätowiert: *Patrick O'Donoghan, Cynthia* …«

Hier stieß Herr Schwaryencrona einen Schrei der Überraschung aus.

»Warten Sie, weiter im Text!«, sagte Herr Bredejord. Und er fuhr mit der Lektüre fort.

»Unter der Wirkung einer kräftigen Massage erwacht er wieder zum Leben. Aber es ist unmöglich, ihn in diesem Zustand von Bord gehen zu lassen. Wir kümmern uns um ihn. Er hat Fieber und ist im Delirium. Unsere Versuche bezüglich des Farbensinns bei den Samojeden haben eigenartigerweise zu nichts geführt. 3. August: Der Fischer von Chabarowa hat sich vollständig von seiner Erschöpfung erholt. Er schien überrascht zu sein, sich an Bord der *Vega* zu befinden und auf dem Weg nach Kap Tscheljuskin zu sein, hat sich aber bald damit abgefunden. Seine Kenntnisse der samojedischen Sprache können uns nützlich sein, wir haben ihn überzeugt, mit uns die sibirische Küste entlangzufahren. Er spricht Englisch mit dem nasa-

---

[1] Die Untersuchungen über den Farbensinn an Lappen und Samojeden hat Almqvist tatsächlich durchgeführt, aber mit dem Kauf der zwei Lachse beginnt die Fiktion.

len Akzent der Yankees, behauptet Schotte zu sein und Johnny Bowles zu heißen. Er sei mit russischen Fischern nach Nowaja Semlja gekommen und seit zwölf Jahren in dieser Gegend ansässig. Der auf die Brust tätowierte Name sei, sagt er, der eines seiner längst verstorbenen Freunde aus der Kindheit …«

»Dies ist offensichtlich unser Mann!«, rief der Doktor, im Banne einer heftigen Erregung.

»Es kann gar keinen Zweifel daran geben, nicht wahr?«, antwortete der Rechtsanwalt. »Der Name, das Schiff, die Beschreibung, alles passt. Alles stimmt, bis zur Wahl seines Pseudonyms Johnny Bowles, bis zu seiner Behauptung, dass Patrick O'Donoghan tot sei – wenn das nicht mehr als genug Beweise sind!«

Die beiden verharrten in Schweigen und dachten über die möglichen Folgen dieser Entdeckung nach.

»Wie sollen wir ihn in dieser Ferne aufsuchen?«, fragte schließlich der Doktor.

»Dies ist tatsächlich schwierig«, erwiderte Herr Bredejord. »Aber es ist schon etwas wert zu wissen, dass es ihn gibt und wir den Teil der Welt kennen, in dem er sich aufhält. Schließlich muss man immer mit Unvorhergesehenem rechnen … Vielleicht bleibt er bis zum Ende an Bord der *Vega* und bringt uns selbst die Erklärungen nach Stockholm, die wir wünschen. Wenn nicht, vielleicht finden wir früher oder später eine Gelegenheit, um mit ihm in Verbindung zu treten? Reisen nach Nowaja Semlja werden als Folge der Expedition Nordenskiölds ab jetzt öfter durchgeführt werden. Reeder sprechen bereits davon, alljährlich Schiffe an die Mündung des Jenissei zu entsenden …«

In Bezug auf dieses Thema war das Gespräch unerschöpflich. Die beiden Freunde waren noch immer dabei, es zu führen, als nach zwei Stunden Erik aus Uppsala eintraf. Auch er hatte die große Neuigkeit gelesen und sogleich, ohne einen Augenblick zu verlieren, den Zug genommen. Aber eigenartigerweise war es nicht Freude, sondern Sorge, die bei ihm die Oberhand hatte.

»Wissen Sie, was ich jetzt fürchte?«, sagte er zum Doktor und zu Herrn Bredejord. »Ich fürchte, dass der *Vega* Unheil widerfahren sein könnte. Bedenken Sie, dass wir jetzt den 5. Dezember schreiben und die Leiter der Expedition damit rechneten, noch vor Oktober die Beringstraße zu erreichen … Wenn diese Annahme sich bewahrheitet hätte, wüssten wir es jetzt, denn die *Vega* wäre schon längst in Japan, oder wenigstens in Petropawlowsk, auf der Inselkette der

Alëuten oder einer Station des Pazifiks, von wo aus man von ihr Nachrichten empfangen hätte … Denn die Depeschen und die über Irkutsk zugegangenen Briefe sind mit Datum vom 7. September; das heißt, seit drei vollen Monaten weiß man nicht, was aus der *Vega* geworden ist … Das heißt, dass sie die Beringstraße nicht rechtzeitig erreicht hat … Das heißt, dass sie das gemeinsame Schicksal aller Expeditionen erlitten hat, die seit drei Jahrhunderten durchgeführt worden sind, um die Nordostpassage zu entdecken. Dies ist die bedauerliche Folgerung, die ich daraus ziehen muss!«

»Die *Vega* konnte gezwungen gewesen sein, im Eis zu überwintern, wie es vorher in Betracht gezogen wurde«, wandte der Doktor ein.

»Offensichtlich, aber dies ist die günstigste Hypothese, und eine solche Überwinterung ist von so vielen Gefahren begleitet, dass sie beinahe einem Schiffbruch gleichkommt. In jedem Fall steht außer Zweifel, dass wir, falls wir jemals wieder Neuigkeiten von der *Vega* bekommen, diese nicht vor dem nächsten Sommer erfahren.«

»Weshalb das denn?«

»Aus dem gleichen Grund, denn wenn die *Vega* nicht untergegangen sein sollte, ist sie derzeit vom Eis eingeschlossen und kann vor Juni oder Juli nicht herauskommen, im günstigsten Falle.«

»Das ist wahr«, entgegnete Herr Bredejord.

»Welche Schlussfolgerung ziehst du aus diesem Gedankengang?«, fragte der Doktor, der aufgrund der abgehackten Redeweise, welche die Stimme Eriks bei seiner Äußerung angenommen hatte, besorgt war.

»Ich folgere daraus, dass es mir unmöglich ist, so lange auf eine Antwort auf die Frage zu warten, die für mich solch große Bedeutung hat …«

»Was willst du tun? Man muss sich in das Unvermeidliche fügen!«

»Es sei denn, dass es nur scheinbar unvermeidlich ist!«, erwiderte Erik. »Die Briefe sind von den arktischen Meeren über Irkutsk hierhergekommen. Warum sollte ich nicht denselben Weg nehmen? … Ich würde der Küste Sibiriens folgen! … Ich würde versuchen, mich bei den Menschen des Landes zu informieren, nämlich, ob man nicht von einem Schiffbruch reden gehört hat, oder ob ein Schiff im Eis eingeschlossen ist! … Vielleicht könnte ich Nordenskiöld … und Patrick O'Donoghan finden! … Dies ist ein Unternehmen, das einen Versuch wert ist!«

»Mitten im Winter?«

»Warum nicht? Das ist die beste Jahreszeit, um im Hundeschlitten die hohen Breiten zu bereisen.«

»Ja, aber du vergisst, dass du noch nicht in diesen hohen Breiten bist und der Frühling noch vor dir dort angekommen sein wird.«

»Das ist wahr«, sagte Erik, der sich gezwungen sah, die Stärke dieses Einwands anzuerkennen.

Und er verharrte, auf den Boden starrend, in seine Gedanken versunken.

»Macht nichts«, sagte er dann plötzlich. »Nordenskiöld muss gefunden werden, und Patrick O'Donoghan mit ihm ... Und sie werden gefunden; man wird mich nicht davon abhalten ...«

Eriks Idee war recht simpel. Sie bestand ganz einfach darin, den Stockholmer Zeitungen in anonymer Form mitzuteilen, worin das Dilemma des wahrscheinlichen Schicksals der *Vega* bestand: Entweder war sie zugrunde gegangen oder derzeit vom Eis eingeschlossen, was die Notwendigkeit bedingte, eine Suche nach ihr zu veranstalten.

Die Schlussfolgerung war ziemlich überzeugend, und das Interesse, das dem Versuch Nordenskiölds galt, ziemlich universell, so dass der junge Student aus Uppsala sicher war, dass das Problem in wissenschaftlichen Kreisen leidenschaftlich diskutiert werden würde. Aber die Wirkung seiner Mitteilung überstieg seine Erwartungen. Alle Zeitungen ohne Ausnahme kommentierten sie zustimmend. Die gelehrte Welt und auch die überwiegende Mehrheit der Nation nahm sie sich zu Herzen. Die öffentliche Meinung sprach sich mit einer unvergleichlichen Einmütigkeit zugunsten einer Rettungsexpedition aus. Ausschüsse wurden gebildet und Subskriptionen eröffnet, um sie vorzubereiten. Der Handel, die Industrie, die Schulen, der Richterstand, alle Schichten wollten zu dem Unternehmen beitragen. Ein reicher Reeder bot an, auf eigene Kosten ein Schiff auszurüsten, das auf den Spuren der *Vega* unterwegs sein und *Nordenskiöld* heißen sollte.[1]

Die Begeisterung wuchs in dem Verhältnis, in dem die Tage vergingen, ohne dass positive Nachrichten von Nordenskiöld eintrafen. Ende Dezember hatten die gespendeten Mittel bereits eine beträcht-

---

[1] Die Fahrt der *Nordenskjöld* ist historisch belegt. Der Dampfer *A. E. Nordenskiöld* wurde von dem oben erwähnten Mäzen Sibiriakow ausgestattet, um der *Vega* über den Suezkanal und den Indischen Ozean entgegenzukommen (also genau den Kurs nehmend, den Erik für die *Alaska* vorgesehen hatte). Sie stach am 13. Mai 1879 unter dem Befehl des erfahrenen Kapitäns Sengstacke von Malmö aus in See, scheiterte jedoch später an der Westküste Japans. Quelle: *Die Strandung des Dampfers »A. E. Nordenskiöld«* in *Petermann's Geographische Mittheilungen* (Band 26), 1880, S. 64.

liche Summe erreicht. Doktor Schwaryencrona und Rechtsanwalt Bredejord führten die Spitze der Liste mit einer Spende von je zehntausend Kronen an. Sie waren am Lenkungsausschuss beteiligt, der Erik zum Sekretär gewählt hatte.

Dieser war wirklich die Seele des Ganzen. Seine Begeisterung, seine Bescheidenheit, seine offensichtliche Kompetenz auf allen für das Unternehmen relevanten Gebieten, die er unermüdlich studierte und in die er sich vertiefte, sicherten ihm schon bald entscheidenden Einfluss. Er hatte vom ersten Tag an nicht verhehlt, dass es sein Traum war, an der Expedition teilzunehmen, und sei es als einfacher Seemann. Er hatte ein persönliches und höheres Interesse, und das allein gab seinen ausgezeichneten Einfällen, die er den Veranstaltern des Unternehmens vorstellte, mehr Gewicht. Außerdem leitete er persönlich alle Vorbereitungen.

Zuallererst wurde vereinbart, dass ein zweites Schiff der *Nordenskiöld* beigesellt werden sollte, um eine umfassende Suche zu ermöglichen, und dieses Schiff sollte, wie die *Vega*, ein Dampfschiff sein. Nordenskiöld selbst hatte gezeigt, dass die Hauptursache des Misserfolges bei den früheren Versuchen gewesen sein dürfte, dass Segelschiffe verwendet wurden. Die arktischen Seefahrer, besonders auf Forschungsreisen, haben in der Tat ein großes Interesse daran, nicht vom Wind abhängig zu sein, mit einer gewissen Durchschnittsgeschwindigkeit rechnen zu können, damit, falls notwendig, die Fahrt beschleunigt werden kann, um eine gefährliche Passage zu meistern. Schließlich und vor allem soll immer das offene Meer erreicht werden können, wo auch immer das ist: All dies ist mit Segelschiffen unmöglich.

Nachdem dieser grundlegende Punkt geklärt war, wurde beschlossen, dass das Schiff außerdem mit einer Holzverkleidung aus Steineiche in einer Dicke von sechs Zoll ausgestattet werden und in wasserdichte Segmente unterteilt werden sollte, was es unabhängig von teilweisen Beschädigungen machen würde, die durch Eisstöße verursacht werden könnten. Es müsste einen geringen Tiefgang haben und die gesamte räumliche Aufteilung geeignet sein, einen ziemlich beträchtlichen Kohlenvorrat mitzunehmen.

Unter den dem Komitee vorgelegten Angeboten fiel seine Wahl auf einen kürzlich in Bremen fertiggestellten Schoner[1] von 540 Ton-

[1] Zwei-, seltener dreimastiges schmales Segelschiff.

Die Wahl des Kommitees fiel auf einen gerade erst vor kurzem fertiggestellten Schoner.

nen, für dessen Handhabung eine Besatzung von achtzehn Mann ausreichend war. Dieser Schoner, unter Beibehaltung seines Mastwerks, war mit einer Dampfmaschine von achtzig Pferdestärken ausgestattet und mit einer Schiffsschraube versehen, die so angebracht war, dass man sie an Deck ziehen konnte, falls sie vom Eis gefährdet wäre. Die Feuerung eines der Kessel war darauf eingerichtet, Öle oder Fette zu verbrennen, die man sich in den arktischen Regionen leicht verschaffen kann, falls es an Kohle fehlen sollte. Der durch die Beschichtung mit Eichenholz geschützte Rumpf war überdies durch weitere Querbalken derart verstärkt, dass er dem Druck des Eises großen Widerstand entgegensetzen konnte. Der vordere Teil war schließlich gepanzert und mit einem Sporn aus Stahl ausgestattet, um sich einen Weg selbst durch das Packeis zu bahnen, falls dessen Dicke nicht größer als der Tiefgang des Schiffes war.

Der Schoner, gekauft und sogleich zum Umbau ins Trockendock gebracht, wurde wegen des Ziels, für das er bestimmt war, *Alaska* getauft. Es war nämlich beschlossen worden, dass, während die *Nordenskiöld* der gleichen Route wie die *Vega* folgen sollte, das zweite Schiff die entgegengesetzte Route um die Welt nehmen würde, um über die Halbinsel *Alaska* und die Beringstraße in das Sibirische Meer einzufahren. Die Chancen, die schwedische Expedition wiederzufinden, falls sie sich in einer Notlage befand, oder deren Spuren, falls sie zugrunde gegangen sein sollte, wurden so verdoppelt, denn während eines der Schiffe nachkam, würde das andere gewissermaßen entgegenkommen.

Man hatte Erik, dem dieser Einfall zu verdanken war, oft gefragt, welchem der beiden Wege er den Vorzug geben würde, und letztlich hatte er sich für den zweiten entschieden.

»Die *Nordenskiöld*«, sagte er, »wird der gleichen Route folgen wie die *Vega*. Es ist daher unbedingt notwendig, dass sie genauso vom Glück begünstigt ist wie jene im ersten Teil ihrer Reise, und sei es auch nur, um das Kap Tscheljuskin zu umschiffen. Und es ist nicht erwiesen, dass sie jemals so weit kommen wird, denn dieses Ziel ist bisher nur einmal erreicht worden. Andererseits befindet sich die *Vega* nach den letzten Nachrichten nicht weiter als zwei- oder dreihundert Seemeilen[1] von der Beringstraße entfernt: Es kommt deshalb darauf an, vor ihr auf diesem Weg zu sein, damit es bessere Chancen gibt, sie zu treffen. Die *Nordenskiöld* könnte ihr monatelang folgen, ohne sie einzuholen, selbst unter besten Bedingungen. Diejenigen, die in die entgegengesetzte Richtung fahren, können sie aber gar nicht verfehlen, wenn sie noch existiert, denn sie fährt entlang der sibirischen Küste.«

Und in den Augen Eriks war es das Wichtigste, die *Vega* schnellstmöglich zu finden, damit auch Patrick O'Donoghan schnellstmöglich gefunden wurde.

Der Doktor und Herr Bredejord sahen das ganz genauso, als sie dies auseinandergesetzt bekamen.

Inzwischen wurden die Ausrüstungsarbeiten für die *Alaska* verstärkt vorangetrieben: Vorräte, Lebensmittel und Kleidung wurden nach Grundsätzen ausgewählt, die sich in der Praxis bewährt hatten.

[1] Im Original *»lieues«*, also alte französischen Seemeilen. Entsprechen etwa drei Seemeilen heutiger Definition, d. h. dreimal 1852 Meter gleich 5556 Meter (Die *lieue maritime* wird üblicherweise mit 5555 Metern angegeben).

Die Besatzung setzte sich aus Elitematrosen zusammen, die durch Fischereikampagnen in Island oder Grönland gegen die Kälte abgehärtet waren. Der vom Ausschuss gewählte Kommandant Leutnant Marsilas schließlich war ein Offizier der schwedischen Marine, der gegenwärtig im Dienst einer Reederei stand und der wegen seiner Reisen in die arktischen Meere sehr bekannt war. Als Ersten Offizier sollte er Erik selbst bekommen, der für diesen Posten durch seine Energie, die er in den Dienst des Unternehmens gestellt hatte, prädestiniert und übrigens durch sein Kapitänsdiplom für Große Fahrt auch qualifiziert war. Als Zweiten und Dritten Offizier wählte man die Herren Bosewitz und Kjellquist, zwei erfahrene Seeleute, aus.

Die *Alaska* würde Sprengstoff mitführen, um das Eis aufzubrechen, und reichhaltige Vorräte an Konserven gegen Skorbut, um diese häufige arktische Krankheit zu bekämpfen. Sie war mit einer Warmluftheizung versehen, damit in allen Breiten eine angenehme und gleichmäßige Temperatur eingehalten werden konnte, und mit einem beweglichen Ausguck ausgestattet, den man »Krähennest« nennt. Er wird in der Nähe von Eisschollen an die Spitze des Hauptmasts gehisst, um das Sichten von Eisbergen früher vermelden zu können. Auf Eriks Vorschlag hin erhielt dieser Ausguck eine leistungsstarke elektrische Lichtquelle, die direkt von der Schiffsmaschine versorgt wurde und es in der Dunkelheit möglich machen sollte, den Weg der *Alaska* zu beleuchten. Sieben Boote, von denen zwei Walfangboote und eines ein Dampfkutter waren, sechs Schlitten und ein Paar Schneeschuhe für jeden Mann der Besatzung wurden mit vier Gatling-Kanonen[1], dreißig Repetiergewehren und der nötigen Munition gleichfalls an Bord genommen.

Diese Vorbereitungen näherten sich ihrem Ende, als Herr Hersebom und sein Sohn Otto, die mit ihrem großen Hund Klaas aus Norö gekommen waren, darum baten, als Matrosen an Bord der *Alaska* anheuern zu dürfen. Aufgrund eines Briefes von Erik wussten sie von dem bedeutenden persönlichen Interesse, das er mit dieser Reise verfolgte, weshalb sie die Gefahren mit ihm teilen wollten. Herr Hersebom bewarb sich mit seinen Grönlanderfahrungen und der Nützlichkeit, die seinem Hund Klaas als Leittier eines Hundeschlittengespanns zukommen konnte. Otto brauchte nur seine aus-

[1] Gemeint ist ein schnellfeuerndes Repetiergeschütz, erfunden von dem Amerikaner Richard J. Gatling (nicht: Gattling, wie irrtümlich im Original geschrieben), (geb. 1818, gest. 1903).

gezeichnete Gesundheit, seine herkulische Kraft und seinen Aufopferungswillen ins Feld zu führen. Dank der Unterstützung des Doktors und Herrn Bredejords wurden die drei vom Ausschuss angenommen.

Anfang Februar 1879 war alles fertig. Die *Alaska* hatte nun volle fünf Monate Zeit, um bis Ende Juni die Beringstraße zu erreichen, jenem Zeitpunkt, der als günstigster für deren Erkundung erachtet worden war. Sie würde sich übrigens auf dem direktesten Weg dorthin begeben, das heißt über das Mittelmeer, den Suezkanal, den Indischen Ozean und die chinesischen Meere. Dabei konnte man der Reihe nach die Häfen von Gibraltar, Aden, Colombo auf Ceylon, Singapur, Hongkong, Yokohama und Petropawlowsk anlaufen, um Kohle zu bunkern.

Von all diesen Stationen sollte die *Alaska* nach Stockholm telegrafieren, und es war selbstverständlich vereinbart, dass, wenn in der Zwischenzeit Nachrichten von der *Vega* einträfen, man es nicht versäumt werden würde, sie darüber in Kenntnis zu setzen.

Obwohl als arktische Expedition geplant, würde die Reise der *Alaska* zunächst als Reise durch die tropischen Meere und entlang der von der Sonne am meisten begünstigten Kontinente beginnen. Das Programm war nicht zum Vergnügen gemacht, es war das Ergebnis einer zwingenden Notwendigkeit, denn es ging darum, auf dem schnellstmöglichen Weg zur Beringstraße zu kommen und bis zum letzten Augenblick mit Stockholm in telegrafischer Verbindung zu bleiben.

Aber ein ziemlich schwerwiegendes Problem bedrohte die Abfahrt. Man hatte derart gut für die Ausstattung des Schiffes gesorgt, dass die finanziellen Mittel, die für die Expedition unverzichtbar waren, drohten, zur Neige zu gehen. Tatsächlich musste man noch mit beträchtlichen Kohlekäufen und verschiedenen anderen Kosten rechnen. Ein neuerlicher Spendenaufruf war also notwendig. Als man ihn verbreitet hatte, wurde das Komitee am 2. Februar durch zwei Wertbriefe in Aufregung versetzt, welche gleichzeitig ankamen.

Der erste war von Herrn Malarius, Volksschullehrer aus Norö, Preisträger der Botanischen Gesellschaft. Er enthielt einen Einhundert-Kronen-Schein und die Bitte, als naturwissenschaftlicher Assistent an der Expedition der *Alaska* teilnehmen zu dürfen.

Der zweite enthielt einen Scheck über fünfundzwanzigtausend Kronen mit der lakonischen Notiz: »Für die Reise der *Alaska*. Seitens

Herrn Tudor Brown, unter der Bedingung, dass er als Fahrgast zugelassen wird.«

12. Kapitel
Unerwartete Fahrgäste

Die Bitte des Herrn Malarius war von zu rührender Wesensart, als dass der Ausschuss sie nicht mit Wohlwollen aufgenommen hätte. Sie wurde mit Begeisterung bewilligt und der würdige Lehrer, dessen Ruf als Botaniker weiter verbreitet war, als er selbst vermutete, wurde zum naturwissenschaftlichen Assistenten der Expedition ernannt.

Was die von Tudor Brown gestellte Bedingung für das Einbringen seiner fünfundzwanzigtausend Kronen betraf, so waren Doktor Schwaryencrona und Herr Bredejord anfangs in starker Versuchung, sie abzulehnen. Aber als sie sich eingestanden, was die eigentlichen Gründe für ihren Widerwillen waren, kamen ihnen große Bedenken. Welchen Grund konnte man dem Ausschuss nennen, um ihn zu veranlassen, eine derart wichtige Spende zurückzuweisen? Sie hätten nichts Stichhaltiges vorzuweisen gehabt. Tudor Brown war zu Herrn Schwaryencrona gekommen, um die Sterbeurkunde Patrick O'Donoghans zu überbringen, und jetzt sah es so aus, als ob dieser leben würde. Aber wo war in diesem Fall der Beweis für eine Böswilligkeit des Tudor Brown, so dass man den Ausschuss zu Recht darum bitten könnte, eine solche Summe zurückzuweisen, die ihm aus der Verlegenheit helfen würde? Tudor Brown konnte sehr gut behaupten, dass er ehrlich gewesen war. Sein jetziger Schritt schien das zu bestätigen. Vielleicht hatte er auch nur die Absicht nachzuprüfen, wie sich Patrick O'Donoghan, den er bei der Passage von Madeira ertrunken glaubte, an der Küste Sibiriens befinden konnte. Selbst wenn man bei Tudor Brown noch andere Pläne vermutete, konnte es von Interesse sein, ihn zu überwachen, ihn besser kennenzulernen und ihn in Griffweite zu haben. Denn schließlich gab es nur eine von zwei Möglichkeiten: Entweder hatte er bezüglich der Nachforschungen, welche die Freunde Eriks seit langem beschäftigten, nichts beizutragen, und dann war er nicht als Gegner zu betrachten; oder aber, ganz gegenteilig, er hatte ein persönliches Interesse in dieser so unklaren Angelegenheit, und dann war es hundertmal besser, sein Handeln zu überwachen, um ihm entgegenzuwirken.

Der Doktor und Herr Bredejord beschlossen daher erst einmal, sich seiner Einschiffung nicht zu widersetzen. Dann wurden sie nach und nach von dem Wunsch beseelt, diesen merkwürdigen Menschen selbst zu studieren und herauszufinden, warum er die Reise auf der *Alaska* antreten wollte. Aber wie sollte ihnen das gelingen, wenn sie nicht wie er an Bord gingen? Das wäre nach alledem gar nicht so abwegig! Der Reiseweg der *Alaska* war recht verlockend, zumindest im ersten Teil. Kurz gesagt, Doktor Schwaryencrona, als großer Liebhaber von Reisen, bat, als Fahrgast mitgenommen zu werden, wenn auch nur, um die Expedition bis zu den Meeren Chinas zu begleiten, wobei er den Preis bezahlte, den der Ausschuss für angemessen hielt.

Sein Beispiel wirkte sogleich mit unwiderstehlicher Kraft auf Herrn Bredejord, der seit langer Zeit von einem Ausflug in den sonnigen Süden geträumt hatte. So erbat auch er eine Kabine unter den gleichen Bedingungen.

Ganz Stockholm glaubte nun, dass auch Professor Hochstedt, teils aus wissenschaftlicher Neugier, teils aus Angst, lange Monate ohne seine Freunde verbringen zu müssen, es genauso machen würde. Aber die Erwartungen Stockholms wurden enttäuscht. Der Professor, der zwar ziemlich stark versucht war, mitzureisen, wog das Für und Wider ab, wobei es ihm unmöglich war, zu einer Entscheidung zu kommen. So warf er eine Münze und das Schicksal gebot ihm, zu bleiben.

Die Abreise wurde unwiderruflich auf den 10. Februar festgesetzt. Am 9. erwartete Erik Herrn Malarius. Er war angenehm überrascht, auch Frau Katrina und Wanda eintreffen zu sehen, die den Zug genommen hatten, um sich von ihm zu verabschieden. Bescheiden waren sie in einem Gasthof in der Stadt abgestiegen, aber der Doktor drängte darauf, dass sie bei ihm wohnen sollten – zum großen Missfallen von Kajsa, der diese Gäste nicht vornehm genug erschienen.

Wanda war inzwischen eine junge Frau geworden, deren Schönheit allen Erwartungen gerecht wurde. Sie hatte in Bergen mit Erfolg die schwierigsten Prüfungen bestanden, die ihr erlaubten, ein Lehramt an einer höheren Schule anzustreben. Doch sie zog es vor, bei ihrer Mutter in Norö zu bleiben, und wollte Herrn Malarius während seiner Abwesenheit vertreten. Immer ernst und sanftmütig schöpfte sie aus dieser soliden Ausbildung, die nichts an ihrer schlichten Häuslichkeit geändert hatte, einen außergewöhnlichen und tief ursprünglichen Charme. Nichts war überraschender, als diese hübsche junge Frau in ihrer malerischen norwegischen Tracht zu sehen, wenn sie in aller Ruhe die anspruchsvollsten wissenschaftlichen Probleme erörterte oder wenn sie sich ans Klavier setzte und mit vollendetem Talent eine Beethoven-Sonate spielte. Aber ganz besonders reizvoll an ihr waren das Fehlen von Überheblichkeit und die vollkommene Natürlichkeit ihrer Manieren. Sie versuchte nicht, ihren Wert herauszustellen, dachte aber auch nicht daran, sich etwas auf ihre Begabung einzubilden, genauso wenig wie sie glaubte, sich wegen ihrer Schnallenschuhe schämen zu müssen. Sie blühte in ihrer Anmut wie eine wilde Blume, die von ihrem alten Lehrer am Rande des Fjords entdeckt und in seinem kleinen Garten hinter der Schule kultiviert worden war.

Im Laufe des Abends versammelte sich Eriks ganze Adoptivfamilie zu einem privaten Treffen im Besuchszimmer. Herr Bredejord und der Doktor spielten mit Herrn Hochstedt eine letzte Partie Whist. Dabei stellte man fest, dass Herr Malarius bei diesem edlen Spiel einer der Besten war, was es erlauben würde, sich auch an Bord der *Alaska* an diesem Freizeitvergnügen zu erfreuen. Unglücklicherweise enthüllte der würdige Lehrer gleichzeitig, dass er, da er leicht seekrank werde, beinahe immer das Bett hüte, sobald er einen Fuß auf ein Schiff setze. Nichts weniger als seine Zuneigung zu Erik hatte ihn zu dem Entschluss gebracht, an Bord zu gehen, verbunden mit dem während eines arbeitsreichen Lebens stets gehegten Wunsch, den bereits katalogisierten Pflanzenfamilien ein paar neue Arten hinzuzufügen.

Nach dem Whist wurde ein wenig musiziert. Kajsa spielte auf herablassende Weise einen Walzer, der gerade in Mode war. Wanda sang mit einer Stimme von Umfang und erstaunlicher Treffsicherheit eine alte skandinavische Melodie. Dann wurde Tee serviert und man trank eine große Bowle Punsch auf den Erfolg der Expedition. Erik bemerkte, dass Kajsa so tat, als ob sie sein Glas nicht träfe.

»Wünschen Sie uns keine glückliche Reise?«, fragte er halblaut.

»Weshalb sollte man etwas wünschen, was man nicht erwartet?«, entgegnete sie.

Am nächsten Morgen waren sie alle – außer Tudor Brown – bei Tagesanbruch an Bord. Seit Übersendung des Geldbriefs hatte er kein Lebenszeichen mehr von sich gegeben. Die Abreise war für zehn Uhr angekündigt. Pünktlich ließ Kommandant Marsilas den Anker lichten und die Schiffsglocke zur Abreise ertönen, um die Besucher darauf hinzuweisen, dass sie an Land gehen sollten.

»Auf Wiedersehen, Erik!«, rief Wanda und legte ihm ihre Arme um den Hals.

»Auf Wiedersehen, mein Sohn«, sagte Katrina und drückte den jungen Leutnant an ihr Herz.

»Und Sie, Kajsa, sagen mir nichts?«, fragte er und wandte sich an sie, wie um auch sie zu umarmen.

»Ich werde Ihnen wünschen, dass Sie keine gefrorene Nase bekommen und entdecken, dass Sie ein verkleideter Prinz sind«, erwiderte sie und lachte unverschämt.

»Wenn es das wäre, wodurch ich zumindest ein wenig Ihre Freundschaft gewinnen würde?«, sagte er und versuchte zu lächeln, um die Bitterkeit zu verbergen, welche dieser Sarkasmus in seinem Herzen erzeugte.

»Zweifeln Sie daran?«, erwiderte Kajsa und drehte sich zu ihrem Onkel um, um deutlich anzuzeigen, dass der Abschied beendet sei.

Das war alles. Die Aufrufe der Glocke wurden nachdrücklicher. Die Besuchermenge begab sich zu der Treppe, um die sich die Boote drängten, sie aufzunehmen. Inmitten dieses Chaos bemerkte nahezu niemand die Ankunft eines Nachzüglers, der mit einem Koffer in der Hand an Bord gekommen war.

Dieser Nachzügler war Tudor Brown. Er stellte sich dem Kapitän vor und verlangte nach seiner Kabine, die man ihm auf der Stelle zeigte.

Eine Minute später, nach zwei oder drei schrillen und lang gezogenen Pfiffen, kam die Schiffsschraube zum Einsatz. Sprudelnder Schaum ließ das Wasser achtern weiß werden und die *Alaska*, majestätisch durch das grüne Wasser der Ostsee gleitend, verließ Stockholm unter dem Beifall der Menge, welche Hüte und Taschentücher schwenkte.

Erik, der auf der Brücke stand, kommandierte das Manöver. Herr Bredejord und der Doktor, welche sich über die Reling der Backbordseite gebeugt hatten, sandten Kajsa und Wanda, die an der Pier standen, ein letztes Lebewohl. Herr Malarius, der bereits von einem schrecklichem Unwohlsein befallen wurde, hatte sich zu seiner Koje begeben um sich darin auszustrecken. Ganz im Abschiedsschmerz befangen hatte weder der eine noch der andere die Ankunft Tudor Browns bemerkt.

Daher konnte der Doktor eine Geste der Überraschung nicht unterdrücken, als er sich umdrehte und ihn aus den Tiefen des Schiffes

Die *Alaska* verließ Stockholm.

auftauchen sah; die Hände in den Taschen, gekleidet wie bei ihrer ersten Begegnung, und der Hut saß noch immer wie angeschraubt auf dem Kopf.

»Schönes Wetter«, sagte Tudor Brown anstelle eines Grußes und einer Anrede.

Der Doktor war verblüfft über diese Unverfrorenheit. Er wartete kurz, ob dieser merkwürdige Mensch wenigstens eine Entschuldigung andeutete, eine Erklärung für sein Verhalten lieferte, doch als er sah, dass nichts dergleichen geschah, ging er zum Angriff über.

»Nun, mein Herr, es sieht so aus, als ob Patrick O'Donoghan nicht tot ist, wie Sie gesagt haben«, rief er in seiner gewohnten Lebhaftigkeit.

»Genau das ist es, was in Erfahrung zu bringen ist«, konterte der Fremde mit unerschütterlicher Gelassenheit. »Und um dem auf den Grund zu gehen, unternehme ich diese Reise.«

Dies zweifellos als absolut zufriedenstellende Erklärung betrachtend, machte Tudor Brown auf dem Absatz kehrt und schickte sich an, seine Lieblingsmelodie pfeifend, an Deck hin- und herzugehen.

Erik und Herr Bredejord hatten dieses kurze Gespräch mit ziemlich unverhohlener Neugier verfolgt. Die Person Tudor Brown war ihnen völlig neu. Aufmerksam studierten sie ihn, noch intensiver tat dies nur der Doktor. Es kam ihnen so vor, als ob der Fremde, dabei gänzliche Gleichgültigkeit vorspielend, von Zeit zu Zeit einen verstohlenen Blick auf sie werfe, wie um zu sehen, was für einen Eindruck er hervorgerufen habe. Sofort täuschten sie vor, ohne sich abgesprochen zu haben, sich nicht um seine Gegenwart zu kümmern. Aber schon kurz nachdem sie in den Salon hinabgestiegen waren, von dem aus es zu den Kabinen ging, hielten sie Kriegsrat.

Welchen Zweck mochte Tudor Brown mit dem Versuch verfolgt haben, den Tod Patrick O'Donoghans nachzuweisen? Und welchen Zweck mochte er jetzt verfolgen, indem er mit der *Alaska* aufbrach? Das konnte man unmöglich sagen. Aber es war schwer, zu glauben, dass diese doppelte Vorgehensweise nicht mehr oder weniger direkt mit der Geschichte der *Cynthia* und dem *Kind auf dem Rettungsring in Verbindung* zu bringen war. All das auf Patrick O'Donoghan gerichtete Interesse war für Erik und seine Freunde tatsächlich mit dessen vermeintlicher Kenntnis des Falles verbunden – und nur aufgrund dieses Wissens war es für sie notwendig, den Iren zu finden. Nun befand man sich in der Gegenwart eines Mannes, der von sich aus gekommen war, um zu erklären, dass Patrick O'Donoghan den Tod gefunden hätte. Und dieser Mann drängte sich der Suchexpedition auf, obwohl seine Behauptung auf die unerwartetste Art und Weise widerlegt worden war. Man musste daher daraus schließen, dass er an all dem ein persönliches Interesse hatte; und die Tatsache allein, dass er Herrn Schwaryencrona aufgesucht hatte, zeigte, dass es eine Verbindung gab zwischen diesem Interesse und der vom Doktor eingeleiteten Nachforschung.

Also schien alles darauf hinzuweisen, dass Tudor Brown bei diesem Problem einen zumindest ebenso wichtigen Faktor darstellte wie Patrick O'Donoghan selbst. Wer weiß, ob er nicht vielleicht sogar bereits im Besitz des Geheimnisses war, das man aufzudecken versuchte? Wenn das so war, musste man sich da nicht beglückwünschen, ihn an Bord zu haben, oder sollte man darüber beunruhigt sein? Herr Bredejord neigte zu der letzten Meinung und fand, dass das

Gesicht dieses Menschen sehr wenig beruhigend wirkte. Der Doktor führte dagegen an, dass Tudor Brown sehr wohl auch guten Glaubens handeln und hinter seiner exzentrischen Art und Weise durchaus einen ehrbaren Charakter verbergen könne.

»Wenn er irgendetwas weiß«, sagte er, »dann besteht immer die Hoffnung, dass man ihn bei der Vertrautheit, welche im Verlauf einer langen Reise zwangsläufig entsteht, dazu bringen kann, es zu sagen. Dann wäre das ein Glücksfall, ihn bei uns zu haben. Schlimmstenfalls werden wir sehen, was er mit O'Donoghan zu schaffen hat, vorausgesetzt, dass wir den Iren finden.«

Was Erik betraf, so wagte er nicht, das Gefühl auszudrücken, welches der Anblick dieses Menschen bei ihm ausgelöst hatte. Es war weit mehr als Abneigung, als Hass, eher ein unbewusstes Verlangen, sich auf ihn zu stürzen und ihn ins Wasser zu werfen. In seinen Gedanken setzte sich die unwiderstehliche Überzeugung fest, dass diese Person irgendetwas mit dem Unglück seines Lebens zu tun hatte. Aber er hätte sich geschämt, dergleichen Voreingenommenheit einzugestehen und sie sogar noch auszusprechen. So begnügte er sich damit zu sagen, dass er, was ihn anbelangte, Tudor Brown niemals erlaubt hätte, an Bord zu gehen, falls er ein Mitspracherecht gehabt hätte.

Wie sollte man sich ihm gegenüber verhalten? Auch bezüglich dieses Punktes waren die Ansichten unterschiedlich. Der Doktor brachte vor, dass es diplomatisch sei, Tudor Brown – zumindest scheinbar – mit Wohlwollen zu behandeln, um ihn zum Reden zu bringen. Herr Bredejord empfand ebenso wie Erik unüberwindlichen Widerwillen, diese Komödie zu spielen, und war sich letztendlich nicht sicher, ob Herr Schwaryencrona selbst die Kraft haben würde, seinen Plan einzuhalten. Man beschloss, Tudor Brown und den Umständen die Sorge zu überlassen, welches Verhalten man ihm gegenüber verfolgen sollte.

Diese Wartezeit dauerte nicht lange. Pünktlich zu Mittag läutete die Schiffsglocke zum Essen. Herr Bredejord und der Doktor begaben sich an den Tisch des Kapitäns. Sie trafen auf den bereits dort sitzenden Tudor Brown, der noch immer seinen Hut aufhatte und nicht die geringsten Anstalten traf, mit seinen Tischnachbarn in Kontakt zu treten. Dieser Mensch war wirklich von einer Rüpelhaftigkeit, die jegliche Empörung ins Leere laufen ließ. Die einfachsten Regeln guten Benehmens schienen ihm fremd zu sein: Er bediente sich als Erster, wählte die besten Stücke und aß und trank für drei.

Zwei- oder dreimal richteten der Kapitän und Herr Schwaryencrona das Wort an ihn. Aber er ließ sich nicht einmal dazu herab, ihnen zu antworten, oder er reagierte nur durch Gesten.

Das hinderte ihn übrigens nicht daran, sich am Ende der Mahlzeit, während er sich ungeniert eines riesigen Zahnstochers bediente, auf seinem Stuhl herumzudrehen und mit folgenden Worten an Herrn Marsilas zu wenden: »An welchem Tag werden wir in Gibraltar sein?«

»Ich denke, am 19. oder 20.«, antwortete der Kapitän. Tudor Brown zog ein Notizbuch aus seiner Tasche und schaute in seinem Kalender nach. »Das würde uns am 22. nach Malta, am 25. nach Alexandria und gegen Ende des Monats nach Aden bringen«, fuhr er fort, wie wenn er mit sich selbst spräche.

Daraufhin erhob er sich, stieg wieder an Deck und begann erneut, auf dem Poopdeck auf und ab zu gehen.

»Einen schönen Reisegefährten hat uns der Ausschuss da bewilligt«, konnte sich Herr Marsilas nicht verkneifen zu bemerken.

Herr Bredejord wollte ihm darauf antworten, als ein entsetzlicher Lärm, der am oberen Ende der Treppe ausgebrochen war, ihm das Wort abschnitt. Man hörte Schreie, Gebell und wirre Stimmen. Alles stand auf und lief an Deck.

Klaas, der große grönländische Hund des Herrn Hersebom, hatte den Aufruhr verursacht. Es sah so aus, als ob ihm der Gesichtsausdruck Tudor Browns nicht passte, denn nachdem er seine Feindseligkeit schon durch tiefes Knurren bekundet hatte, als er ihn um sich herumstreichen sah, war er ihm schließlich in die Beine gefahren. Tudor Brown hatte sofort einen Revolver aus seiner Tasche gezogen und sich angeschickt, ihn zu benutzen, als Otto genau rechtzeitig erschienen war, um das zu verhindern und Klaas in seine Hütte zurückzuschicken. Daraufhin entstand ein ziemlich wirrer Streit. Tudor Brown, bleich vor Wut oder Schrecken, wollte dem Tier unbedingt eine Kugel in den Kopf jagen. Herr Hersebom, der zur Hilfe geeilt war, widersetzte sich lebhaft diesem Vorhaben. Der Kapitän, der Einhalt gebieten wollte, bat Tudor Brown, seinen Revolver wieder einzustecken und ordnete an, dass Klaas ab sofort an die Kette zu nehmen sei.

Dieser lächerliche Vorfall war der einzige, der während der ersten Tage der Reise zu vermelden war. Alle gewöhnten sich allmählich an das Schweigen und die seltsamen Eigentümlichkeiten Tudor Browns.

Am Tisch des Kapitäns kümmerte man sich fortan nicht mehr um ihn, wie wenn er gar nicht mehr vorhanden wäre. Jeder verschaffte sich seine eigenen Gewohnheiten und Ablenkungen. Nachdem Herr Malarius zwei Tage im Bett verbracht hatte, fing er an zu essen und war auch bald in der Lage, seinen Platz bei den endlosen Whistpartien mit dem Doktor und Herrn Bredejord einzunehmen. Erik, im Dienst sehr beschäftigt, widmete sich in jedem freien Augenblick der Lektüre. Die Fahrt der *Alaska* folgte genau ihrem normalen und planmäßigen Kurs.

Am 11. hatte sie die Insel Öland passiert, am 12. den Sund überquert, am 13. den Skagerrak erreicht, Helgoland am 14. gemeldet[1], war am 15. in die Straße von Dover eingefahren und hatte das Kap von La Hague am 16. umschifft.

Mitten in der folgenden Nacht wurde Erik, der in seiner Kabine schlief, durch eine tiefe Stille geweckt und stellte fest, dass er die Vibration der Schiffsschraube nicht mehr hörte. Das war aber kein Grund, sich Sorgen zu machen, denn Herr Kjellquist hatte Wache. Doch aus Neugier stand er auf, um sich zu informieren.

Nun erfuhr er aus dem Bericht des Obermaschinisten, dass die Kolbenstange der Zirkulationspumpe[2] verbogen war, was die Löschung des Feuers erforderlich gemacht hatte. Gegenwärtig segelte man bei einer ziemlich schwachen Brise aus Südwest.

Die Inspektion dauerte ziemlich lange und konnte die Ursachen des Schadens nicht erhellen. Der Mechaniker bat, den nächsten Hafen zur Reparatur anzulaufen. Nach einer kurzen Überprüfung teilte auch Kapitän Marsilas diese Ansicht. Man befand sich etwa 30 Meilen vor Brest und so wurde Anordnung erteilt, Kurs auf den großen französischen Hafen zu setzen.

---

1 Über Helgoland vom Skagerrak zum Ärmelkanal (Straße von Dover) zu fahren, wäre ein unnötig großer Umweg. Das Schiff hat laut der Erzählung eine für seine Zeit sowieso schon bewundernswert hohe Geschwindigkeit und müsste für die Passage von Helgoland noch etwas schneller sein …

2 Die Zirkulationspumpe (*»la pompe de circulation«*) fördert das Kühlwasser (auf Schiffen zumeist Seewasser) für den sog. Kondensator einer Dampfmaschine. Der Kondensator hat die Aufgabe, den Abdampf aus dem Zylinderkolben aufzunehmen und in Wasser zurückzuverwandeln (zu kondensieren).

13. Kapitel
»Kurs Südwest!«

Am folgenden Tag lief die *Alaska* die Reede von Brest an. Der Schaden war glücklicherweise nicht sehr groß. Ein sofort herbeigerufener Ingenieur versprach, dass alles innerhalb von drei Tagen repariert sein würde. Das war eine Verzögerung von geringer Bedeutung, die man zu einem gewissen Grad durch Bunkern von Kohle ausgleichen konnte, was von der Notwendigkeit entband, Gibraltar anlaufen zu müssen, wie man es zunächst beabsichtigt hatte. Der nächste Halt befand sich demnach erst auf Malta, dadurch gewann man 24 Stunden. Dies würde die tatsächliche Verzögerung auf zwei Tage reduzieren. Jedoch bot die Route der *Alaska* für Unvorhergesehenes ohnehin einen Spielraum von mindestens 30 Tagen. Deshalb gab es keinen Anlass zur Sorge und jeder fühlte sich von nun an in der Stimmung, diesen widrigen Umstand auf die philosophischste Weise der Welt hinzunehmen.

Bald war klar, dass sich der widrige Umstand in ein Fest verwandeln würde. Schon nach wenigen Stunden hatte sich die Ankunft der *Alaska* in der Stadt verbreitet, und da man aus den Zeitungen den Zweck der Reise kannte, brauchte der Stab des schwedischen Schiffes nicht lange zu warten, bis er sich als Gegenstand der schmeichelhaftesten Kundgebungen sah. Der Seepräfekt und der Bürgermeister von Brest, der Hafenkommandant und die Kapitäne der Schiffe auf Reede statteten Kapitän Marsilas einen offiziellen Besuch ab. Den mutigen Forschern zu Ehren, die aufgebrochen waren, um nach Nordenskiöld zu suchen, wurden ein Abendessen und ein Ball gegeben. So wenig der Doktor und Herr Malarius von solchen gesellschaftlichen Treffen angetan waren, so war es doch unumgänglich, an der Tafel zu erscheinen, die man für sie gerichtet hatte. Was Herrn Bredejord betraf, so war dieser hier in seinem eigentlichen Element.

Unter den Gästen des Präfekten, die eingeladen worden waren, um dem Stab der *Alaska* die Ehre zu erweisen, befand sich ein großer alter Mann mit einem geistreichen, aber auch melancholischen Gesichtsausdruck. Er wurde schon bald von Erik bemerkt, der aus seinem ein wenig traurigen Blick eine unmissverständliche Sympathie herauslas.

Dies war Herr Durrien[1], Honorar-Generalkonsul und aktives Mitglied der Geographischen Gesellschaft, wohlbekannt aufgrund seiner Reisen nach Kleinasien und dem Sudan. Erik hatte mit sehr lebhaftem Interesse die Berichte darüber gelesen. Als man die beiden einander vorstellte, sprach er wie ein Fachmann mit dem französischen Gelehrten darüber. Mögen auch Genugtuungen dieser Art berechtigt sein, sind sie doch für viele Reisende eher selten. Es kann ihnen passieren, dass sie, wenn ihre Abenteuer für Aufsehen sorgen, banale Bewunderung seitens der Menge ernten; es kommt aber eher selten vor, dass ihre Leistungen in einem Salon von Sachkundigen anerkannt werden. Die respektvolle Neugier des jungen Leutnants ging dem ehrwürdigen Geografen zu Herzen und zauberte ein Lächeln auf seine blassen Lippen.

»Ich habe keinen großen Verdienst an diesen Entdeckungen«, sagte er als Antwort auf Eriks Worte über die vom Glück begünstigten Ausgrabungen, die kürzlich in der Nähe von Assuan vorgenommen worden waren. »Ich schaute weder rechts noch links, wie ein Mensch, der grausames Leid zu vergessen sucht und sich wenig um die Ergebnisse schert, sofern er sich nur seinen Lieblingsbeschäftigungen widmen kann. Das Schicksal hat den Rest besorgt …«

Da der Admiral sah, dass Erik und Herr Durrien sich derart angefreundet hatten, bemühte er sich, die beiden nebeneinander an den Tisch zu setzen, so dass sie ihr Gespräch auch während des Abendessens fortsetzen konnten.

Als man den Kaffee zu sich nahm, wurde der Leutnant der *Alaska* von einem kleinen kahlköpfigen Mann angesprochen, der ihm unter dem Namen Dr. Kergaridec vorgestellt worden war und der ihn geradeheraus fragte, aus welchem Land er komme. Von dieser Frage zunächst ein wenig überrascht, antwortete Erik, dass er Schwede sei – oder, um es genauer zu sagen, Norweger – und seine Familie in der Provinz Bergen wohne. Dann wollte er den Grund für diese Frage erfahren.

»Der Grund ist ganz einfach«, antwortete sein Gesprächspartner.

[1] Während der Name hier als Durrieu (übrigens gleichlautend in allen bekannten französischen Ausgaben) zu finden ist, wird er später in den beiden letzten Kapiteln des Romans Durrien geschrieben. Die Analyse des Original-Manuskriptes durch Xavier Noël (»*L'Épave du « Cynthia » d'André Laurie et Jules Verne : Contribution respective des deux auteurs*« in *Cahiers du Centre d'études verniennes et du Musée Jules Verne* (Nantes) Nr. 4, 1994, S. 15–64) ergab, dass Laurie auch in Kap. 13 den Namen handschriftlich als »Durrien« schrieb.

»Seit einer Stunde erlaube ich mir, Sie hier am Tisch während des Essens zu betrachten, und ich habe noch nirgendwo die keltischen Merkmale derart ausgeprägt gesehen wie bei Ihnen! … Ich muss Ihnen sagen, dass ich ganz und gar dem Studium des Keltischen verfallen bin! … Und nun ist es das erste Mal, dass ich bei einem Skandinavier dem keltischen Typ begegne! Vielleicht ist das ein wertvoller Hinweis für die Wissenschaft und man muss Norwegen zu den Gebieten zählen, welche von unseren gälischen Vorfahren besucht worden sind!«

Zweifellos hätte Erik dem Brester Gelehrten die Gründe erklärt, welche den Wert dieser Annahme widerlegten, als Dr. Kergaridec sich umdrehte, um eine Dame zu begrüßen, die soeben den Salon des Seepräfekten betreten hatte, und so wurde die Unterhaltung unterbrochen. Der junge Leutnant der *Alaska* hatte schon nicht mehr an diesen Vorfall gedacht, als am darauffolgenden Tag Dr. Schwaryencrona beim Bummel über einen nahegelegenen Straßenmarkt angesichts eines Hirten aus Morbihan plötzlich sagte:

»Mein lieber Junge, falls ich bisher irgendeinen Zweifel über deine keltische Herkunft gehabt haben konnte, so würde ich ihn hier aufgeben! Schau nur, wie dir alle diese Bretonen ähneln! … Wie sie deine getönte Hautfarbe haben, deine Schädelform, deine braunen Augen, deine schwarzen Haare und sogar deine Gesamthaltung! … Bredejord mag darüber sagen, was er will, aber du bist ein Kelte reinsten Blutes, sei dir dessen sicher!«

Erik erzählte ihm nun, was Dr. Kergaridec am Vorabend gesagt hatte. Herr Schwaryencrona war darüber so erfreut, dass er den ganzen Tag über von nichts anderem mehr sprach.

Wie alle anderen Passagiere der *Alaska* hatte auch Tudor Brown die Einladung des Seepräfekten erhalten und angenommen. Einen Augenblick lang konnte man sogar glauben, dass er sich in seiner üblichen Aufmachung dorthin begeben werde, denn so war er zum Zeitpunkt des Abendessens von Bord gegangen. Aber zweifellos war es ihm zu schwer gefallen, seinen kostbaren Hut abzunehmen, und so kehrte er in dem Moment wieder um, als er im Begriff stand, die Türschwelle seines Gastgebers zu überschreiten. Während des ganzen Abends sah man ihn nicht mehr.

Als er vom Ball zurückkam, wo er viel und eifrig getanzt hatte, erfuhr Erik von Hersebom, dass Tudor Brown gegen sieben Uhr zurückgekehrt sei und allein gespeist habe. Dann sei er in die Kapitänskajüte gegangen, um eine Seekarte einzusehen, danach sei er um acht Uhr mit einem Boot weggefahren, das ihn an Land gebracht habe.

Dies waren die letzten Nachrichten, die es über ihn gab. Am nächsten Abend war Tudor Brown um fünf Uhr noch nicht zurückgekehrt. Er wusste aber, dass die Reparaturarbeiten an der Maschine beendet und das Feuer wieder angefacht sein würde, und dass die Abfahrt der *Alaska* nicht aufgeschoben werden konnte. Der Kapitän hatte Sorge getragen, jeden darauf hinzuweisen. So erteilte er nun den Befehl, den Anker zu lichten.

Das Schiff hievte gerade den Anker, als ein Boot signalisiert wurde, das mit voller Geschwindigkeit vom Kai her kam. Alle glaubten nun, dass es Tudor Brown bringen würde, aber schon bald sah man, dass es sich nur um einen Brief handelte. Zur allgemeinen Überraschung war dieser an Erik adressiert.

Beim Öffnen stellte Erik fest, dass er lediglich eine Karte von Herrn Durrien, Honorar-Generalkonsul und Mitglied der Geographischen Gesellschaft, enthielt, auf die mit Bleistift die Worte geschrieben waren: »Gute Reise! … Baldige Rückkehr!«

Wer kann erklären, was da in der Seele Eriks vorging? Diese Aufmerksamkeit eines liebenswürdigen und vornehmen Gelehrten ging ihm zu Herzen und trieb ihm eine Träne ins Auge. Beim Verlassen dieses gastfreundlichen Landes, das er kaum drei Tage lang kennengelernt hatte, kam es ihm so vor, als verlasse er sein Vaterland. Er steckte die Karte des Herrn Durrien in seine Brieftasche und sagte sich, dass dieses Lebewohl eines alten Mannes ihm Glück bringen werde.

Zwei Minuten später setzte sich die *Alaska* in Richtung Hafenausfahrt in Bewegung. Um sechs Uhr hatte sie diese passiert und der Lotse wünschte ihnen eine gute Reise.

Es war der 20. Februar. Das Wetter war klar. Die Sonne war hinter einer Linie des Horizonts verschwunden, die so glatt wie an einem Sommertag war. Aber nun brach die Nacht an und bald würde es sehr dunkel sein, denn der Mond würde nicht vor zehn Uhr aufgehen. Erik, der die erste Nachtwache hatte, ging leichten Schrittes auf dem Achterdeck umher. Es kam ihm so vor, als ob mit Tudor Brown der böse Geist der Expedition verschwunden sei.

»Vorausgesetzt, dass er nicht darauf verfällt, sich uns auf Malta oder in Suez wieder anzuschließen«, sagte er sich.

Und das war ja tatsächlich möglich, sogar wahrscheinlich, falls Tudor Brown sich den langen Umweg hatte ersparen wollen, den die *Alaska* machen musste, um nach Ägypten zu gelangen. Während das Schiff Frankreich und Spanien umrunden würde, konnte er sich – wenn es ihm gefiel – eine Woche Aufenthalt in Paris oder an irgendeinem anderen Ort der Strecke gestatten und sich dann mit der englisch-ostindischen Überlandpost wieder zur *Alaska* begeben, entweder in Alexandria oder in Suez, vielleicht sogar in Aden, Colombo auf Ceylon, Singapur oder Yokohama.

Aber das war letztlich nur eine Möglichkeit. Momentane Tatsache war, dass er nicht mehr da war, und mehr bedurfte es nicht, um alle zusammen froh zu stimmen.

Auch das Abendessen, das wie gewöhnlich um halb sieben Uhr stattfand, war das herzlichste, das man je hatte. Zum Nachtisch trank man auf den Erfolg der Expedition, den jeder mehr oder weniger deutlich im tiefsten Inneren mit der Abwesenheit Tudor Browns verband. Anschließend stieg man an Deck, um eine Zigarre zu rauchen.

Die Nacht war stockfinster. In der Ferne, im Norden, sah man die Leuchtfeuer von Kap Saint-Mathieu, Pierres Noires und Ouessant. Nach Süden hin ließ man gerade das große Festfeuer von Bec-du-Raz und das Blinkfeuer von Tevennec hinter sich. Das kleine Festfeuer an der Steilküste von Bec-du-Raz, das nur zwei Sektoren nach Westen hin ausleuchtet, der eine von einundvierzig Grad Weite, der andere von dreißig Grad, wurde gerade signalisiert, was belegte, dass man auf dem richtigen Weg war. Querab Backbord zur *Alaska* strahlte das Feuer der Insel Sein; ein Blinkfeuer im Abstand von vier Sekunden mit vorausgehender und nachfolgender Verdunkelung.

Eine gute Brise aus Nordost beschleunigte die Fahrt des Schiffes dadurch, dass sie kräftig backstags[1] über Backbord hereindrückte. Auch rollte es kaum, obwohl das Meer ziemlich bewegt war. Als die Tischgäste an Deck kamen, vollendete der Diensthabende achtern gerade das Einholen der Logge[2].

---

[1] Bei den »Backstage« handelt es sich um das Leinengut von Segelschiffen, die die Maste vom Heck aus halten. Die Verwendung als Adverb in der Seemannssprache erfolgt dann, wenn der Wind nicht ganz genau von achtern kommend, sondern etwas schräg auf das Schiff trifft; also: Eine gute Brise aus Nordost beschleunigte die Fahrt des Schiffes dadurch, dass sie kräftig schräg von hinten über Backbord hereindrückte. Das Segeln im Backstagewind gilt als die vorteilhafteste Art des Segelns, da hier alle Rah- und Stagsegel ziehen können.

[2] Geschwindigkeitsmesser auf Wasserfahrzeugen.

»Zehneinviertel Knoten«, sagte er zu dem Kapitän, der zu ihm getreten war, um das Ergebnis der Maßnahme zu erfahren.

»Eine hübsche Fahrt, die man gern für fünfzig oder sechzig Tage buchen würde!«, sagte der Doktor und lachte dabei.

»In der Tat«, antwortete der Kapitän. »Und in diesem Fall hätten wir nicht einmal mehr eine Menge Kohle zu verfeuern, um die Beringstraße zu erreichen.«

Mit diesen Worten verließ er den Doktor und stieg in seine Kabine hinunter. Dort suchte er aus einem großen offenen Schrank unterhalb seiner Barometer und Chronometer eine leinenunterfütterte Karte heraus, die er auf seinem Kartentisch beim hellen Schein einer riesigen Carcel-Lampe[1], die von der Decke hing, ausbreitete. Es war eine Karte der Britischen Admiralität, die alle Einzelheiten des sogenannten armorikanischen Seegebiets in Gänze anzeigte, das die *Alaska* gegenwärtig durchfuhr, und zwar zwischen dem 47. und dem 49. Grad nördlicher Breite und dem 4. und 5. Grad westlicher Länge von Greenwich. Die Karte hatte einen Umfang von fast einem Quadratmeter. Küsten, Inseln, Fest- und Drehfeuer, Sandbänke und Untiefen, bis hin zu Richtungsanweisungen waren sehr genau darauf markiert. Mit einer solchen Karte und einem Kompass schien sogar ein Kind in der Lage zu sein, auch das größte Schiff durch diese doch so gefährlichen Gegenden zu führen, wo noch unlängst Leutnant Mage[2], ein hervorragender Offizier der Französischen Marine, der Erforscher des Niger, mit all seinen Gefährten von der *Magicienne* – nach der *Sané* und vielen anderen – sein Leben lassen musste.

Das Schicksal wollte es, dass Kapitän Marsilas noch nie in diesen Gewässern unterwegs gewesen war. In der Tat hatte ihn nur die Notwendigkeit, in Brest anzulegen, hierher gebracht; ohne diesen Umstand wäre er weit entfernt daran vorbeigefahren. So konnte er sich lediglich auf ein aufmerksames Studium der Karte verlassen, um auf dem richtigen Weg zu bleiben. Aber die Sache schien äußerst einfach zu sein: Wenn man den Pointe-du-Van, Bec-du-Raz und die Insel Sein, den legendären Aufenthaltsort von neun Druidinnen, der fast immer vom Staub brüllender Wellen verschleiert war, auf der linken

[1] Öllampe, bei der mittels einer kleinen, von einer Uhrwerksfeder angetriebenen Pumpe das Öl zum Docht transportiert wird. Erfunden von dem französischen Uhrmacher Bertrand Guillaume Carcel.

[2] Eugène Abdon Mage (geb. 1837 in Paris, gest. 1869 bei einem Schiffbruch bei Brest), französischer Marineoffizier und Afrikareisender.

Seite ließ, musste man nur direkt nach Westen fahren, um, sobald man sich weit genug entfernt befand, nach Süden abzudrehen.

Das Festfeuer der Insel zeigte klar ihre Position an, und nach der Karte endete die Insel weniger als eine Viertelmeile westlich des Leuchtturms in einer Landspitze mit hoher Steilküste, die von freier See umgeben war, mit Tiefen, die schnell bis zu hundert Meter erreichten. Dieser Orientierungspunkt war in so einer dunklen Nacht sehr wertvoll, und so entschied der Kapitän nach sorgfältiger Prüfung der Karte, ihn enger zu umrunden, als er dies möglicherweise bei Tageslicht getan hätte, das heißt, in einer Entfernung von drei oder vier Meilen zur Küste. Er ging deshalb auf die Brücke, warf einen kurzen Blick auf das Meer und sagte zu Erik, dass er Kurs auf fünfundzwanzig Grad nach Südwest nehmen solle.

Der Befehl schien den jungen Leutnant zu überraschen. »Wirklich nach Südwest?«, fragte er respektvoll, weil er glaubte, falsch gehört zu haben.

»Ich habe gesagt, nach Südwest«, wiederholte der Kapitän etwas barsch. »Gefällt Ihnen diese Route nicht?«

»Wenn Sie mir diese Frage so stellen, Kapitän, muss ich gestehen, nein«, antwortete Erik frei heraus. »Ich hätte es vorgezogen, länger nach Westen zu fahren.«

»Wozu wäre das gut? … Um noch eine Nacht zu verlieren?«

Der Ton des Kapitäns gestattete keine Widerrede. Erik gab den Befehl so weiter, wie er ihn erhalten hatte. Schließlich war sein Vorgesetzter ein erfahrener Seemann, zu dem man volles Vertrauen haben konnte.

So gering sie auch war, so hatte die Richtungsänderung doch genügt, um das Verhalten des Schiffes zu verändern. Die *Alaska* begann kräftig zu schlingern und bei jedem Gieren[1] stach ihr Vorsteven[2] in die Wellen. Ringsumher herrschte nun ein wirres Brodeln kleiner Wellen mit weißen Kämmen. Das Log zeigte vierzehn Knoten und weil die Brise noch auffrischte, hielt Erik es für ratsam, zwei Reffs zu nehmen.

Der Doktor und Herr Bredejord, von einem plötzlichen Unwohlsein befallen, begaben sich unverzüglich hinunter in ihre Kabinen. Der Kapitän, der einige Minuten an Deck auf und ab gegangen war, tat es ihnen bald darauf gleich.

---

[1] Das zickzackförmige Abweichen eines fahrenden Schiffes vom geraden Kurs.
[2] Nach außen stehende vordere Verlängerung des Kiels eines Schiffes.

Kaum war er in seiner Kajüte, als Erik persönlich bei ihm erschien. »Kapitän«, sagte der junge Mann, »ich habe gerade an Backbord verdächtige Geräusche gehört. Man könnte meinen, dass sich Wellen an den Felsen brechen! … Ich fühle mich verpflichtet, Ihnen zu sagen, dass wir meiner Meinung nach eine gefährliche Route verfolgen!«

»Also wirklich, mein Herr, Sie haben ja eine hartnäckige Angst!«, schrie der Kapitän. »Was für eine Gefahr können Sie befürchten, solange wir dieses Leuchtfeuer in gut drei, wenn nicht in vier Meilen Entfernung sehen?«

Und mit ungeduldigem Finger wies er auf der Karte, die noch immer auf seinem Kartentisch ausgebreitet war, auf die Insel Sein, die sich wie ein vorgeschobener Wachtposten am äußersten Punkt des bretonischen Molenkopfes erhob. Erik folgte der Richtung des Fingers. Er sah ganz deutlich, dass in der Tat nahe der steil zerklüfteten und von tiefem Wasser umgebenen Insel keine Gefahr angezeigt war. Nichts konnte in den Augen eines Seemannes beruhigender und maßgebender sein. Und trotzdem: Sie waren keine Einbildung, diese Geräusche sich brechender Wellen, die er auf der linken Seite wahrgenommen hatte, das heißt, unter dem Wind und folglich in geringem Abstand.

Merkwürdigerweise, so dass Erik es sich selbst kaum einzugestehen wagte, schien er in den Umrissen der Küste, die er auf der Karte vor Augen hatte, das düstere und perfide Bild nicht wiederzuerkennen, das sein Gedächtnis von diesen Gegenden bewahrte, die er in den geografischen Abhandlungen beschrieben gesehen hatte. Aber, aber! Einen flüchtigen Eindruck, eine vage Erinnerung einer derart massiven und präzisen Tatsache entgegenzusetzen wie einer Karte der Britischen Admiralität? … Erik wagte das nicht. Die Karten sind eindeutig dafür gemacht, um die Seeleute gegen Irrtümer oder Gedächtnistäuschungen abzusichern. Er verabschiedete sich von seinem Vorgesetzten und stieg wieder hoch.

Noch hatte er nicht den Fuß auf die Brücke gesetzt, als laut ausgerufen wurde: »Klippen an Steuerbord!« Beinahe gleichzeitig erfolgte ein zweiter Ruf: »Klippen an Backbord!« …

Sogleich ertönte an Deck ein Pfiff, begleitet von wirrem Getrampel und einer Reihe von hintereinander ausgeführten Manövern. Die *Alaska* verlangsamte ihre Fahrt und die Maschine lief auf rückwärts … Der Kapitän stürzte zur Treppe.

In diesem Augenblick vernahm er ein dumpfes Geräusch, das dem

Knirschen eines Schlittens im Schnee ähnelte. Plötzlich warf ihn eine schreckliche Erschütterung hintenüber und ließ das Schiff vom Kiel bis zu den Mastspitzen erzittern! … Danach kehrte Ruhe ein und die *Alaska* lag still. Sie steckte wie eine Münze zwischen zwei Unterwasserfelsen.

Kapitän Marsilas, dessen Kopf als Folge des Sturzes blutüberströmt war, erhob sich wieder, um an Deck zu gehen. Dort herrschte ein unglaubliches Chaos. Die verängstigten Matrosen stürzten zu den Booten. Die Wellen brachen sich wütend an dieser neuen Klippe, als welche sich ihnen nun das havarierte Schiff entgegenstellte. Die beiden leuchtenden Augen von Tevennec und der Insel Sein, welche die *Alaska* mit erbarmungsloser Beharrlichkeit anblickten, schienen ihr vorzuwerfen, dass sie sich in die Gefahr gestürzt habe, vor der zu warnen ihre Aufgabe gewesen war. Erik, der wieder auf der Brücke stand und sich über Steuerbord lehnte, versuchte, die Nacht mit Blicken zu durchdringen und das Ausmaß der Katastrophe zu ermessen.

»Nun, Herr Offizier, was ist denn los?«, schrie der Kapitän, noch halb betäubt vom Sturz.

»Es ist, Herr Kapitän, dass wir beim Kurshalten nach Südwesten – nach Ihrem Befehl – auf Klippen gelaufen sind!«, erwiderte Erik.

Kapitän Marsilas sagte kein Wort. Was hätte er auch darauf antworten sollen? … Er drehte auf dem Absatz um und kehrte zur Treppe zurück.

Merkwürdigerweise war die Situation tragisch, und dennoch wirkte sie nicht unmittelbar gefährlich. Die Unbeweglichkeit des Schiffes, die Gegenwart der beiden Leuchtfeuer, die Nähe zum Land, das sich kaum durch die zwei Felsen, zwischen denen sich die *Alaska* wie in einer Zange befand, erkennen ließ – all dies trug dazu bei, aus dieser Katastrophe ein mehr trübseliges als ein schreckliches Abenteuer zu machen. Was Erik betraf, so sah er nur einen Fakt: Die Expedition war plötzlich zu Ende, die Gelegenheit, Patrick O'Donoghan zu finden, war verpasst …

Die etwas aufbrausende Antwort, die ihm die Bitterkeit in seinem Herzen diktiert hatte, wäre ihm besser nicht entschlüpft, denn nun bedauerte er sie. Daher verließ er die Brücke, um hinabzusteigen und den Vorgesetzten mit der großmütigen Absicht aufzusuchen, ihm Mut zuzusprechen, falls dies möglich war.

Aber der Kapitän war verschwunden. Es waren noch keine drei Minuten verstrichen, da ertönte ein Schuss aus seiner Kabine.

Erik versuchte das Ausmaß des Unglücks zu erfassen.

Erik rannte dorthin. Die Tür war von innen verschlossen. Er stieß sie mit einem Fußtritt auf. Kapitän Marsilas lag auf dem Teppich, die Stirn war offen und zertrümmert; in der rechten Hand hielt er einen Revolver.

Weil er gesehen hatte, dass das Schiff aufgrund seines Fehlers verloren war, hatte er sich eine Kugel in den Kopf gejagt. Der Tod war sofort eingetreten. Der Doktor und Herr Bredejord, die dem jungen Leutnant gefolgt waren, konnten das nur bestätigen.

Aber dies war nicht der Moment für sinnloses Bedauern. Erik, der den beiden Freunden die Mühe überließ, die Leiche hochzuheben und auf das Kabinenbett zu legen, musste wieder an Deck eilen und an das Wohl der Besatzung denken.

Als er an der Kabine des Herrn Malarius vorbeikam, öffnete jener hervorragende Mann, der wegen der Unbeweglichkeit des Schiffes oder aber von dem Schuss erwacht war, seine Tür und steckte seinen weißen Kopf, der mit der unvermeidlichen schwarzen Seidenkappe bedeckt war, nach draußen. Seit Brest hatte er ununterbrochen geschlafen und überhaupt nichts mitbekommen.

»Was ist denn los? Was gibt es?«, fragte er vorsichtig.

»Was es gibt?«, antwortete ihm Erik. »Das gibt es, mein verehrter Herr Lehrer, dass die *Alaska* auf der Seite liegt und der Kapitän sich soeben umgebracht hat!«

»Oh!«, schrie Herr Malarius zuhöchst überrascht. »Aber dann, mein Kind, können wir uns von unserer Expedition verabschieden!«

»Das, werter Herr Lehrer, ist eine andere Sache«, erwiderte Erik. »Ich bin nicht tot, ich nicht, und solange noch ein Hauch von Leben in mir ist, werde ich sagen: Vorwärts!«

14. Kapitel
Die Basse-Froide

Die *Alaska* war mit einer solchen Wucht zwischen die Felsen geworfen worden, dass sie dort regelrecht wie festgewachsen war und vollständig unbeweglich verharrte. Es sah nicht so aus, als ob die Situation für die Besatzung unmittelbar kritisch werden könnte. Die Wellen, welche auf das ungewöhnliche Hindernis trafen, brandeten kräftig dagegen, wobei sie über das ganze Deck fegten und ihre Gischt bis ins Mastwerk schleuderten. Aber die See war nicht heftig genug, als dass sie eine dringliche Gefahr gebildet hätte. Wenn sich das Wetter nicht änderte, konnte man damit rechnen, dass bis Tagesanbruch kein weiteres Unglück zu erwarten war.

Erik sah das auf einen Blick. In seiner Eigenschaft als Erster Offizier hatte er natürlich das Kommando übernommen. Nachdem er Befehl gegeben hatte, sorgfältig die Ladeluken und Bullaugen zu schließen sowie alle Öffnungen mit Teerplanen abzudecken, für den Fall, dass das Meer stürmischer werden sollte, ging er in Begleitung des Schiffszimmermannes in den Kielraum hinunter. Dort stellte er mit großer Befriedigung fest, dass kein Leck entstanden war. Die Außenhaut der *Alaska* hatte offensichtlich ihren inneren Rumpf geschützt, und die ergriffene Vorsichtsmaßnahme hinsichtlich des Polareises hatte sich dem armorikanischen Riff gegenüber als höchst wirksam erwiesen. Tatsache hingegen war, dass die Dampfmaschine, aufgrund der furchtbaren Erschütterung aus dem Takt gebracht, abrupt zum Stillstand gekommen war. Aber es hatte keine Explosion gegeben und so hatte man keinen Personenschaden zu beklagen. Erik beschloss, den Tag abzuwarten, um, falls es nötig sein sollte, alle von Bord gehen zu lassen.

Er begnügte sich damit, die Kanone abzufeuern, um von der Insel Sein her Hilfe anzufordern, sowie die Dampfschaluppe zu Wasser zu lassen, um sie nach Lorient zu entsenden.

»Nirgendwo«, so sagte er sich zu Recht, »würde es eine Möglichkeit geben, raschere und bessere Mittel zur Bergung vorzufinden, als in diesem großen Marinearsenal Westfrankreichs!«

So schöpfte er in dieser tragischen Stunde, in der jeder an Bord alles für unwiederbringlich verloren hielt, bereits wieder Hoffnung. Oder besser gesagt, war seine unerschrockene Seele eine von denen, welche keine Entmutigung kennen und sich niemals für besiegt erklären.

»Wenn es nur möglich wäre, die *Alaska* zu bergen«, dachte er, »dann werden wir schon sehen, wer hier das letzte Wort haben wird!«

Aber er hütete sich, diese Hoffnung zum Ausdruck zu bringen, welche die anderen zweifellos als unrealistisch empfinden würden. So sagte er nur, als er aus dem Kielraum zurückkehrte, dass gegenwärtig alles in Ordnung sei und dass man jede Menge Zeit habe, um auf das Eintreffen von Hilfe zu warten. Dann ließ er an die ganze Besatzung Tee mit Rum verteilen.

Es bedurfte nicht mehr, um diese großen Kinder in gute Laune zu versetzen. Das Ausbringen der Dampfschaluppe vollzog sich daher mit sehr viel Elan.

Als dies geschehen war, kündigten Raketen, die von dem Leuchtturm von Sein abgefeuert wurden, an, dass man zu dem havarierten Schiff kommen werde. Bald zeigten sich in der Nacht zwei rote Lichter auf der Luvseite der *Alaska*. Stimmen riefen. Man konnte ihnen antworten und erfahren, dass der Schiffbruch auf der Basse-Froide der Chaussée de Sein erfolgt sei. Eine gute Stunde verging, bevor ein Boot andocken konnte, weil die Brandung stark und das Unternehmen gefährlich war. Aber schließlich schafften es die sechs Männer, die darin saßen, eine Trosse zu ergreifen und sich auf die *Alaska* zu hieven.

Es waren sechs derbe Fischer von der Île de Sein, große und unerschrockene Burschen, die nicht zum ersten Mal Rettungsdienste versahen. Sie stimmten voll und ganz dem Einfall zu, Hilfe in Lorient zu erbitten, denn der kleine Inselhafen konnte nicht die notwendigen Mittel zur Verfügung stellen. Es wurde vereinbart, dass zwei von ihnen in der Dampfschaluppe mit Herrn Hersebom und Otto aufbrechen sollten, sobald der Mond über dem Horizont aufgegangen sei.

Während man darauf wartete, gaben sie einige Auskünfte über den Schauplatz des Schiffbruches.

Die Chaussée de Sein ist eine Untiefe in Form einer Spitze, welche sich von der Insel Sein in Richtung Westen über neun Meilen erstreckt. Diese teilt sich in zwei Teile, in die Pont de Sein und die Basse-Froide.[1]

Die Pont de Sein ist ungefähr vier Meilen lang und eineinhalb Meilen breit. Sie besteht aus einer Reihe ziemlich hoher Felsen, welche über Wasser eine Kette bilden. Die Basse-Froide verlängert die Pont de Sein um fünf Meilen in der Länge und eine Zweidrittelmeile durchschnittlicher Breite. Auch sie besteht aus zahlreichen Klippen, die bei Hochwasser nicht zu sehen sind und von denen sich nur eine kleine Anzahl bei Niedrigwasser zeigt. Die wichtigsten sind Cornengen, Schomeur, Cornoc-ar-Goulet, Bas-Ven, Madiou und Ar-Men. Diese sind die ungefährlichsten, weil sie sichtbar sind. Die Anzahl und Unregelmäßigkeit der bisher nur unvollständig bekannten unterseeischen Felsenriffe, die außergewöhnliche Gewalt des Meeres auf der Sandbank und die Strömungen, welche in alle Richtungen verlaufen, bergen die große Gefahr in sich, aufzulaufen, und sind Ursache für zahlreiche Schiffsunglücke. Die Leuchttürme der Insel Sein und von Bec-du-Raz sind bereits auf eine Art und Weise aufgestellt worden, dass sie die Linie der Chaussée anzeigen, die so von den aus Westen kommenden Schiffen erkannt und vermieden werden kann. Aber für die, die aus dem Süden kommen, ist sie gefährlich geblieben, so dass man sich schon seit Langem verpflichtet sah, eine Möglichkeit zu schaffen, den Endpunkt durch ein besonderes Leuchtfeuer zu kennzeichnen. Unglücklicherweise gibt es an diesem äußersten Ende weder eine Insel noch aus dem Wasser ragende Felsen, worauf man etwas errichten könnte, und die innewohnende Gewalt des Meeres erlaubt auch nicht, ein schwimmendes Leuchtfeuer in Betracht zu ziehen.

---

[1] Pont de Sein bedeutet im Wortsinn »Brücke von Sein«, d.h. eine Verbindung von der Insel Sein zu den Untiefen der Basse-Froide, was wiederum mit »kalter (und in diesem Sinne mit ›grausamer‹) Untiefe« übersetzt werden kann.

Es waren sechs derbe Fischer, welche nicht das erste Mal zu einer Rettung ausfuhren.

Also hatte man beschlossen, einen Leuchtturm auf dem Felsen Ar-Men zu errichten, der etwa drei Meilen von der äußersten Spitze entfernt ist. Bisher sind die Arbeiten mit so großen Schwierigkeiten verbunden, dass dieser Leuchtturm, mit dem man 1867 begonnen hat, 1879, also zwölf Jahre später, erst die halbe Höhe, das heißt dreizehn Meter über dem Wasser, erreicht hat.[1] Es wird von manchem Jahr berichtet, in dem es nicht möglich gewesen ist, mehr als acht Stunden lang dort zu arbeiten, obwohl die Arbeiter unentwegt auf den günstigsten Moment gewartet hatten. Zum Zeitpunkt der Katastrophe der *Alaska* existierte der Leuchtturm somit erst als Projekt.

Aber das genügte nicht als Erklärung dafür, dass man sich beim Verlassen von Brest in eine derartige Gefahr hätte begeben müssen.

[1] Die Arbeiten an dem Leuchtturm konnten schließlich 1881, nach vierzehn Jahren Bauzeit, vollendet werden.

Erik nahm sich fest vor, dieser Frage sofort nachzugehen, nachdem die Dampfschaluppe abgefahren sein würde.

Bald konnte diese Abfahrt bewerkstelligt werden; der Mond würde nicht mehr lange auf sich warten lassen. Der junge Kapitän beschloss nun, dass die diensthabende Wache allein an Deck bleiben, während sich die andere wie gewohnt zur Ruhe begeben solle. Dann stieg er in die Kammer hinunter, wo der tote Kapitän aufgebahrt lag.[1]

Herr Bredejord, Herr Malarius und der Doktor wachten noch bei dem Leichnam. Als Erik eintrat, standen sie auf.

»Mein armes Kind, was hat es mit dieser Tragödie auf sich und wie ist es zu dem Ganzen gekommen?«, fragte der Doktor.

»Das ist unerklärlich«, erwiderte der junge Mann, indem er sich über die auf dem Tisch des Toten ausgebreitete Karte beugte. »Ich spürte unwillkürlich, und das habe ich ihm gesagt, dass wir keinen guten Kurs steuerten. Aber meiner Einschätzung nach, die wohl die ganze Welt teilen würde, befinden wir uns drei Meilen westlich von diesem Feuer, etwa hier«, fügte er hinzu und zeigte auf einen Punkt auf der Karte, »und Sie sehen, dass hier auf keinerlei Gefahr hingewiesen wird … weder auf eine Sandbank noch auf Riffe! …

Die dunkle Farbe für große Wassertiefen! … Das ist unbegreiflich! … Und man kann wohl auch keinen Fehler auf der Karte der Britischen Admiralität vermuten; in einer derart bekannten Meeresregion, die seit Jahrhunderten so sorgfältig aufgenommen wird! … Was hier passiert, ist so absurd wie ein Alptraum!«

»Kann es nicht einen Irrtum bezüglich der Position gegeben haben? Wurde vielleicht ein Feuer für ein anderes gehalten und geschieht das vielleicht jetzt noch?«, fragte Herr Bredejord.

»Das ist auf einer solch kurzen Strecke wie der unsrigen seit dem Verlassen von Brest schier unmöglich«, sagte Erik. »Bedenken Sie doch, dass wir das Land keinen Augenblick aus den Augen verloren haben und ständig von einem Orientierungspunkt zum nächsten gefahren sind! Man müsste annehmen, dass eines der Feuer, die in der Karte eingetragen sind, nicht geleuchtet oder dass man ein zusätzliches Feuer aufgestellt hat; mit einem Wort, Unwahrscheinliches vermuten! … Abgesehen davon, dass dies keinesfalls genügt hätte, denn unsere Fahrt ist so regelmäßig verlaufen und unsere Geschwin-

[1] Im Original *»chambre d'honneur«*. Wörtlich »Ehrenzimmer«, ein vornehm eingerichtetes Zimmer oder Salon zur Beherbergung von wichtigen Persönlichkeiten.

digkeit so sorgfältig anhand der Logge bestimmt worden, dass es sozusagen keinen unstatthaften Fehler gibt! Wir können unsere Route grafisch auf fünfhundert Meter genau darstellen. Das Ende dieser Grafik entspricht genau der Position, welche uns die aktuelle Beobachtung in Bezug auf das Leuchtfeuer der Insel Sein zeigt … Tatsache ist dennoch, dass wir auf einer Klippe sitzen, obwohl wir nach der Karte dreihundert Meter Wasser unter uns haben sollten!«

»Aber wie soll das denn enden? Das müsste man doch wissen!«, rief der Doktor.

»Das werden wir bald erfahren«, erwiderte Erik, »falls die Seebehörden etwas Dienstbeflissenheit an den Tag legen wollen, um uns Hilfe zu senden. Im Augenblick können wir nur warten, und das Beste für uns wird sein, uns erstmal friedlich schlafen zu legen, als ob wir in der sichersten Bucht vor Anker liegen würden!«

Der junge Kapitän fügte nicht hinzu, dass er sich persönlich der Mühe unterziehen werde, die Nachtwache zu übernehmen, damit seine Freunde sich erholen könnten. Und so hielt er es die ganze Nacht: Bald ging er an Deck auf und ab, um sich zu vergewissern, dass die Wachen ihren Dienst gut versahen, bald stieg er für ein paar Minuten in den Salon hinab.

Als der Tag dämmerte, konnte er mit Befriedigung feststellen, dass der Seegang mit der Brise zusehends nachließ. Ebenso erkannte er, dass die Tide[1] auf ihrem niedrigsten Stand war und damit die *Alaska* bald trocken liegen würde. Dies machte ihm Hoffnung, sich auf schnellstem Wege Klarheit über das Ausmaß der Katastrophe zu verschaffen, und tatsächlich war es gegen sieben Uhr morgens möglich, diese Überprüfung vorzunehmen.

Das Schiff sah aus, wie wenn es von diesen Felszacken, die aus der Sandbank aufragten, aufgespießt worden wäre. Drei dieser Spitzen hatten die äußere Beplankung im Augenblick des Schiffbruches durchstochen und hielten es fest, so wie es auch Stützbalken getan hätten. Die Richtung dieser Stützbalken, welche nach Norden geneigt waren, das heißt, in die entgegengesetzte Fahrtrichtung der *Alaska* zum Zeitpunkt der Havarie, erklärte, dass sie am Rande dieser Sandbank abrupt gestoppt und daran gehindert worden war, noch weiter auf die Klippen geworfen zu werden. Das von Erik kommandierte Manöver des letzten Augenblicks hatte ebenfalls zu einem weniger

[1] Gezeiten; Ebbe und Flut.

schrecklichen Aufprall beigetragen. Da die Maschine einige Sekunden vor der Berührung auf rückwärts lief, war das Schiff durch nicht mehr Wucht auf das Riff geschoben worden, als durch den Rest, der ihm von der ursprünglichen Geschwindigkeit verblieben war, und durch die Kraft der Strömung. Es gab keinen Zweifel daran, dass es sonst in Stücke gerissen worden wäre. Weil andererseits die Brise und die Wellen während der ganzen Nacht die eingeschlagene Richtung beibehielten, hatten sie der *Alaska* dazu verholfen, sich an Ort und Stelle zu halten, statt sie weiter auf die Felsen zu werfen, was bei einer Änderung der Windrichtung nicht ausgeblieben wäre. Insgesamt gesehen war es nicht möglich gewesen, bei einer solchen Katastrophe ein größeres Glück zu haben.

Das ganze Problem bestand jetzt darin, das Schiff flott zu machen, bevor ein Windstoß die günstigen Bedingungen verändern würde.

Erik beschloss, keine Minute zu verlieren. Sofort nach dem Frühstück der Besatzung setzte er alle zur Arbeit ein, um mit kräftigen Axtschlägen die drei Hauptwunden, welche die Felsspitzen verursacht hatten, an der äußeren Beplankung zu erweitern. Ein aus Lorient geschickter Schlepper, der rechtzeitig einträfe, könnte bei Hochwasser die *Alaska* nahezu mühelos befreien. Man kann sich vorstellen, dass der junge Leutnant den Horizont ungeduldig nach dem geringsten Anzeichen von Rauch absuchte.

Alles geschah, wie er es sich wünschte. Zunächst blieb das Wetter so ruhig und so mild, wie man es erhofft hatte. Dann erschien gegen Mittag an der Seite der *Alaska* ein Aviso[1], gefolgt von einem Schlepper. Der Aviso wurde von einem Kapitänleutnant befehligt, der sich den Schiffbrüchigen höflich zur Verfügung stellte.

Erik und der Stab des schwedischen Schiffes empfingen ihn am Fallreep, wie das üblich war; dann stieg man in den Salon hinunter.

»Aber erklären Sie mir doch«, bat der Leutnant, »wie es kam, dass Sie von Brest auslaufend auf die Chaussée de Sein gelangt sind«, fragte er Erik.

»Das wird Ihnen diese Karte erklären«, erwiderte Erik, »darauf wird auf keinerlei Gefahr hingewiesen!«

Der französische Offizier studierte zunächst mit Neugierde, dann mit Verblüffung die geografischen Aufzeichnungen, die man ihm vorlegte.

---

[1] Kleines, schnelles Kriegsschiff das zu Kurierdiensten bzw. Nachrichtenübermittlungen eingesetzt wurde.

»Tatsächlich, die Basse-Froide ist darauf nicht eingetragen … und die Pont de Sein auch nicht!«, rief er. »Das ist ein unglaubliches Versäumnis! … Wie? Und die blaue Farbe großer Meerestiefen in der Nähe der Insel! … Und dieses Steilküstenprofil … bis zur Position des Leuchtturms, der falsch angegeben ist! … Sie sehen mich von einer Überraschung in die nächste geraten! … Aber das ist ja eine Karte der Britischen Admiralität! … Wenn es eine verkehrte Karte gibt, so ist das gewiss diese! … Es sieht so aus, als ob jemand ein Vergnügen dabei empfunden hätte, sie irreführend und heimtückisch zu fälschen! … Die früheren Seefahrer spielten ihren Rivalen gern solche Streiche! Ich hätte niemals geglaubt, dass man auch in England eine solche Tradition bewahrt haben könnte!«

»Ist es denn sicher, dass es sich um England handelt?«, fragte Herr Bredejord mit seiner hohen Stimme. »Was mich betrifft, so habe ich eine andere Vermutung: Diese Karte könnte nämlich eine Fälschung und einfach von krimineller Hand in das Fach der *Alaska* gelegt worden sein!«

»Von Tudor Brown!«, rief Erik ungestüm. »Beim Abendessen beim Präfekten in Brest! … Als er nämlich unter dem Vorwand in die Kapitänskabine eindrang, eine Karte einsehen zu wollen! … Oh, der Elende! War das der Grund, weshalb er nicht mehr an Bord gesehen wurde?«

»Das scheint ganz offensichtlich so zu sein!«, sagte Dr. Schwaryencrona, »und deshalb kann man bei solch einer abscheulichen Tat nur Abgründe der Ruchlosigkeit vermuten! … Mit welcher Absicht mag er sie verübt haben? …«

»Und mit welchem Ziel ist er extra nach Stockholm gekommen, um Ihnen zu sagen, dass Patrick O'Donoghan tot sei?«, erwiderte Herr Bredejord. »Zu welchem Zweck hat er fünfundzwanzigtausend Kronen für die Reise der *Alaska* gespendet, als die Ausführung dieser Reise mehr als ungewiss war? … Zu welchem Zweck ist er mit uns an Bord gegangen, um uns in Brest zu verlassen? …

Ich finde wirklich, dass man blind sein muss, um jetzt nicht zwischen diesen Fakten eine ebenso logische wie erschreckende Verkettung zu sehen! Worin bestand bei alldem das Interesse Tudor Browns? Ich weiß es nicht. Aber dieses Interesse muss zweifellos so schwerwiegend, so furchtbar sein, das er nicht vor derartigen Mitteln zurückschreckte, um unsere Erfolge zu hemmen. Denn, davon bin ich jetzt überzeugt, er war es, der uns zum Anlaufen von Brest veranlasst hat, und er war es, der uns eigenhändig zu den Klippen gelotst hat, wo wir den Tod finden sollten!«

»Er konnte aber schwerlich die Route voraussehen, die der Kapitän gewählt hat«, warf Herr Malarius fairerweise ein.

»Warum? Hat nicht gerade die Veränderung, welche er auf der Karte vornahm, diese Route nahegelegt? Nach drei Tagen Verzögerung war er sich sicher, dass Kapitän Marsilas die verlorene Zeit wieder hereinholen und den kürzesten Weg nehmen würde. Den freien Zugang zum Meer am Rande von Sein vermutend und nach Süden gehend, würde er in neun von zehn Fällen auf der Chaussée de Sein stranden! …«

»Das ist richtig«, sagte Erik, »aber ein Beweis für die Ungewissheit dieses Vorgehens ist, dass ich beim Kapitän darauf gedrängt hatte, Kurs nach Westen zu nehmen.«

»Und wer sagt, dass nicht auch noch andere Karten bereitlagen, um uns über andere Gegenden zu täuschen, falls wir der Basse-Froide entgehen würden?«, rief Herr Bredejord.

»Das ist leicht zu überprüfen«, erwiderte Erik und entnahm dem Ablagefach alle einzelnen Detailkarten, die er darin fand.

Die erste, die er öffnete, war die von La Coruña, und nach nur einem kurzen Blick wies der französische Offizier auf zwei oder drei schwerwiegende Fehler hin. Die zweite war die von Kap Saint-Vincent; da war es das Gleiche. Die dritte war die von Gibraltar. Hier sprangen die falschen Angaben direkt ins Auge. Eine weitere Überprüfung wäre überflüssig gewesen und es konnte keinen Zweifel mehr geben. Wenn die *Alaska* nicht auf der Chaussée de Sein Schiffbruch erlitten hätte, dann wäre es unausweichlich andernorts vor der Ankunft in Malta geschehen.

Was Tudor Browns Vorgehensweise anbelangt, um die Sabotageakte vorzubereiten, so genügte zur Aufklärung eine sorgfältige Überprüfung der Karten. Dies waren zwar Karten der Englischen Admiralität, in denen aber durch chemische Behandlung Teilbereiche ausgelöscht und dergestalt verändert worden waren, dass man falsche Angaben unter die richtigen gemischt hatte. So geschickt diese Retuschierungen auch waren, erkannte man nunmehr, wo man Kenntnis davon hatte, leichte Unterschiede hinsichtlich der Farbe und des Farbtons. Schließlich und endlich ließ ein Umstand keinen Zweifel mehr offen über die Absicht des Schuldigen: Die Karten der *Alaska* trugen den Stempel des schwedischen Marineministeriums, jene aber, welche der Sammlung hinzugefügt worden waren, trugen keinen. Der Fälscher hatte angenommen, dass man sie sich schon nicht so genau ansehen und in den Tod fahren würde.

Diese aufeinanderfolgenden Entdeckungen hatten alle an der Untersuchung Beteiligten in Bestürzung versetzt. Erik brach als Erster das tiefe Schweigen, das auf das Gespräch gefolgt war.

»Armer Kapitän Marsilas!«, sagte er mit bewegter Stimme. »Er war es, der für uns alle bezahlt hat! ... Aber da wir fast wie durch ein Wunder dem uns zugedachten Schicksal entgangen sind, versuchen wir nun zumindest, nichts mehr dem Zufall zu überlassen! ... Die Flut steigt und wird bald so hoch sein, dass es möglich sein wird, die *Alaska* frei zu bekommen! ... Wenn Sie wollen, meine Herren, werden wir uns ohne Verzögerung damit befassen!«

Er sprach mit natürlicher Autorität und bescheidener Würde, die bereits sein Verantwortungsgefühl in ihm geweckt hatten. Sich in seinem Alter und unter solchen Umständen bereits zu Beginn einer so gefährlichen Expedition mit der Befehlsgewalt über ein Schiff beauftragt zu sehen, war sicherlich ein unvorhergesehenes Abenteuer. Aber er hatte nach dem vorherigen Abend die Gewissheit, allen Aufgaben gewachsen zu sein, er wusste, dass er sich auf sich selbst und seine Besatzung verlassen konnte, und dieser Umstand hatte ihn völlig verwandelt. Das Kind von gestern war heute zu einem Mann geworden. Die Flamme der Helden leuchtete in seinen Augen. Sein starker Einfluss bemächtigte sich unwiderstehlich seiner ganzen Umgebung. Herr Bredejord und der Doktor nahmen ihn hin wie alle anderen auch.

Das Unterfangen, welches durch die Arbeiten am Vormittag vorbereitet worden war, gestaltete sich viel leichter, als man erwartet hatte. Angehoben durch die Flut, brauchte das Schiff gewissermaßen nur aus den Felsspitzen, die es festhielten, herausgezogen zu werden. Es war ausreichend, dass der Schlepper sich in Bewegung setzte und damit einen Zug auf die Achterleinen ausübte, um das Schiff unter dem Knirschen des hinter sich hergezogenen Holzes und eingerissener Planken aus der schrecklichen Umklammerung zu reißen, und mit einem Mal war es vollständig befreit.

Durch das Wasser, das einige seiner abgeschotteten Abteilungen überflutet hatte, schwerer geworden und der Hilfe seiner auf Grund gestoßenen Schiffsschraube sowie seiner stillstehenden Maschine beraubt, war es aber trotz allem manövrierbar, denn es gehorchte der

Pinne[1] und war mit seinen zwei Focks[2] und dem Marssegel[3] seetüchtig, wenn das notwendig gewesen wäre.

Die Besatzung, vollständig an Deck versammelt, hatte mit ziemlich verständlicher Bewegung die Höhepunkte dieser entscheidenden Anstrengung mitverfolgt und begrüßte die Befreiung der *Alaska* mit Hurrarufen. Der französische Aviso und der Schlepper antworteten auf diese Freudenrufe mit ähnlichem Jubel. Es war drei Uhr nachmittags. Ganz nahe dem Horizont überflutete eine wunderbare Februarsonne das ruhige und glitzernde Meer mit einem Licht, das den Sand und die Felsen von Basse-Froide vollends überzog, wie um jegliche Erinnerung an das nächtliche Drama auszulöschen.

Noch am selben Abend war die *Alaska* auf der Reede von Lorient in Sicherheit. Am nächsten Tag erlaubten die französischen Seebehörden in vorbildlicher Bereitwilligkeit ihre Verbringung in eines der Trockendocks von Caudan. Die Schäden am Rumpf waren nicht schwerwiegend; die an der Maschine waren komplizierter, aber reparierbar. Vielleicht hätten sie trotzdem überall sonst zu sehr langen Wartezeiten geführt. Aber wie von Erik vorhergesehen hätten sie nirgendwo auf der Welt – von einem Tag auf den anderen – so wertvolle Hilfsquellen gefunden, wie sie ihnen die Schiffswerften, die Schmiede und die Gießereien Lorients boten. Das Haus Gamard, Norris & Co. verpflichtete sich, alles innerhalb von drei Wochen zu reparieren. Man schrieb den 23. Februar, also würde man am 16. März den Weg – diesmal mit guten Karten – fortsetzen können.

Dies würde ihnen dreieinhalb Monate Zeit lassen, um die Beringstraße bis Ende Juni zu erreichen. Das Unterfangen war nicht unmöglich, obwohl es ziemlich eng werden würde. Erik wollte auf keinen Fall zulassen, dass man es aufgab. Er fürchtete nur eine Sache, und das war, dass er dazu gezwungen werden könnte. Daher hatte er sich aus Angst, zurückgerufen zu werden, geweigert, einen Bericht über den Schiffbruch nach Stockholm zu senden, und aus Furcht, durch polizeiliche Anordnung aufgehalten zu werden, vor Gericht keine Klage gegen den mutmaßlichen Urheber des Anschlags eingereicht.

Doch wer weiß, ob Straffreiheit Tudor Brown nicht dazu ermuti-

[1] Hebelarm, mit dem das Steuerruder eines Schiffes bewegt wird.
[2] Unterste Rahsegel am vordersten Mast von Segelschiffen.
[3] Zwischen Unterrah und Marsrah (Mars = Teil der Verlängerung der Maste) ausgespanntes Segel.

gen würde, neue Hindernisse auf dem Weg der *Alaska* auszustreuen? Das war es, was sich Herr Bredejord und der Doktor fragten, als sie mit Herrn Malarius in dem kleinen Salon des Hotels, wo sie nach ihrer Ankunft in Lorient abgestiegen waren, Whist spielten.

Herr Bredejord hatte diesbezüglich keinerlei Zweifel. Wenn ein Schurke wie dieser Tudor Brown vom Scheitern seines Versuches erfuhr – und wer konnte daran zweifeln, dass er davon erfuhr? –, so würde er vor nichts zurückschrecken, um ihn zu erneuern. Es war nichts weiter als ein Traum, es war Wahnsinn zu glauben, dass man jemals die Beringstraße erreichen würde. Herr Bredejord wusste nicht, wie Tudor Brown es anstellen würde, das zu verhindern; aber er war sich sicher, dass dieser ein Mittel finden würde. Dr. Schwaryencrona neigte dazu, das Gleiche zu denken, und Herr Malarius war kaum weniger besorgt. So schwebte Entmutigung über diesen Whistpartien, und die Spaziergänge, welche die drei Freunde in die Umgebung der Stadt unternahmen, waren keineswegs erfreulicher. Ihre große Sorge galt der Überwachung der Arbeiten am Grabmal, das man für Kapitän Marsilas errichtete, an dessen Begräbnis ganz Lorient teilgenommen hatte. Und der Anblick dieser letzten Ruhestätte war nicht geeignet, die Überlebenden der *Alaska* mit rosafarbenen Vorstellungen zu erfüllen.

Aber sie mussten nur auf Erik treffen, um wieder Hoffnung zu schöpfen. Seine Entschlossenheit war so unerschütterlich und seine Aktivität so ungebrochen; er zeigte einen so starken Willen, alle Hindernisse zu beseitigen, welcher Art sie auch immer sein mochten, und war sich sicher, sie zu besiegen, dass es unmöglich war, etwas dagegen zu sagen oder selbst im Innersten weniger heldenhafte Gefühle zu hegen.

Ein neuerlicher Vorfall bezeugte dabei, dass Tudor Brown einen bestimmten Plan verfolgte. Am Abend des 14. März hatte Erik gesehen, dass die Arbeiten an der Maschine fast abgeschlossen waren. Lediglich eine der Pumpen musste noch instand gesetzt werden und das sollte am nächsten Tag geschehen. Zur vereinbarten Zeit würde alles fertig sein. Aber in der Nacht vom 14. auf den 15. verschwand der Pumpenzylinder aus den Werkstätten der Herren Gamard, Norris & Co. und es erwies sich als unmöglich, ihn wiederzufinden. Wie war er entwendet worden? Wer waren die Akteure? Dies konnte selbst durch sorgfältigste Untersuchung nicht festgestellt werden.

Tatsache blieb, dass nun zehn weitere Tage nötig waren, um diese

Arbeit zu wiederholen, was die Abfahrt der *Alaska* auf den 25. März verschob.

Merkwürdigerweise hatte dieser Vorfall größeren Einfluss auf Eriks Meinung ausgeübt als der Schiffbruch selbst. Er erblickte darin das tatsächliche Kennzeichen eines beharrlichen Wunsches, die Reise der *Alaska* zu verhindern. Und diese Offensichtlichkeit verdoppelte seinen glühenden Wunsch erst recht, sie erfolgreich durchzuführen.

Die zehn Tage Verzögerung widmete er ausschließlich der Untersuchung dieses Problems von allen Seiten. Je mehr er darüber nachdachte, umso mehr kam er zu der Überzeugung, dass er mit einem Misserfolg, wenn nicht sogar mit einem nicht mehr gut zu machenden Verhängnis rechnen musste, wenn er sich vornahm, die Beringstraße auf einem Tudor Brown bekannten Reiseweg in drei Monaten zu erreichen, zumal sich die *Alaska* vierzig Tage, nachdem sie Stockholm verlassen hatte, noch immer in Lorient befand.

Diese Schlussfolgerung hielt ihn nicht auf; sie veranlasste ihn aber zu der Einsicht, dass eine Änderung des ursprünglichen Plans unerlässlich war. Er war im Übrigen vorsichtig genug, nichts davon zu sagen, weil er sich zu Recht sagte, dass Geheimhaltung die erste Bedingung zum Sieg war. Er begnügte sich daher damit, die Reparaturarbeiten noch intensiver als je zuvor zu überwachen.

Seine Begleiter meinten jedoch wahrzunehmen, dass er es nunmehr weniger eilig habe, wieder aufzubrechen. Sie kamen zu dem Schluss, dass er das Unternehmen im Grunde für undurchführbar halte, was sie für ihren Teil nun auch selbst dachten. Diesbezüglich irrten sie sich.

Am Mittag des 25. März wurde die *Alaska* aus dem Dock geholt, verließ die Reede und stach in See.

15. Kapitel
Der kürzeste Weg

Die Küsten Frankreichs verschwanden am Horizont, als Erik seine drei Freunde und Berater im Salon zu einer ernsten Unterredung zusammenrief.

»Ich habe viel nachgedacht«, sagte er zu ihnen, »über die Umstände, die unsere Reise seit dem Tag, als wir Stockholm verlassen haben, geprägt haben. Es drängt sich die Annahme auf, dass wir auf unserem Weg auch noch mit weiteren Hindernissen oder Widrigkeiten rechnen müssen. Derjenige, der es gewagt hat, uns auf der Basse-Froide in den Tod zu schicken, wird sich nicht geschlagen geben! … Vielleicht lauert er uns bereits bei Gibraltar, Malta oder anderswo auf … Wenn es ihm nicht gelingt, uns ins Verderben zu stürzen, so erscheint es mir zumindest als gewiss, dass er es schaffen wird, uns aufzuhalten … Wir werden daher die Beringstraße bestimmt nicht im Sommer erreichen, der einzigen Jahreszeit, in welcher das Eismeer zugänglich ist!«

»Das ist auch meine Schlussfolgerung«, erklärte Herr Bredejord. »Ich hatte sie für mich behalten, weil es mir nicht angebracht erschien, dir alle Hoffnung zu nehmen, mein liebes Kind. Aber ich bin mir sicher, dass wir nun darauf verzichten müssen, in drei Monaten die Entfernung zu überwinden, die uns von der Beringstraße trennt.«

»Das ist auch meine Meinung«, sagte der Doktor, und Herr Malarius seinerseits drückte durch ein Kopfnicken aus, dass auch er diese Auffassung teilte.

»Nun gut«, erwiderte Erik, »dies vorausgesetzt, welche Marschroute sollten wir unter dieser Annahme wählen?«

»Da gibt es nur eine vernünftige und den gegebenen Zwängen folgende Entscheidung«, erwiderte Herr Bredejord, »und das ist der Verzicht auf unser Unternehmen, das wir als nicht realisierbar erkennen, und damit die Rückkehr nach Stockholm. Du hast begriffen, mein Kind, dieser Notwendigkeit ins Gesicht sehen zu müssen, und ich beglückwünsche dich im Namen von uns allen dazu.«

»Das ist ein Kompliment, das ich nicht annehmen kann«, rief Erik lächelnd, »denn ich verdiene es nicht. Nein! Ich denke überhaupt nicht daran, auf unser Unternehmen zu verzichten, und bin weit davon entfernt, es als nicht realisierbar anzusehen! … Ich glaube nur, um es gut zu Ende zu bringen, dass es notwendig ist, die Machenschaften des Verbrechers, der uns auflauert, zu vereiteln. Und zu diesem Zweck muss unsere erste Maßnahme eine vollständige Änderung unserer Route sein.«

»Eine Änderung der Route kann die Schwierigkeiten nur noch erschweren«, erwiderte der Doktor, »denn wir haben den direktesten Weg eingehalten. Wenn es auf dem Weg über das Mittelmeer und den Suezkanal zu schwierig ist, in drei Monaten an der Beringstraße anzukommen, so wird es uns über das Kap der Guten Hoffnung oder das Kap Hoorn vollständig unmöglich sein. Für die eine oder die andere dieser Routen würden wir unbedingt fünf oder sechs Monate benötigen.«

»Es gibt eine andere, welche die Reise, statt sie zu verlängern, verkürzen würde und auf der wir sicher wären, Tudor Brown nicht zu begegnen«, sagte Erik, ohne sich über den Einwand aufzuregen.

»Eine andere Route?«, entgegnete Herr Schwaryencrona. »Meiner Treu, ich kenne sie nicht, es sei denn, du möchtest vom Panamakanal sprechen! ... Doch der ist für Schiffe noch nicht passierbar, soweit ich weiß, und wird es auch mehrere Jahre lang noch nicht sein!«

»Ich denke weder an den Panamakanal noch an das Kap Hoorn und auch nicht an das Kap der Guten Hoffnung«, erwiderte der junge Kapitän der *Alaska*. »Die Strecke, von der ich spreche, die einzige, auf der wir die Beringstraße in drei Monaten erreichen können, ist die durch das Nördliche Eismeer, die Nordwestpassage!«

Als er die verblüfften Gesichter seiner Zuhörer nach dieser unerwarteten Schlussfolgerung sah, legte Erik seine Gedankengänge dar.

»Die Nordwestpassage ist heutzutage nicht mehr das, was sie einmal war«, fuhr er fort, »nämlich der Schrecken und die Not der Seefahrer. Sie ist ein nur zeitweise nutzbarer Weg, denn er ist jedes Jahr nur acht bis zehn Wochen lang offen, heute aber sehr gut bekannt, auf ausgezeichneten Karten eingetragen und von Hunderten von Walfangschiffen befahren. Es ist noch immer selten, dass man ihn nimmt, um vom Atlantik zum Pazifik zu reisen, darin stimme ich überein.[1] Die meisten von denen, die sich ihm auf der einen oder anderen Seite nähern, durchfahren nur einen Teil. Falls die Umstände nicht günstig sind, könnte es sogar passieren, dass er uns verschlossen bleibt oder dass wir ihn gerade dann nicht geöffnet vorfinden, wenn es nötig wäre. Das ist ein Risiko, das wir eingehen müssen! ... Aber ich sage, dass es viele Gründe gibt, den Erfolg über diesen Weg zu erhoffen, während für die anderen kein einziger zu nennen wäre. Und weil das so ist, ist es unsere Pflicht gegenüber dem Auftrag, den uns unsere Spender erteilt und den wir selbst auf uns genommen haben, die einzige Möglichkeit aufzugreifen, die uns noch bleibt, um rechtzeitig die Beringstraße zu erreichen. Ein gewöhnliches Schiff, das für die Fahrt in tropischen Meeren ausgestattet ist, könnte angesichts dieser Notwendigkeit zögern. Ein Schiff wie die

[1] Eine Durchfahrt der Nordwestpassage war nicht nur selten, sondern im Handlungszeitraum des Romans überhaupt noch nicht da gewesen. Der Erste, dem dies gelang, war 1905 Roald Amundsen.

Alaska, das extra für Polarfahrten ausgerüstet ist, sollte hingegen nicht zaudern. Was mich betrifft, so erkläre ich, dass ich vielleicht nach Stockholm zurückkehren werde, ohne Nordenskiöld gefunden zu haben! … Ich werde das aber keinesfalls tun, ohne alles versucht zu haben, mit ihm zusammenzutreffen!«

Eriks Argumentation war so schlüssig, dass niemand versuchte, ihm zu widersprechen. Was hätten der Doktor, Herr Bredejord und Herr Malarius auch einwenden sollen? Sie sahen wohl die Schwierigkeiten des neuen Plans. Aber diese Schwierigkeiten waren zumindest nicht unüberwindbar, während jedes andere Vorgehen schier hoffnungslos war. So zögerten sie nicht, ihm beizupflichten, dass es auf jeden Fall rühmlicher sei, das Abenteuer zu versuchen, als mit hängenden Köpfen nach Stockholm zurückzukehren.

»Was mich betrifft, so sehe ich nur einen ernsthaften Einwand«, sagte Dr. Schwaryencrona, nachdem er einige Minuten in Gedanken versunken gewesen war, »und das ist die Schwierigkeit, in den arktischen Regionen Kohle zu beschaffen. Aber ohne Kohle ist die Möglichkeit dahin, die Nordwestpassage zur rechten Zeit zu überwinden. Denn man muss die oft nur kurze Zeit ausnutzen, in der das machbar ist.«

»Ich habe diese Schwierigkeit, welche tatsächlich die einzige ist, vorausgesehen«, erwiderte Erik, »und glaube nicht, dass sie unlösbar ist. Statt uns nach Gibraltar und Malta zu wenden, wo uns zweifellos neue Machenschaften Tudor Browns erwarten, begeben wir uns nach London. Von dort aus werde ich über den Atlantik an ein Handelshaus in Montreal den Auftrag kabeln, uns ohne Verzögerung ein Kohlenschiff zu schicken, das uns in der Baffin-Bucht[1] erwarten wird, und an ein anderes Haus in San Francisco den Auftrag, ein weiteres Schiff an die Beringstraße zu schicken. Wir haben die nötigen Mittel und noch darüber hinaus, denn der Bedarf an unentbehrlicher Steinkohle wird auf jeden Fall sehr viel geringer sein als auf dem Weg über Asien, weil dieser neue Weg viel kürzer ist. Es ist nicht erforderlich, dass wir vor Ende Mai am Baffinmeer ankommen, und keinesfalls können wir hoffen, die Beringstraße vor Ende Juni zu erreichen. Unsere Geschäftspartner in Montreal und San Francisco werden daher genügend Zeit haben, um unsere Aufträge zu erfüllen, die durch Bareinlagen bei einem Londoner Bankier gedeckt sind …

[1] Auch Baffin Bay, Baffinmeer oder (veraltet) Baffins-See, Randmeer des Atlantischen Ozeans zwischen Grönland und Kanada.

Infolgedessen reduziert sich das Problem darauf, ob wir die Nordwestpassage befahrbar vorfinden. Offensichtlich hängt dies nicht von uns ab. Aber falls wir sie geschlossen vorfinden, haben wir zumindest den Trost, uns sagen zu können, dass wir nichts unversucht gelassen haben, um erfolgreich zu sein!«

»Das ist einleuchtend!«, rief Herr Malarius. »Mein liebes Kind, gegen diese Argumente gibt es nichts zu sagen!«

»Langsam, langsam!«, sagte Herr Bredejord. »Lassen wir uns nicht gleich mitreißen. Ich habe da noch einen anderen Einwand. Glaubst du, mein lieber Erik, dass die *Alaska* unbemerkt auf den Wassern der Themse fahren kann? Nein, nicht wahr? Die Zeitungen werden von ihrer Ankunft sprechen, die Telegrafenagenturen sie anzeigen. Tudor Brown wird davon erfahren. Er wird daraus schließen, dass wir unsere Pläne geändert haben. Wer hindert ihn daran, auch die seinigen zu ändern? Glaubst du, dass es für ihn zum Beispiel sehr schwierig sein wird, die Ankunft von Kohleschiffen zu verhindern, ohne die du nichts machen kannst?«

»Das ist wahr«, sagte Erik, »und das beweist, dass man an alles denken muss! Wir werden deshalb nicht nach London fahren! Wir werden im Hafen von Lissabon anlegen, wie wenn wir noch immer auf dem Weg nach Gibraltar und Suez wären. Dann wird einer von uns inkognito nach Madrid reisen und sich – ohne zu erklären, warum und wie – telegrafisch mit Montreal und San Francisco in Verbindung setzen, um die Kohlenschiffe zu bestellen. Diese Schiffe, von denen man nicht wissen wird, für wen sie bestimmt sind, werden an den bezeichneten Orten zur Verfügung desjenigen Kapitäns stehen, der ihnen ein vereinbartes Losungswort übermitteln wird.«

»Einwandfrei! So wird es beinahe unmöglich sein, dass Tudor Brown unsere Spur wiederfindet!«

»Sie wollen sagen, ›meine‹ Spur, denn ich hoffe sehr, dass Sie nicht mit mir in die arktischen Meere gehen werden«, sagte Erik.

»Meiner Treu, doch, denn ich möchte Gewissheit haben!«, antwortete der Doktor. »Es soll nicht heißen, dass dieser Schurke Tudor Brown mich zum Rückzug veranlasst hätte!«

»Mich genauso wenig!«, riefen Herr Bredejord und Herr Malarius wie aus einem Munde.

Der junge Kapitän wollte gegen diesen Entschluss ankämpfen und seinen Freunden die Gefahren und die Monotonie der Reise darstellen, welche sie mit ihm zu erwarten hätten. Aber er konnte nichts gegen eine bereits getroffene Entscheidung ausrichten. Die gemeinsam erlebten Gefahren, meinten sie, hätten es zur Ehrenpflicht für sie gemacht, nunmehr bis zum Schluss durchzuhalten. Das einzige Mittel, eine solche Reise für die einen und die anderen erträglich zu machen, bestünde darin, sich nicht zu trennen. Waren an Bord der *Alaska* nicht alle Vorbereitungen getroffen worden, um nicht übermäßig unter der Kälte zu leiden? Es gab keine Schweden oder Norweger, die sich vor Frost fürchteten!

Kurz gesagt, Erik musste kapitulieren, und somit war es beschlossene Sache, dass die Modifikation des Reiseweges nichts an der Schiffsbelegschaft verändern würde.

Über den ersten Teil der Reise kann man schnell hinweggehen. Am 2. April war die *Alaska* in Lissabon. Bevor die portugiesischen Zeitungen auch nur von ihrer Anwesenheit berichten konnten, hatte sich Herr Bredejord schon nach Madrid begeben und setzte sich mithilfe eines Bankhauses und des französischen Transatlantikkabels mit zwei bedeutenden Häusern in Montreal und San Francisco in Verbindung. Er hatte die Entsendung von Kohleschiffen an genau bezeichnete Orte vereinbart und auch das Losungswort angegeben, mit dem Erik sich zu erkennen geben wollte. Dieses Losungswort war kein anderes als das Motto, das man bei ihm auf dem Rettungsring der *Cynthia* gefunden hatte: *Semper idem*. Am 9. April schließlich waren diese Geschäfte gut und ordnungsgemäß abgeschlossen, Herr Bredejord kehrte nach Lissabon zurück und die *Alaska* stach wieder in See.

Am 25. desselben Monats erreichte sie nach einer glücklichen Atlantiküberquerung Montreal, lud dort Kohlen und vergewisserte sich, dass alle Befehle pünktlich ausgeführt worden waren. Am 29. verließ sie die Gewässer des St.-Lorenz-Stroms, um am nächsten Tag die Meerenge von Belle Isle, welche Labrador von Neufundland trennt, zu überwinden. Am 10. Mai traf sie in Godhavn, an der Küste Grönlands, das ihr vorausgefahrene Kohlenschiff.

Erik wusste sehr gut, dass er zu diesem Zeitpunkt weder daran denken konnte, den Polarkreis zu überqueren, noch in die verschlungenen Biegungen der Nordwestpassage einzufahren, die auf dem größten Teil ihrer Länge noch durch das Eis geschlossen waren. Aber er nahm zu Recht an, dass er in diesen Gegenden, die von Walfängern frequentiert wurden, genaue Informationen über die besten Karten bekommen würde. Auch konnte er, zu einem ziemlich hohen

Preis, ein Dutzend Hunde kaufen, die zusammen mit Klaas den Bedarf des Schlittengespanns decken sollten.

Wie alle dänischen Niederlassungen an der Küste Grönlands ist auch Godhavn nur ein armseliges Dorf und dient als Lager für die Tran- und Pelzhändler des Landes. Zu dieser Jahreszeit ist die Kälte kaum intensiver als in Stockholm oder Norö. Aber Erik und seine Freunde stellten überrascht fest, wie zwei Länder, die gleich weit vom Pol entfernt liegen, zutiefst unterschiedlich sein können. Godhavn liegt genau auf dem gleichen Breitengrad wie Bergen. Aber während im Süden Norwegens im April alle Wälder und Obstbäume grünen und sogar auf Spalieren über einer Düngerschicht Reben angebaut werden, liegt Grönland noch im Mai unter Schnee und Eis verborgen, und kein einziger Baum belebt die Eintönigkeit. Die Form der norwegischen Küste, welche tief durch die Fjorde zerschnitten und durch Inselketten geschützt ist, trägt fast so viel wie die Wärme des Golfstroms zur Erhöhung der allgemeinen Temperatur des Landes bei. Auf Grönland dagegen erhalten die niedrigen und gleichmäßigen Küsten die Polarluft aus erster Hand. Auch sind sie bis zur Inselmitte hin von Landeis umsäumt, das mehrere Fuß dick ist.

Zwei Wochen vergingen in diesem Anlaufhafen, dann fuhr die *Alaska* der grönländischen Küste entlang die Davisstraße hinauf und überquerte den Polarkreis.

Am 28. Mai traf sie erstmals bei 70° 15' nördlicher Breite und einer Temperatur von zwei Grad unter Null auf schwimmendes Eis. Dieses erste Eis war allerdings in äußerst morschem Zustand, oder es löste sich in vereinzelten schmalen Streifen. Doch schon bald wurde es dichter, und oft musste man sich, um voranzukommen, mit Rammspornstößen den Durchgang erzwingen. Der Fahrt stellten sich aber bislang weder ernsthafte Gefahren noch echte Schwierigkeiten entgegen. An tausend Zeichen ließ sich feststellen, dass dies hier eine neue Welt war. Alle etwas weiter entfernten Gegenstände schienen farblos und beinahe körperlos zu sein. Das Auge wusste nicht, wo es einen Anhaltspunkt an dem sich ständig in Bewegung befindlichen Horizont finden konnte, weil dessen Aussehen sich wegen der nagenden Wirkung von Wellen und Sonne auf die schwimmenden Massen ständig veränderte. Aber vor allem während der Nacht und unter den Strahlen des aus dem Krähennest der *Alaska* leuchtenden elektrischen Scheinwerfers nahm das Baffinmeer, in das man gerade eingefahren war, ein fantastisches Aussehen an.

»Wer könnte«, so fragte ein Augenzeuge, »diese melancholischen Bilder wiedergeben, das Rauschen der Wellen unter den umhertreibenden Schollen oder das einzigartige Geräusch von Schneeklumpen, die plötzlich versinken und im Wasser wie eine zischende Flamme verlöschen? Wer könnte sich die prächtigen Kaskaden vorstellen, die von den Höhen der Eisberge herabfallen, die Schaumkronen, welche dadurch gebildet werden, oder die Komik, wenn Seevögel auf einem Eisfloß kurz vor dem Einschlafen sind, plötzlich ihren Rastplatz verlieren und kreischend im Kreis umherflattern, um sich dann wiederum auf einem anderen niederzulassen? … Und am Morgen, was für ein bizarres Trugbild, wenn die Sonne mit ihrem leuchtenden Strahlenkranz aus Zirruswolken plötzlich den Nebel durchbohrt, anfangs ein kleines Stück blauen Himmels sehen lassend, das sich langsam vergrößert, und bis an die Grenzen des Horizonts den Dunstwolken, die wie in närrischer Flucht fortgetragen werden, zu folgen scheint.«[1]

All diese Schauspiele, welche die Eismeere zu bieten haben, konnten Erik und seine Freunde entspannt betrachten, als sie die Küste Grönlands verließen, welche sie bis zur Höhe Upernaviks entlanggefahren waren, um danach nach Westen zu steuern und das Baffinmeer in seiner ganzen Breite zu durchqueren. Hier wurden die Schwierigkeiten ernsthafter, denn dieses Meer ist die große Straße des Polareises, das durch zahllose Strömungen, die dort münden, mitgeführt wird. Die *Alaska* musste sich unaufhörlich einen Weg durch die riesigen Eisfelder bahnen. Manchmal wurde sie von unüberwindbaren Eisbarrieren aufgehalten, die man umfahren musste, da man sie nicht durchbrechen konnte. Oder sie wurde von Schneestürmen bedrängt, welche das Deck, die Masten und alle Geräte wie mit einer dichten Watte zudeckten. Von Treibeis umzingelt, dass der Wind plötzlich auf sie zutrieb, drohte sie, unter der Masse begraben zu werden. Oder sie geriet des Öfteren in eine »Wacke«, eine Art See, der vom Packeis umgeben und wie eine Sackgasse geschlossen war …

---

[1] Bei dem ungenannten Augenzeugen handelt es sich um den österreichischen Polarforscher Julius Payer (geb. 1842 in Schönau (Böhmen), gest. 1915 in Veldes (Slowenien)). Er beschreibt die Eindrücke aus dem Eismeer in seinem Expeditionsbericht: *Die österreichisch-ungarische Nordpol-Expedition in den Jahren 1872–1874*, Wien 1876, S. 11f. Auszüge aus Payers Werk wurden ins Französische übersetzt und unter dem Titel *L'Odyssée du Tegetthoff* (Payers Expeditionsschiff) in *Le Tour du monde* (Band 32), Hachette, Paris 1876, S. 321–432 abgedruckt. Von hier stammen, zum Teil wörtlich, Lauries Zitate. Im Zuge dieser Übersetzung wurde von diesem Text Gebrauch gemacht und teilweise entsprechende Anpassungen vorgenommen.

Konnte man von dort aus auf das offene Meer gelangen? Es galt vor allem die Augen offen zu halten, um nicht von der Seite her von einem der riesigen Eisberge gerammt zu werden, die mit schwindelerregender Geschwindigkeit vom Norden her kamen und deren fürchterliche Massen die *Alaska* wie eine Nussschale hätten zerdrücken können. Aber eine viel ernstere Gefahr bildete das Eis unter der Wasserlinie, welches vom Kiel angestoßen und zum Umkippen gebracht wurde – einem echten hydrostatischen Paradoxon, das nur auf eine Berührung wartete, um sich mit oft fürchterlicher Gewalt aufzurichten, wobei es durch seinen Rammstoß alles zerstörte. So verlor die *Alaska* ihre zwei Schaluppen und sah sich manchmal gezwungen, ihre Schiffsschraube an Bord zu hieven, um deren verbogene Flügel wieder zu richten. Man muss diese Prüfungen und Gefahren, welche die Seefahrt in den arktischen Meeren jeden Augenblick bereithält, mitgemacht haben, um sich wenigstens annähernd eine Vorstellung davon zu machen. Nach einer oder zwei Wochen unter solchen Verhältnissen ist selbst die kühnste Besatzung am Ende ihrer Kräfte und hat eine Erholung nötig.

Diese Prüfungen und Gefahren fanden zumindest eine Entschädigung durch die Geschwindigkeit, mit der sich die Längengrade im Logbuch aneinanderreihten. Es gab Tage, an denen man zehn und sogar zwölf davon zählte. Und es gab Tage, an denen man nur einen Längengrad oder noch weniger schaffte. Aber schließlich erblickte die *Alaska* wieder Land und warf bei der Einfahrt in den Lancastersund[1] den Anker.

Erik hatte geglaubt, einige Tage warten zu müssen, bevor er in diese lange Fahrrinne einfahren konnte. Zu seiner Überraschung und zu seiner Freude fand er sie offen vor, zumindest an der Einfahrt. So drang er entschlossen ein. Aber am nächsten Tag geschah es, dass er sich drei volle Tage lang vom Eis blockiert sah. Dank starker Strömungen, welche den arktischen Kanal leer fegten, brauchte er jedoch nicht lange, um ihn eisfrei vorzufinden, wie es ihm die Walfänger Godhavns angekündigt hatten, und er konnte seinen Weg fortsetzen.

Am 17. erreichte er die Barrowstraße und fuhr mit Volldampf hindurch. Aber am 19., gerade als man in den Melville-Sund einfahren

[1] Der Lancastersund, eine fünfzig Kilometer breite Meerenge, ist die östliche Einfahrt in den kanadisch-arktischen Archipel, das Zentralstück der Nordwest-Passage.

Dieses Schauspiel und all die Dinge, welche das Eismeer zu bieten hat.

wollte, sah er sich auf der Höhe von Kap Walker[1] noch einmal von Eis eingeschlossen.

Zuerst nahm er das Übel geduldig hin, indem er auf den Eisgang wartete. Aber ein Tag folgte dem anderen und der Eisgang trat nicht ein.

An Ablenkungen für die Reisenden fehlte es wahrlich nicht. Festgehalten in der Nähe der Küste und ausgestattet mit all dem, was ihre Lage weniger prekär machen konnte, war es ihnen möglich, Schlittenfahrten zu unternehmen, Robben zu jagen und den Walen aus der Ferne beim Herumtollen zuzusehen. Die Sommersonnenwende nä-

[1] Laurie beschreibt die Position zwar richtig, schreibt aber irrtümlich »*cap Walk*«. Jules Verne scheint diese Stelle übersehen zu haben, denn er kannte den richtigen Namen. Schon 1866 erwähnte er »*cap Walker*« mehrfach in *Voyages et aventures du capitaine Hatteras: Les Anglais au pôle nord.*

herte sich; seit dem 15. bot sich der *Alaska* dieses sogar für Norweger oder Südschweden neue und erstaunliche Schauspiel, wobei die Mitternachtssonne am Horizont entlangstreift, ohne ihn zu verlassen, um dann erneut in den Himmel hochzusteigen. Beim Erklettern einer namenlosen Höhe, welche sich in diesen unwirtlichen Gegenden erhebt, konnte man sehen, wie das Tagesgestirn in vierundzwanzig Stunden einen vollständigen Kreis am Himmel beschreibt. Während man dann am Abend in seinem Licht badend verharrt, sind fernab alle südlichen Regionen ins nächtliche Dunkel getaucht. Dieses Licht ist allerdings blass und kraftlos; die Formen verlieren ihre Kanten, die Schatten der Gegenstände werden immer weicher, die gesamte Natur nimmt das Aussehen eines Traumbildes an. Man fühlt noch viel lebhafter, in was für einer extremen Welt und wie nahe man sich am Pol befindet! … Und doch war die Kälte nicht so schneidend. Die Temperatur fiel kaum unter vier oder fünf Grad Celsius. Manchmal war die Luft so mild, dass man nur mit Mühe glauben konnte tatsächlich im Herzen der arktischen Zone zu sein.

Aber diese Sehenswürdigkeiten füllten weder die Leere in Eriks Seele aus noch ließen sie ihn sein höchstes Ziel aus den Augen verlieren. Er war nicht hierhergekommen, um zu botanisieren wie Herr Malarius, der jeden Abend begeisterter von seinen Erkundungen an Land mit unbekannten Pflanzen zurückkehrte, mit welchen er sein Herbarium[1] erweiterte, noch um mit dem Doktor und Herrn Bredejord die Neuheit dieses Anblicks, welchen ihnen die Natur am Polarkreis bot, zu genießen. Es ging darum, Nordenskiöld und Patrick O'Donoghan zu finden, eine heilige Pflicht zu erfüllen und dadurch vielleicht das Geheimnis der eigenen Geburt zu entdecken. Und deshalb versuchte er unermüdlich, den Eisring zu durchbrechen, in dem er eingeschlossen war. Zehn Tage lang probierte er alles: Streifzüge mit dem Schlitten und auf Schneeschuhen bis an den Rand des Horizonts und Erkundungen mit der Dampfschaluppe, freilich ohne einen Ausweg zu finden. Im Westen genauso wie im Norden und im Osten blieb das Packeis geschlossen.

Es war der 26. Juni und man war weit entfernt vom Sibirischen Meer! Musste man sich geschlagen geben? Erik wollte es nicht. Wiederholte Untersuchungen hatten ihm offenbart, dass es unter dem Eis eine Strömung gab, die auf die Franklinstraße hin ausgerichtet

[1] Sammlung von getrockneten Pflanzen, wenn diese zu botanischen Zwecken systematisch geordnet sind.

war, das heißt nach Süden. Deshalb sagte er sich, dass selbst eine verhältnismäßig geringe Anstrengung genügen könnte, um einen Eisgang auszulösen; und so beschloss er, dies zu versuchen.

Auf einer Länge von sieben Seemeilen ließ er jeweils im Abstand von zwei- bis dreihundert Metern in das Packeis eine Kette von Minenkammern hineintreiben, in welchen jeweils ein Kilogramm Dynamit platziert wurde. Diese Kammern waren durch einen Kupferdraht mit Isolierhülle aus Guttapercha[1] verbunden. Und am 30. Juni zündete Erik um acht Uhr morgens vom Deck der *Alaska* aus den Sprengstoff, indem er den Knopf eines elektrischen Apparats drückte.

Sogleich erfüllte eine ungeheure Explosion die Luft. Hundert[2] Vulkane aus zerkleinertem Eis schleuderten gleichzeitig ihre Garben in den Himmel. Das Packeis erzitterte und geriet wie durch ein Seebeben in Bewegung. Wolken von erschrockenen Meeresvögeln erhoben sich kreisend, heisere Schreie ausstoßend. Als wieder Ruhe einkehrte, durchzog, so weit das Auge reichte, eine lange, schwarz gestreifte Spur das Eisfeld, die nach allen Richtungen hin mächtige seitliche Risse aufwies. Hochgehoben durch die schlagartige Ausdehnung des Gases, zerrissen durch die zerstörerische Kraft des fürchterlichen Agens[3], war das Packeis geborsten. Es folgte ein Augenblick des Abwartens und, wie man es auch nennen könnte, des Zögerns, dann begann der Eisgang, als ob ihm nur das Signal dazu gefehlt hätte. Das Packeis brach krachend auseinander, bekam Risse, zerbröckelte, zerfiel, überließ sich der Wirkung der Strömung, welche an seiner Basis nagte, und war bald vollständig in der Ferne verschwunden. Hier und da zögerte noch ein Kontinent oder eine Halbinsel aus Eis, wie um gegen die Gewalt zu protestieren. Aber schon am nächsten Tag war die Durchfahrt frei; die *Alaska* konnte wieder ihre Kessel anfeuern. Erik und das Dynamit hatten geschafft, was die

---

1 Aus dem Milchsaft einiger zur Familie der Sapotazeen gehörender Bäume gewonnene Substanz, die dem Kautschuk ähnelt. Aufgrund seiner guten Isoliereigenschaften wurde es ab Mitte des 19. Jahrhunderts zur Umhüllung elektrischer Kabel verwendet.

2 Im Original *»sept mille marins«*. Wenn Laurie / Verne tatsächlich an dieser Stelle »Seemeilen« meint, dann können auf der angegebenen Distanz (7 Seemeilen = 12 964 Meter und alle zwei- bis dreihundert Meter ein Bohrloch) keine hundert Sprengladungen angebracht sein, sondern nur etwa fünfzig. Möglicherweise hat Laurie / Verne sich hier versehen und die französische Landmeile (lieue) von 4000 Meter Länge angenommen, dann käme diese Angabe in etwa hin.

3 Wirkende Ursache, Kraft.

blasse arktische Sonne vielleicht erst einen Monat später erreicht hätte.

Am 2. Juli erreichte die Expedition die Banksstraße, am 4. kam sie im eigentlichen Eismeer heraus.[1] Von da an war der Weg frei, trotz der Eisberge, des Nebels und des Schnees. Am 12. umrundete die *Alaska* das Eiskap, am 13. Kap Lisburne, am 14. fuhr sie um zehn Uhr morgens in den Kotzebue-Sund[2] im Norden der Beringstraße ein und traf dort wie vereinbart auf das Kohlenschiff aus San Francisco. Somit war nach zwei Monaten und 16 Tagen das im Golf von Biskaya festgelegte Programm vollendet.

Die *Alaska* hatte kaum angehalten, als Erik in das Walfangboot sprang und am Kohlenschiff festmachte:

»*Semper idem*«, sagte er zu dem Kapitän.

»Lissabon«, antwortete der Yankee.

»Warten Sie hier schon lange auf mich?«

»Fünf Wochen! Wir haben San Francisco einen Monat nach der Ankunft Ihrer Depesche verlassen!«

»Gibt es noch immer keine Nachrichten über Nordenskiöld?«

»In San Francisco gab es noch keine. Aber seitdem ich hier bin, habe ich mit mehreren Walfängern gesprochen, die sagten, dass ihnen Einheimische von Serdze-Kamen berichtet hätten, dass ein europäisches Schiff seit etwa neun oder zehn Monaten im Eis – im Westen dieses Kaps – festsitzen soll. Sie glauben, dass dies die *Vega* sei.«

---

1 Die von der *Alaska* zurückgelegte imaginäre Route ist die kürzeste Verbindung zum Pazifik, allerdings nur nach der Landkarte. Sie führt durch den Lancastersund, die Barrowstraße, den Viscount-Melville-Sund und die McClure-Straße in die Beaufort-See (zu Lauries Zeiten hieß die McClure-Straße noch Banks-Straße und der Viscount-Melville-Sund nur Melville Sund). Dieser Weg war allerdings in der Vergangenheit ganzjährig von Eis bedeckt. Es dauerte bis 1954, dass der amerikanische Eisbrecher *Northwind* die McClure-Straße durchquerte. Allerdings könnte in naher Zukunft durch den Rückgang des Polareises aufgrund der Erderwärmung Eriks Direktroute bald auch für normale Schiffe befahrbar werden. Im August 2016 veröffentlichte die NASA eine Aufnahme, die erstmals eine Passage möglich erscheinen lässt (https://earthobservatory.nasa.gov/NaturalHazards/view.php?id=88597). Der Erstbezwinger Amundsen (Anm. 1 auf S. 158) wusste noch um die Unpassierbarkeit des Viscount-Melville-Sunds, in dem die *Alaska* laut Roman vorübergehend stecken blieb. Daher wählte er eine Route weiter südlich.

2 Otto von Kotzebue (geb. 1787 in Reval, gest. 1846 ebenda), ein baltendeutscher Entdeckungsreisender, Marineoffizier in russischen Diensten, entdeckte den Sund 1816 auf der Suche nach der Nordwestpassage von Kamtschatka (Ostsibirien) her kommend und gab ihm seinen Namen. Die Hoffnung, dass dies der Anfang der gesuchten Durchfahrt wäre, erfüllte sich zwar nicht, aber es war ein geschützter Ankerplatz für künftige Expeditionen gefunden. Heute ist Kotzebue die größte Stadt in Nordwest-Alaska.

»*Semper idem*«, sagte Erik, als er an Bord ging.

»Tatsächlich!«, rief Erik mit leicht begreiflicher Freude. »Und glauben Sie, dass sie noch dort ist und die Meerenge nicht überwunden hat?«

»Mit Sicherheit. Seit fünf Wochen ist kein Schiff hier vorbeigekommen, ohne dass ich mit ihm gesprochen hätte.«

»Gelobt sei Gott! Unsere Mühen werden nicht vergebens gewesen sein, wenn wir es schaffen, Nordenskiöld zu finden!«

»Sie werden nicht die Ersten sein«, sagte der Yankee mit ironischem Lächeln. »Eine amerikanische Yacht ist vor Ihnen. Sie war vor drei Tagen hier und hat sich, wie Sie, nach Nordenskiöld erkundigt.«

»Eine amerikanische Yacht?«, fragte Erik erstaunt.

»Ja, die *Albatros*, mit Kapitän Tudor Brown, aus Vancouver. Ich habe ihm alles gesagt, was ich wusste, und er hat sofort Kurs auf Serdze-Kamen genommen!«

16. Kapitel
Von Serdze-Kamen nach Ljachow

Tudor Brown hatte also von der Routenänderung der *Alaska* Wind bekommen! War er ihr somit an der Beringstraße zuvorgekommen? … Wie und auf welchem Weg? Dies schien fast übernatürlich zu sein, und dennoch war es so.

So peinlich berührt Erik von dieser Nachricht auch war, so wenig zeigte er das irgendjemandem. Aber er trieb mit aller Macht das Umschlagen der Kohle voran, und mit vollen Laderäumen ließ er, ohne eine Minute zu verlieren, Kurs auf das Sibirische Meer halten.

Serdze-Kamen ist ein langes asiatisches Vorgebirge, das etwa hundert Meilen westlich der Beringstraße liegt und das die Walfangschiffe des Pazifiks jedes Jahr aufsuchen. Nach vierundzwanzigstündiger Fahrt kam die *Alaska* dort an, und bald schon gab sich ihnen am Ende der Bucht von Koljutschin[1] hinter einer Anhäufung von Eis das schlanke Mastwerk der *Vega* zu erkennen, die dort seit vollen neun Monaten feststeckte.

Das Hindernis, welches Nordenskiöld gefangen hielt, war keine zehn Kilometer breit. Nachdem sie es umrundet hatte, kehrte die *Alaska* nach Osten zurück, um in einer kleinen Bucht vor Anker zu gehen, welche eisfrei geblieben war, weil sie vor den Nordwinden geschützt lag. Dann ging Erik mit seinen drei Freunden von Bord und begab sich über Land zu der durch eine Rauchsäule angezeigten Niederlassung, welche die *Vega* an der sibirischen Küste errichtet hatte, um den langen Winter hinter sich zu bringen.

Die Küstenregion der Koljutschin-Bucht wird durch eine Tiefebene gebildet, welche leicht gewellt und von Erosionstälern durchfurcht ist. Kein Wald, sondern nur einige Büsche von Zwergweiden, Grasmatten und Bärlappgewächse, hier und da auch Artemisia[2]. Mitten in diesem Strauchwerk hatte der Sommer einige Pflanzen sprießen lassen, deren Arten Herr Malarius aufgrund ihres häufigen Vorkommens in Norwegen kannte, vor allem, was die Preiselbeeren und den Löwenzahn betraf.

Das Lager der *Vega* bestand in erster Linie aus einem großen Lebens-

[1] Moderne Schreibweise: Koljuchinskaya-Bucht (engl. Schreibweise: Kolyuchinskaya).
[2] Pflanzengattung aus der Familie der Korbblütler (zum Beispiel Beifuß oder Wermut).

Die Reisenden waren dicht bei der Vega angelangt.

mitteldepot, das auf Anordnung Nordenskiölds für den Fall errichtet worden war, dass sein Schiff durch die Eispressung unerwartet zerstört werden würde, was im Winter in diesen äußerst gefährlichen Gegenden sehr häufig vorkommt. Ein bemerkenswertes Detail: Die arme und ständig hungrige Bevölkerung an dieser Küste, für die das Lebensmitteldepot einen unschätzbaren Reichtum darstellte, hatte es respektiert, obwohl es kaum bewacht wurde. Die Fellhütten dieser Tschuktschen hatten sich allmählich rund um den Lagerplatz gruppiert. Das eindrucksvollste Bauwerk war das *Tintinjaranga* oder Eishaus, speziell dazu errichtet, um als magnetisches Observatorium zu dienen, und wohin alle notwendigen Gerätschaften entladen worden waren.[1] Es war aus wunderschönen, zart blaugetönten Eisquadern

[1] Gemeint ist hier ein auf Studien Alexander von Humboldts zurückgehendes geomagnetisches Observatorium, das der Beobachtung der Schwankungen des Erdmagnetfeldes dient. Den Namen *Tintinjaranga* (wörtlich: Eiszelt) hatten die Tschuk-

erbaut, welche durch Schnee zementartig miteinander verbunden waren; das Bretterdach war mit einer Leinwand bedeckt.

Die Reisenden der *Alaska* wurden durch einen jungen Gelehrten, der bei ihrer Ankunft zusammen mit einem Wachmann vor Ort war, herzlich empfangen. Mit der größten Liebenswürdigkeit der Welt bot er ihnen an, sie auf einem auf dem Eis markierten Pfad zur *Vega* zu führen, der das Schiff mit dem Festland verband und den ein an Pfählen befestigtes Seil säumte, um als Wegweiser in den dunklen Nächten zu dienen. Unterwegs erzählte er ihnen von den Abenteuern der Expedition ab dem Zeitpunkt, von dem an die Welt keine Nachrichten mehr von ihr erhalten hatte.

Die Mündung der Lena verlassend, hatte sich Nordenskiöld zu den Neusibirischen Inseln begeben, die er erforschen wollte; aber da es sich beinahe als unmöglich erwies, dort anzulegen, weil sie von Eis umgeben waren und das Meer in einer Zone von mehreren Meilen nur eine geringe Tiefe hatte, gab er den Plan auf und setzte die Fahrt nach Osten fort.

Bis zum 10. September war die *Vega* auf keine großen Schwierigkeiten gestoßen. Aber von diesem Zeitpunkt an hatten fortwährender Nebel und Nachtfröste damit begonnen, die Fahrt zu verlangsamen; die tiefe nächtliche Dunkelheit erforderte häufiges Anhalten. Erst am 27. September war die *Vega* am Kap von Serdze-Kamen angekommen. Sie hatte an einer Eisbank in der Hoffnung Anker geworfen, am nächsten Tag die wenigen Meilen überwinden zu können, die sie noch von der Beringstraße trennten, das heißt von den offenen Gewässern des Pazifiks. Aber der Nordwind, der in der Nacht aufgekommen war, hatte rund um das Schiff große Eismassen angetrieben, die in den folgenden Tagen immer dicker wurden. Die *Vega* sah sich eingeschlossen und dazu verdammt, überwintern zu müssen, ausgerechnet zu dem Zeitpunkt, als man das Erreichen des Ziels vor Augen hatte.

»Die Enttäuschung war für alle groß, wie Sie sich vorstellen können«, sagte der junge Astronom. »Aber wir haben uns bald entschlossen, uns nach besten Kräften damit zu arrangieren, um diese Verzögerung zum Vorteil für die Wissenschaft zu nutzen. Wir haben mit den Tschuktschen in der Nachbarschaft, mit denen bisher noch kein Reisender aus der Nähe zu tun hatte, Kontakt aufgenommen. Wir

---

tschen dem Observatorium beigelegt; bald wurde er auch von den Forschern übernommen.

waren in der Lage, uns ein Vokabular ihrer Sprache anzulegen und eine Sammlung ihrer Gerätschaften, Waffen und Werkzeuge zusammenzutragen. Auch die magnetischen Beobachtungen werden nicht nutzlos gewesen sein. Die Naturforscher der *Vega* haben eine große Anzahl neuer Arten zur Flora und Fauna der arktischen Gefilde hinzufügen können. Schließlich ist der Hauptzweck unserer Reise erreicht worden, denn wir haben das Kap Tscheljuskin umfahren und als Erste die Strecke überwunden, welche die Mündungen des Jenissei von denen der Lena trennt. Von nun an ist die Nordost-Passage gefunden und erkundet. Es wäre für uns angenehmer gewesen, dies in zwei Monaten zu bewerkstelligen, aber das ist knapp gescheitert, wegen nur weniger Stunden. Doch vorausgesetzt, dass wir bald freikommen, worauf zahlreiche Anzeichen hoffen lassen, werden wir alles in allem nicht zu klagen haben und können mit der Gewissheit zurückkehren, ein nützliches Werk verrichtet zu haben!«

Indem sie ihrem Führer mit großem Interesse zuhörten, setzten die Reisenden ihren Weg fort. Sie waren jetzt nahe genug bei der *Vega*, um zu erkennen, dass das Vorderteil mit einer großen, bis zur Brücke ausgebreiteten Leinwand bedeckt war, welche nur das erhöhte Achterdeck freigelassen hatte. Ihre Seiten waren durch hohe Schneewälle geschützt, ihre Takelage mit starken Seilen und Stützbalken gesichert. Der Kamin war sorgfältig abgedichtet, um den Auswirkungen des Frosts vorzubeugen.

Die unmittelbare Umgebung des Schiffes sah äußerst seltsam aus. Man fand es nicht, wie man hätte erwarten können, von einem festen Eisbett umschlossen, sondern gewissermaßen einem wahren Labyrinth aus Seen, Inseln und Kanälen ausgesetzt, welche man mittels Holzbrücken zu verbinden gezwungen gewesen war.

»Die Erklärung dieses Rätsels ist sehr einfach«, entgegnete der junge Gelehrte auf eine Frage Eriks. »Das ganze Schiff, das die Monate mitten in einem Floß aus Eis verbringt, sieht um sich herum eine Schicht von Abfällen entstehen, darunter als Hauptelement die Asche verbrannter Kohlen. Diese Teile sind dunkler als der Schnee und nehmen mehr Energie auf; daraus folgt, dass sie das Schmelzen beschleunigen oder, indem sie als Isolator wirken, es verhindern, je nachdem, ob sie in mehr oder weniger dichten oder umfangreichen Anhäufungen auftreten. Deshalb nimmt der an das Schiff angrenzende Bereich, sobald das Tauwetter kommt, das Aussehen an, das Sie sehen, und er wird zu einem wahren Chaos an großen oder kleinen Bodensenken, trichterförmigen Mulden und zackenrandigen Plateaus!«[1]

Die arktisch gekleidete Besatzung der *Vega* und zwei oder drei Offiziere, die auf dem Achterdeck standen, beobachteten bereits die ankommenden europäischen Besucher, die ihnen der Astronom mitgebracht hatte. Ihre Freude war groß, als sie sich auf Schwedisch begrüßen konnten und unter den Neuankömmlingen auch das Gesicht des beliebten Dr. Schwaryencrona erkannten.

Aber weder Professor Nordenskiöld noch Kapitän Palander, der treue Begleiter auf dessen arktischen Reisen, befanden sich an Bord. Sie waren zu einer geologischen Exkursion ins Innere des Festlandes aufgebrochen und würden nicht vor Ablauf von fünf oder sechs Tagen zurückkehren.[2] Dies war eine erste Enttäuschung für die Reisenden, die natürlich gehofft hatten, beim Auffinden der *Vega* dem großen Forscher ihre Komplimente und Glückwünsche überbringen zu können. Aber diese Enttäuschung sollte nicht die einzige bleiben.

Sie hatten kaum die Offiziersmesse betreten, als Erik und seine Freunde erfuhren, dass man drei Tage vorher den Besuch einer amerikanischen Yacht, oder zumindest deren Besitzers, des Herrn Tudor Brown, erhalten habe. Dieser Herr habe Nachrichten von der Außenwelt überbracht, über welche die in der Bucht von Koljutschin Eingeschlossenen natürlich sehr erfreut gewesen seien. Er habe ihnen mitgeteilt, was sich in Europa seit ihrer Abreise zugetragen hatte, die Angst erwähnt, mit der Schweden und alle zivilisierten Nationen um ihr Schicksal bangten, und von der Entsendung der *Alaska* gesprochen, um sie zu suchen. Dieser Herr Tudor Brown sei von der Insel Vancouver, wo seine Yacht drei Monate auf ihn gewartet habe, über den Pazifik gekommen.

»Aber das müssen Sie übrigens noch erfahren!«, rief hier ein junger, an der Expedition teilnehmender Arzt. »Er hat uns nämlich gesagt, dass er zunächst mit Ihnen an Bord gegangen sei, Sie dann aber in Brest verlassen habe, weil er bezweifelte, dass Sie Ihr Unternehmen zu einem guten Ende führen würden …«

»Da hatte er in der Tat ausgezeichnete Gründe, das zu bezweifeln«, erwiderte Erik kalt, nicht ohne ein innerliches Zittern.

---

[1] Ebenfalls aus *»L'Odyssée«* (vgl. Anm. 1 auf S. 163).

[2] Fußnote im Original: Sie kehrten früher zurück, weil sich am 18. Juli der Eisgang vollzog und die *Vega* nach 264 Tagen Gefangenschaft im Eis ihre Reise fortsetzen konnte. Am 20. Juli fuhr sie durch die Beringstraße und hielt Kurs auf Yokohama.

»Seine Yacht befand sich in Valparaiso, als er ihr telegrafierte, dass sie ihn in Victoria, an der Küste von Vancouver, erwarten solle«, fuhr der junge Arzt fort. »Dann hat er sich selbst über die Linie Liverpool–New York und die Pazifische Eisenbahn dorthin begeben. Dies erklärt, warum er hier vor Ihnen angekommen ist.«

»Hat er Ihnen gesagt, was er hier machen wollte?«, fragte Herr Bredejord.

»Er kam, um uns Hilfe zu bringen, falls wir solche benötigten, und außerdem wollte er sich über einen recht seltsamen Menschen informieren, den ich beiläufig in meiner Korrespondenz erwähnt hatte. Und Tudor Brown schien ein reges Interesse an ihm gehabt zu haben.«

Die vier Besucher wechselten einen Blick miteinander. »Patrick O'Donoghan? … War das nicht der Name dieses Mannes?«, fragte Erik.

»Genau! Dies ist zumindest der auf seine Haut tätowierte Name, obwohl er vorgibt, dass es nicht der seinige sei, sondern der eines Freundes! Er selber nennt sich Johnny Bowles …«

»Darf ich Sie fragen, ob dieser Mann hier ist?«

»Er hat uns bereits vor zehn Monaten verlassen. Zunächst glaubten wir, dass er uns wegen seiner offensichtlichen Kenntnis der samojedischen Sprache als Dolmetscher bei den Einheimischen der Küste nützen könnte, aber wir stellten fest, dass dies eine recht oberflächliche Kenntnis war, die sich nur auf ein paar Worte beschränkte. Und dann wollte es der Zufall, dass wir von Chabarowa bis hierher keinerlei Kontakt mit den Bewohnern des Landes hatten, an dem wir entlangfuhren. Deshalb war ein Dolmetscher für uns nutzlos. Überdies war dieser Johnny Bowles oder Patrick O'Donoghan faul, trunksüchtig und undiszipliniert. Seine Anwesenheit an Bord konnte uns nur Unannehmlichkeiten bringen. Wir haben deshalb mit wahrer Freude seinen Wunsch begrüßt, an der Großen Ljachow-Insel, deren Südküste wir gerade folgten, mit einigen Vorräten von Bord gehen zu dürfen.«

»Was? Er ist dort an Land gegangen?«, rief Erik. »Aber diese Insel ist doch unbewohnt!«

»Absolut! Was unseren Mann angelockt hat, so scheint es, das sind die Mammutknochen, mit denen die Insel übersät ist, und folglich das fossile Elfenbein. Er hat den Plan gefasst, sich dort einzurichten und die Sommermonate damit zu verbringen, so viel Elfenbein zu sammeln, wie er nur finden kann. Wenn dann der Winter kommt und der Meeresarm, der die Insel Ljachow vom Festland trennt, vereist sein würde, könnte er diese Reichtümer im Schlitten an die sibirische Küste schaffen, um sie an russische Händler zu verkaufen, die auf der Suche nach Landeserzeugnissen bis hierher kommen.«

»Haben Sie diese Details Herrn Tudor Brown mitgeteilt?«, fragte Erik.

»Gewiss! Er ist doch weit genug gereist, um sie zu erhalten!«, entgegnete der junge Arzt, ohne sich über das ausgiebige und persönliche Interesse zu wundern, welches die Fragen auslösten, die der Kommandant der *Alaska* an ihn richtete.

Das Gespräch wurde in der Folge allgemeiner. Man redete über die verhältnismäßige Mühelosigkeit, mit der Nordenskiölds Vorhaben verwirklicht worden war, dass er fast zu keiner Zeit auf ernsthafte Schwierigkeiten gestoßen sei und über die sich daraus ergebenden Auswirkungen, welche die Entdeckung der neuen Route auf den Welthandel haben könnte. Nicht, sagten die Offiziere der *Vega*, dass diese Route als Ganzes dazu bestimmt sei, stark befahren zu werden, sondern weil die Reise der *Vega* die Seefahrernationen des Atlantiks und des Pazifiks daran gewöhnen sollte, eine direkte Seeverbindung mit Sibirien für möglich zu halten. Und nirgendwo könnten diese Nationen – entgegen der landläufigen Meinung – ein ebenso weiträumiges und reiches Feld für ihre Geschäfte finden.

»Ist es nicht seltsam«, bemerkte Herr Bredejord, »dass man drei Jahrhunderte lang mit diesem Versuch vollständig gescheitert ist und Sie dagegen es heute beinahe ohne jede Schwierigkeit vollbracht haben?«

»Diese Merkwürdigkeit ist nur scheinbar«, antwortete einer der Offiziere. »Uns sind, so wie es bei Ihnen im Norden des amerikanischen Kontinents der Fall war, im Norden Asiens die von unseren Vorfahren oft zum Preis ihres eigenen Lebens erworbenen Erfahrungen zugutegekommen. Und wir haben auch von den außergewöhnlichen persönlichen Erfahrungen unseres Leiters profitiert. Professor Nordenskiöld hat sich mehr als zwanzig Jahre lang bei acht großen arktischen Expeditionen auf diese übermenschliche Anstrengung vorbereitet; er hat geduldig alle Aspekte des Problems zusammengetragen und arbeitete gewissermaßen zwangsläufig auf dessen Lösung hin. Dann hatten wir das, was unseren Vorgängern fehlte: ein Dampfschiff, das besonders für diese Reise ausgestattet war. Es erlaubte uns, in zwei Monaten Entfernungen zu überwinden, für die wir mit einem Segelschiff vielleicht zwei Jahre gebraucht hätten. Wir konnten nicht nur die ganze Zeit unseren Weg wählen, sondern ihn gezielt suchen, vor Eisschollen fliehen und Strömungen oder Winde an Geschwindigkeit übertreffen! Trotzdem konnten wir eine Überwinterung nicht vermeiden! Was wäre das für die Seeleute früherer Zeiten für eine Schwierigkeit gewesen, auf eine günstige Brise warten zu müssen und dabei manchmal, abenteuerlich umherirrend, die schönsten Sommermonate zu verlieren? ... Haben wir nicht selbst zwanzigmal das Meer an den Stellen offen vorgefunden, an denen die Karten nicht nur ewiges Eis, sondern auch Festland oder Inseln anzeigten? ... Jetzt können wir alles erkunden, bei Bedarf einen Rückzieher machen und dann unsere Route wieder aufnehmen, während die Seefahrer von früher in den meisten Fällen auf Vermutungen beschränkt gewesen waren!«

Auf diese Weise redend und debattierend, verbrachte man den Nachmittag. Nachdem die Besucher von der *Alaska* der Einladung zum Mittagessen auf der *Vega* gefolgt waren, baten sie die Offiziere, die nicht im Dienst waren, sie zum Abendessen auf ihr Schiff zu begleiten. Man teilte sich gegenseitig die Nachrichten und Informationen mit, über die man verfügte. Erik trug Sorge, sich genau über die Route zu informieren, welche die *Vega* genommen hatte, und über die erforderlichen Vorsichtsmaßnahmen, um ihrem Verlauf zu folgen. Man trank auf den endgültigen Erfolg aller, tauschte die aufrichtigsten Wünsche für eine Rückkehr nach Hause aus und dann trennte man sich.

Anderntags setzte die *Alaska* zur ersten Tagesstunde ihre Fahrt zur Insel Ljachow fort. Was die *Vega* betraf, so musste sie darauf warten, dass der Eisgang ihr erlaubte, den Pazifik zu erreichen.

Der erste Teil von Eriks Aufgabe war damit erfüllt. Er hatte Nordenskiöld gefunden. So blieb ihm noch die Erledigung der zweiten Aufgabe, Patrick O'Donoghan zu treffen, um zu sehen, ob es möglich war, ihm sein Geheimnis zu entreißen. Dieses Geheimnis musste ziemlich erschreckend sein; jeder nahm das jetzt an, da Tudor Brown so viel Hartnäckigkeit daransetzte, nur um denjenigen zu finden, der es hütete.

Würde man vor ihm die Insel Ljachow erreichen? Das war unwahrscheinlich, denn er hatte drei Tage Vorsprung. Egal, man würde das Abenteuer wagen! Die *Albatros* konnte sich verirren, auf unvorhergesehene Hindernisse stoßen, eingeholt werden oder sich sogar überholen lassen. Solange es noch eine Möglichkeit für einen Erfolg gab, musste man sein Glück versuchen.

Man muss erwähnen, dass die milden Temperaturen äußerst beruhigend waren. Die Atmosphäre war lau und feucht; leichte Nebel am Horizont zeigten außerhalb des Eisgürtels, welcher noch die sibirische Küste säumte und wo die *Vega* feststeckte, offenes Meer an. Der Sommer brauchte nur zu kommen und die *Alaska* konnte zu Recht mit zehn Wochen günstigen Wetters rechnen. Die inmitten des amerikanischen Eises erworbene Erfahrung war viel wert und so konnte man das neue Unternehmen als ziemlich leicht ansehen. Schließlich war die Nordost-Passage zweifellos der direkteste Weg, um nach Schweden zurückzukehren, und neben dem herzergreifenden Interesse, das Erik daran hatte, ihn zu nehmen, gab es auch ein echt wissenschaftliches, die Strecke, welche Nordenskiöld zurückgelegt hatte, in entgegengesetzter Richtung zu durchmessen. Wenn man Erfolg hatte – und warum sollte man keinen haben? –, würde dies den Beweis und die praktische Anwendung des durch den großen Forscher aufgestellten Prinzips bedeuten.

Der Wind war ihr Verbündeter und wollte die *Alaska* ebenfalls begünstigen. Zehn Tage lang blies er fast ständig aus dem Südosten und erlaubte eine durchschnittliche Geschwindigkeit von neun bis zehn Knoten, ohne Kohle zu verfeuern. Dies war ein schätzenswerter Vorteil, außerdem hatte die Windrichtung zur Folge, dass das Treibeis nach Norden hin zurückgedrängt wurde, was die Navigation viel einfacher machte. So geschah es in diesen zehn Tagen kaum, dass man auf Blöcke von Treibeis oder Schollenbrei[1] traf, wie die arktischen Seeleute die halbgeschmolzenen Reste winterlichen Packeises nennen.

Am elften Tag gab es freilich einen Schneesturm, gefolgt von ziemlich dichtem Nebel, die das weitere Vorankommen der *Alaska* empfindlich verzögerten. Aber am 29. Juli erschien die Sonne wieder in all ihrem Glanz, und am 2. August morgens wurde die östliche Spitze der Insel Ljachow gesichtet.

[1] Im Original *glace pourrie*, auf Englisch *rotten ice*: In der Eis-Terminologie sind viele Bezeichnungen schwer übersetzbar, weil es bildliche Beschreibungen sind, welche sich in den damit befassten fachlichen Bereichen im Laufe der Zeit etabliert haben. Gemeint ist hier ein durch Tauen zerfressenes, zellenförmig ausgehöhltes Eis, das recht porös ist und sich bereits in Auflösung befindet. Als passende deutsche Beschreibung wurde dafür der Begriff »Schollenbrei« gewählt.

Erik gab umgehend den Befehl, sie zu umfahren, um gleichzeitig nachzusehen, ob die *Albatros* sich nicht in irgendeiner kleinen Bucht verbarg, und um die *Alaska* auf der windabgewandten Seite der Insel zu ankern. Nachdem die Erkundung durchgeführt war, ließ er ungefähr drei Meilen von der Südküste entfernt auf sandigem Grund den Anker werfen; dann bestieg er in Begleitung seiner drei Freunde und sechs Männern der Besatzung das Beiboot. Eine halbe Stunde später legte das Beiboot in einer ziemlich tiefen, kleinen Bucht an.

Nicht ohne Grund hatte Erik die Südküste gewählt. Er sagte sich, dass Patrick O'Donoghan, sei es, dass er wirklich das Ziel gehabt haben sollte, mit Sibirien Elfenbeinhandel zu betreiben, sei es, um die Insel, auf die er sich hatte bringen lassen, bei erstbester Gelegenheit wieder zu verlassen, einen Ort als Niederlassung gewählt haben würde, von dem aus er das Meer überschauen konnte. Man konnte sogar mit einer gewissen Sicherheit behaupten, dass dieser Ort auf einer Anhöhe und so nahe wie möglich an der sibirischen Küste liegen würde. Schließlich war die Notwendigkeit, sich vor den Polarwinden zu schützen, ein weiterer Grund, um eine Ausrichtung nach Süden zu wählen. Erik behauptete nicht, dass diese Vermutungen sich notwendigerweise als begründet herausstellen müssten. Aber er sagte sich, dass in jedem Fall nichts dagegen einzuwenden war, sie zur Grundlage für eine systematische Suche zu machen.

Das Ergebnis sollte seine Vorstellungen vollständig rechtfertigen. Die Reisenden waren noch keine Stunde den Strand entlang marschiert, als sie auf einer Anhöhe, durch eine Hügelkette vollständig geschützt und gen Süden gerichtet, etwas erblickten, was nichts anderes als eine Behausung sein konnte. Dieses Häuschen war zu ihrer großen Überraschung sehr gekonnt in kubischer Form erbaut, alles war weiß und sah aus wie mit Gips verputzt. Es fehlten ihm nur die grünen Fensterläden, um wie ein marseillaiser Bauernhaus oder ein amerikanisches Cottage auszusehen.

Als sie näher kamen, nachdem sie die Anhöhe erklommen hatten, erhielten sie die Erklärung für diesen Eindruck. Das Häuschen war nicht mit Gips verputzt, sondern ganz einfach aus riesigen Knochenstücken errichtet, welche mit einer gewissen Kunstfertigkeit übereinandergeschichtet und zusammengefügt waren, und welche ihm seine weiße Farbe gaben. So seltsam diese Materialien auch waren, so musste man sich überdies eingestehen, dass die Idee, sie zu verwenden, ganz natürlich war. Denn davon abgesehen, dass es auf der Insel, deren Vegetation nur sehr kärglich zu sein schien, keine anderen gab, war der Boden des Hügels und aller benachbarten Anhöhen buchstäblich von Knochentrümmern übersät, welche Dr. Schwaryencrona auf den ersten Blick als die Überreste von Mammuts, Bisons und Auerochsen erkannte.

17. Kapitel
Endlich!

Die Tür zur Hütte klaffte auf. Die vier Besucher traten ein und stellten auf den ersten Blick fest, dass das einzige Zimmer, aus dem sie bestand, bis vor Kurzem bewohnt gewesen war. Auf dem Herd, der aus drei dicken Steinen geformt war, trug die erloschene Glut noch die leichte Asche, die gleich Watte schon vom geringsten Lufthauch fortgeweht werden kann. Das Bett, das aus einem Holzrahmen bestand, über den eine Seemannshängematte gespannt war, wies noch den Abdruck eines menschlichen Körpers auf.

Diese Hängematte, welche Erik sofort untersuchte, war mit einem Stempel der *Vega* versehen.

Auf einer Art Tisch, der aus einem fossilen Schulterblatt gemacht war, das von vier Oberschenkelknochen getragen wurde, sah man Krümel von Schiffszwieback, einen Zinnbecher und einen Holzlöffel aus schwedischer Herstellung.

Man befand sich mithin, daran bestand kein Zweifel, in der Behausung Patrick O'Donoghans, die er dem ganzen Aussehen nach erst vor sehr kurzer Zeit verlassen hatte.

War es geschehen, um die Insel zu verlassen? Oder hatte er stattdessen vor, sie zu durchstreifen? Diesbezüglich gab es keinen aufklärenden Hinweis, darüber konnte nur eine Erkundung der Gegend Aufschluss geben.

Rund um die Behausung legten Gräben und Erdhaufen Zeugnis von ziemlich emsiger Arbeit ab. Auf einer Art Plateau, das den Gipfel des Hügels bildete, waren etwa zwanzig Stoßzähne aus fossilem Elfenbein in Reihen angeordnet und verdeutlichten das Wesen der Arbeiten. Es handelte sich offensichtlich um Ausgrabungen, dazu bestimmt, die Überreste vergangener Zeiten zutage zu fördern. Den Besuchern erschloss sich die Notwendigkeit dieser Ausgrabungen durch die Feststellung, dass die Elefanten- und Mammutskelette, die auf der Oberfläche lagen, ihres Elfenbeins vollständig beraubt waren. Zweifellos hatten die Einheimischen an der sibirischen Küste nicht auf den Besuch Patrick O'Donoghans auf der Insel Ljachow gewartet, um von sich aus diese Reichtümer auszubeuten, und der Ire hatte nichts annähernd Wertvolles an der Erdoberfläche gefunden. Er hatte sich folglich dazu gezwungen gesehen, den Boden zu durchwühlen, um das Elfenbein auszugraben, das dort verborgen sein konnte und dessen Qualität übrigens sehr minderwertig zu sein schien.

Der junge Arzt von der *Vega* sowie der Besitzer der Herberge des *Red Anchor* in New York hatten jedoch erklärt, dass Faulheit einer der ausgeprägtesten Charakterzüge Patrick O'Donoghans sei. Es schien daher unwahrscheinlich, dass er sich lange Zeit mit einer undankbaren und wenig einträglichen Arbeit abgefunden haben sollte. Und es war sehr gut möglich, dass er bei der erstbesten Gelegenheit die Insel Ljachow verlassen hatte. Die einzige Hoffnung, ihn hier noch anzutreffen, beruhte auf den frischen Spuren, die in der Hütte festgestellt worden waren.

Auf der Seite, die derjenigen gegenüberlag, welche die Forscher erklettert hatten, führte ein Pfad hinab zur Küste. Sie folgten ihm und gelangten bald an eine Niederung, wo die Schneeschmelze einen kleinen See gebildet hatte, der vom Meer durch eine Felsenbarriere getrennt war. Der Pfad folgte dem Ufer dieses Süßwassers und endete, die Klippen entlangführend, in einem Naturhafen.

Ein Schlitten war am Strand zurückgelassen worden, wo man auch eine vor kurzem erloschene Feuerstelle sah. Erik untersuchte das Ufer mit Sorgfalt, ohne jedoch irgendein Anzeichen zu finden, das ein Boot hinterlassen haben könnte. Er kehrte zu seinen Begleitern zurück, als er am Fuß eines Strauches und ganz in der Nähe der Feuerstelle einen Gegenstand von roter Farbe bemerkte, den er sofort an sich nahm.

Dieser Gegenstand war eine dieser Weißblechdosen, welche außen karminrot bemalt sind und Rindfleisch enthalten, die man allgemein »Konservendosen« nennt und die jetzt weltweit von allen Schiffen in ihren Proviantträumen mitgeführt werden. Der Fund war zunächst nicht außergewöhnlich, weil Patrick O'Donoghan von der *Vega* mit Mundvorrat versehen worden war. Bemerkenswert erschien Erik jedoch, dass die leere Dose ein mit dem Namen »Martínez Domingo, Valparaiso« bedrucktes Etikett trug.

»Tudor Brown ist hier vorbeigekommen!«, rief er sofort. »Man hat uns an Bord der *Vega* gesagt, dass er an sein Schiff in Valparaíso telegrafiert habe, ihn in Vancouver zu erwarten! … Im Übrigen hätte die *Vega* eine aus Chile stammende Dose hier nicht zurücklassen können, und diese Dose ist ganz neu! Sie ist vor kaum drei Tagen, vielleicht vor nicht einmal vierundzwanzig Stunden geleert worden!«

Dr. Schwaryencrona und Herr Bredejord schüttelten den Kopf, wie wenn sie zögerten, einer solch eindeutigen Schlussfolgerung zuzustimmen, als Erik, der die Dose nach allen Richtungen drehte und wendete, auf ein Detail zeigte, das ausreichend war, alle Zweifel zu beseitigen: Das Wort *Albatros* war mit Bleistift auf den Deckel geschrieben worden, zweifellos von dem Lieferanten der Konservendose.

»Tudor Brown ist hier vorbeigekommen!«, wiederholte Erik. »Und wozu, wenn nicht deshalb, um Patrick O'Donoghan mitzunehmen? Seht es doch ein, der Fall ist klar! Er ist in dieser Bucht gelandet! Seine Männer haben auf ihn am Feuer gewartet und dabei etwas gegessen. Er ist zu dem Iren hinaufgestiegen und hat ihn – freiwillig oder mit Gewalt – an Bord geholt! Ich bin mir da so sicher, als wenn ich es gesehen hätte.«

Trotz dieser Gewissheit wollte Erik noch die Umgebung absuchen, um sich zu vergewissern, dass Patrick O'Donoghan nicht mehr da war. Aber ein Rundgang von einer Stunde genügte, um ihn zu überzeugen, dass der Rest der Insel völlig unbewohnt war. Es gab keine Spur von Pfaden, nicht die geringste Spur eines menschlichen Lebewesens. Auf allen Seiten erstreckten sich, soweit das Auge reichte, Dünen und Täler, ohne irgendwelche Vegetation, ohne einen Vogel oder ein Insekt, um damit die Einsamkeit zu beleben. Nur überall diese gigantischen Knochen, die auf dem Boden lagen, wie wenn einmal eine Armee von Mammuts, Nashörnern und Auerochsen hierhergekommen wäre, um vor irgendeiner schrecklichen Naturkatastrophe Zuflucht zu suchen und auf dieser verlorenen Insel zu sterben. In der Ferne hinter den Dünen und Tälern lag eine Kette von schnee- und eisbedeckten Anhöhen.

»Brechen wir auf!«, sagte Dr. Schwaryencrona. »Es gibt nichts, was eine noch umfassendere Nachforschung rechtfertigen könnte, und das, was wir sehen, genügt, um uns klarzumachen, dass er O'Donoghan wohl kaum zum Fortgehen hatte drängen müssen!«

In weniger als vier Stunden hatte das Beiboot die *Alaska* erreicht, die ihre Reise wieder aufnahm.

Erik verhehlte sich nicht, dass seine Hoffnungen soeben einen entscheidenden Schlag erhalten hatten. Nachdem es Tudor Brown geglückt war, ihn an Geschwindigkeit zu übertreffen, als Erster die Insel Ljachow aufzusuchen und zweifellos Patrick O'Donoghan wegzubringen, war es nun äußerst unwahrscheinlich, dass man es jemals schaffen würde, ihn wiederzufinden! Für einen Menschen, der zu alldem imstande gewesen war, was er der *Alaska* gegenüber sich erdreistet hatte, der fähig gewesen war, eine derart eiserne Willenskraft einzusetzen, um den Iren von einem solchen Ort zu entführen, würde es sicherlich keine Mühe bedeuten, von nun an zu verhindern, dass man seiner habhaft werden konnte. Die Welt ist groß und die ganze Weite des Meeres stand der *Albatros* offen. Wie sollte man erraten, an welchen Punkt der Windrose er O'Donoghan und sein Geheimnis verschleppt hatte?

So sprach der Kommandant der *Alaska* mit sich, während er auf dem Achterdeck hin- und herging, nachdem er den Befehl erteilt hatte, auf Westkurs zu gehen. Und unter diese schmerzlichen Gedanken mischten sich gewisse Schuldgefühle, von denen er deshalb geplagt wurde, weil seine Freunde ebenfalls die Gefahren und die Erschöpfungen dieser unnötigen Expedition hatten erleiden müssen! Die sogar zweifach unnötig gewesen waren, weil Tudor Brown Nordenskiöld vor der *Alaska* gefunden hatte, so wie er auch vor der schwedischen Expedition die Insel Ljachow erreicht hatte. Sie würden also nach Stockholm zurückkehren – falls sie bis dorthin kamen – ohne eines der Reiseziele erreicht zu haben. Das war wirklich zu viel des Missgeschicks! … Aber zumindest zählte die Rückreise an sich und würde die Gegenprobe für die Fahrt der *Vega* sein. So konnte die Nordost-Passage durch einen zweiten gelungenen Versuch erfolgreich bestätigt werden! … Unter allen Umständen musste man das Kap Tscheljuskin erreichen und von Osten nach Westen umrunden! Unter allen Umständen musste man über die Kara-See nach Schweden zurückkommen!

Und eben zu diesem furchterregenden Kap Tscheljuskin, das einst als unüberwindlich galt, fuhr die *Alaska* jetzt unter Volldampf. Der Kurs, dem sie folgte, glich nicht genau dem der *Vega*, welche sich vom Mündungsbereich der Lena, wo sie angelegt hatte, zur Ljachow-Insel begeben hatte. Erik hatte keinen Grund, an die sibirische Küste hinunterzufahren. Er ließ die am 4. August gesichteten Stolbowoi- und Semenowski-Inseln steuerbord liegen, steuerte direkt nach Westen, folgte ungefähr dem 76. Breitengrad und legte eine so gute Strecke zurück, dass er in acht Tagen fünfunddreißig Längengrade – 140 bis 105 Grad östlich von Greenwich – durchquerte. Zugegebenermaßen musste man dazu sehr viel Kohle verfeuern, denn die *Alaska* hatte beinahe ständig Gegenwind. Aber Erik dachte zu Recht, dass alles der Notwendigkeit untergeordnet werden müsse, schnellstmöglich diese gefährliche Gegend zu verlassen. Einmal im Mündungsgebiet des Jenissei angekommen, würde man immer noch einen Weg zur Beschaffung von Brennmaterial finden.

Am 14. August mittags waren wegen des dichten Nebels, der Himmel und Horizont verschleiert hatte, keine Sonnenbeobachtungen möglich. Aber der Schätzung nach musste man sich dem großen asiatischen Vorgebirge nähern. Auch ordnete Erik größte Wachsamkeit an, gleichzeitig ließ er die Fahrt des Schiffes verlangsamen. Gegen Abend gab er sogar den Befehl, ganz anzuhalten.

Diese Vorsichtsmaßnahmen waren nicht ohne Sinn. Anderntags, bei Tageslicht, maß man beim Werfen des Lots nur dreißig Faden, und eine Stunde später wurde Land angekündigt. Die *Alaska* kreuzte, bis sie in Sichtweite einer Bucht war, in welcher sie den Anker werfen ließ.

Man beschloss, darauf zu warten, dass sich der Nebel auflöste, um an Land zu gehen. Aber als die Tage vom 15. und 16. vergingen, ohne dass sich die Lage veränderte, entschied sich Erik, in Gesellschaft von Herrn Bredejord, Herrn Malarius und dem Doktor an Land überzusetzen.

Eine flüchtige Erkundung zeigte ihnen dann, dass sich die Bucht, in welcher die *Alaska* ankerte, im äußersten Norden und zwischen den beiden Landspitzen des Kap Tscheljuskin befand. An beiden Seiten war das Land zum Meer hin ziemlich niedrig, es stieg aber allmählich nach Süden zu leicht an und erstreckte sich bis zu den Bergen, welche man entdeckte, wenn der Nebel es gelegentlich zuließ, und die drei- bis vierhundert Meter hoch zu sein schienen. Nirgendwo waren Schnee oder Eis zu erblicken, lediglich am Rande des Meeres selbst, wo es wie überall in den arktischen Regionen einen Eisrand gab. Der Lehmboden war mit üppiger Vegetation aus Moosen, Gräsern und Flechten bedeckt. Die Küste war durch die Anwesenheit einer relativ großen Anzahl von Gänsen, Wildenten und etwa einem Dutzend Walrossen belebt. Auf einer Felsenspitze zeigte ein Eisbär sein Fell. Insgesamt gesehen, wäre da nicht der Nebel gewesen, der mit seinem grauen Mantel alles bedeckte, hatte das gesamte Aussehen dieses berühmten Kap Tscheljuskin oder Kap Sewero nichts besonders Abweisendes an sich, vor allem nichts, was den traurigen Ruf gerechtfertigt hätte, den es schon jahrhundertelang besaß.[1]

Bei der Annäherung an den westlichsten Punkt der Bucht nahmen die Reisenden eine Art Denkmal wahr, das eine Anhöhe krönte, und so beeilten sie sich, es zu besichtigen. Als sie näher kamen, sahen sie, dass dies ein »cairn«, ein Steinhügel war,[2] der eine Holzsäule stützte, die aus einem Balken bestand.

Diese Säule trug zwei Inschriften. Die erste lautete:

»Am 19. August 1878 hat die *Vega*, vom Atlantik her kommend,
das Kap Tscheljuskin auf dem Weg zur Beringstraße umfahren.«

Die zweite:

»Am 12. August 1879 hat die *Albatros*,
von der Beringstraße her kommend,
das Kap Tscheljuskin auf dem Weg zum Atlantik umfahren.«

Also war Tudor Brown der *Alaska* schon wieder voraus! Man schrieb den 16. August! ... Diese Inschrift hatte er erst vor vier Tagen geschrieben!

In den Augen Eriks hatte sie eine ironische und grausame Bedeutung, als ob sie ihm sagen wollte: »Du wirst bis zuletzt enttäuscht werden! Du wirst bis zuletzt niemandem von Nutzen gewesen sein! ... Nordenskiöld hat den ersten Versuch unternommen, Tudor Brown hat die Bestätigung erbracht. Was dich betrifft, so wirst du gedemütigt und verlegen zurückkehren, ohne irgendetwas bewiesen, gefunden oder gelernt zu haben!«

---

[1] Semjon Iwanowitsch Tscheljuskin (geb. um 1700 in Beljow, gest. um 1764) erreichte den nördlichsten Punkt Russlands 1742 von Land aus mit dem Schlitten und nannte ihn Mys Sewerowostotschnyi, wörtlich übersetzt Nordostkap. Nicht »Kap Sewero« (d.h. Nordkap), Laurie übernahm diesen Irrtum wahrscheinlich aus: Ch. Flahault: *Nordenskiöld – Notice sur sa vie et ses voyages*, Paris 1880, S. 58f, wo es heißt: *»au point le plus septentrional de l'ancien continent, nommé cap Tcheljuskin, cap Severo, ou encore Cap du Nord-Est«*. Tscheljuskin zu Ehren wurde das Kap 1843 umbenannt. Nach Tscheljuskin war Nordenskiöld der erste Europäer, der es betrat. (vgl. Anm. 3 auf S. 117).

[2] Ein keltischer Ausdruck.

Er ging weg, ohne den Inschriften auf der Säule irgendein Wort hinzuzufügen. Aber Dr. Schwaryencrona wollte sich dies nicht gefallen lassen. Er zog ein Messer aus seiner Tasche und gravierte in den Holzschaft:

»Am 16. August 1879 hat die *Alaska*, von Stockholm aus über den Atlantik, das Baffinmeer, die arktischen Meerengen Amerikas und das Sibirische Meer her kommend, das Kap Tscheljuskin umfahren, um die erste Umrundung des Polargebietes zu vollenden.«

Seltsame Macht der Worte! Dieser einfache Satz, indem er Erik an die geografische Meisterleistung erinnerte, die er – fast ohne daran zu denken – gegenwärtig vollbrachte, genügte, um ihm seine gute Laune zurückzugeben. Es war vollkommen richtig, dass die *Alaska* dabei war, die erste Umrundung der Polarzone zu vollenden! … Vor ihr hatten andere Reisende die arktischen Meerengen Amerikas durchquert und die Nordwestpassage erkundet! Vor ihr hatten Nordenskiöld und Tudor Brown Kap Tscheljuskin umfahren und die Nordostpassage bezwungen! Aber das, was noch niemand geschafft hatte, war die Fahrt von einer Passage zur anderen, war die Beschreibung eines kompletten Kreises von 360 Grad um den Pol, über die arktischen Meere. Und jetzt fehlten höchstens noch achtzig Längengrade, bis die *Alaska* das geschafft hatte! Schlimmstenfalls konnte das noch etwa zehn Tage Seefahrt bedeuten.

Diese neue Perspektive verlieh jedem so viel Begeisterung, dass man nur noch ans Aufbrechen dachte. Erik wollte jedoch noch auf den nächsten Tag warten, um zu sehen, ob der Nebel sich dann auflöste. Aber der Nebel schien die chronische Krankheit des Kaps Tscheljuskin zu sein, und als ein weiterer Tag angebrochen war, ohne die Sonne zurückzubringen, wurde Befehl gegeben, den Anker zu lichten.

Indem man den Golf von Taymis im Süden hinter sich ließ, welcher seinen Namen der großen sibirischen Halbinsel verliehen hat, von der Kap Tscheljuskin nur die äußerste Spitze darstellt, wendete sich die *Alaska* Richtung Westen und fuhr ununterbrochen Tag und Nacht bis zum 17. Am Morgen des 18. kam man endlich aus dem Nebel heraus und geriet in klare und sonnige Atmosphäre. Mittags konnte man die Position des Schiffes bestimmen. Die Berechnungen waren gerade abgeschlossen, als die Wache im Südwesten ein Segel meldete.

Ein Segel in diesen wenig befahrenen Meeren war ein zu außergewöhnliches Phänomen, als dass man ihm nicht besondere Aufmerksamkeit hätte widmen müssen. Erik kletterte schnell hinauf zum Krähennest und studierte mit dem Glas in der Hand ausgiebig das Schiff, das man ihm soeben signalisiert hatte. Es schien tief im Wasser zu liegen, zum Schoner aufgetakelt und mit einem Schornstein ausgestattet zu sein, welcher gegenwärtig nicht in Betrieb war.

Wieder unten auf Deck angekommen, war der junge Kommandant ganz blass.

»Dies sieht mir ganz nach der *Albatros* aus«, sagte er zu dem Doktor.

Dann erteilte er den Befehl, den Kessel anzuheizen. In weniger als einer Viertelstunde erkannte man, dass man zu dem anderen Schiff aufholte, dessen Rumpf sich bald mit bloßem Auge ausmachen ließ. Abgesehen davon, dass es nur unter einer ganz schwachen Brise segelte, bildete sein Kurs mit dem der *Alaska* auch einen sehr spitzen Winkel.

Aber plötzlich änderte es seinen Lauf. Dichter Rauch quoll aus dem Kamin hervor und hinterließ eine lange schwarze Rauchwolke. Es fuhr nun ebenfalls unter Dampf und in die gleiche Richtung wie die *Alaska*.

»Kein Zweifel, es ist die *Albatros*!«, murmelte Erik und erteilte dem Obermaschinist den Befehl, die Geschwindigkeit zu beschleunigen. Man machte bereits vierzehn Knoten, eine Viertelstunde später waren es sechzehn.

Das Schiff, dem man folgte, hatte noch keine solche Geschwindigkeit erreicht, denn die *Alaska* war weiterhin schneller. Nach dreißig Minuten befand man sich nahe genug, um Einzelheiten seines Mastwerks, seine Heckwelle, die Männer, die kamen und gingen, um seine Manöver durchzuführen, erkennen zu können – und schließlich seine Heckverzierung sowie die Buchstaben, welche seinen Namen bildeten: *Albatros*.

Erik erteilte den Befehl, die schwedische Fahne zu hissen. Sogleich hisste die *Albatros* das Sternenbanner der Amerikanischen Union.

Ein paar Minuten später waren beide Schiffe nicht mehr als drei- bis vierhundert Meter voneinander entfernt. Alsdann rief der Kommandant der *Alaska* von seiner Brücke aus mit einem Sprachrohr die *Albatros* auf Englisch an: »Schiff ahoi! … Ich möchte mit Ihrem Kapitän sprechen!«

Jemand erschien auf der Brücke der *Albatros*. Es war Tudor Brown.

»Ich bin der Besitzer und Kapitän dieser Yacht«, rief er. »Was wollen Sie von mir?«

»Ich möchte wissen, ob Patrick O'Donoghan bei Ihnen an Bord ist.«

»Patrick O'Donoghan ist bei mir an Bord und wird Ihnen persönlich antworten«, entgegnete Tudor Brown.

Auf sein Zeichen hin trat ein Mann zu ihm auf die Brücke.

»Hier ist Patrick O'Donoghan«, erwiderte der Besitzer der *Albatros*. »Was wollen Sie von ihm?«

Erik hatte sich dieses Gespräch seit Langem gewünscht; er war von sehr weit her gekommen, um es zu führen, und befand sich nun unerwartet in der Gegenwart dieses Mannes mit den roten Haaren und der plattgedrückten Nase, der ihn misstrauisch beäugte; so überrumpelt wusste er zunächst nicht, was er ihn fragen sollte. Aber schließlich, nachdem er seine Gedanken geordnet hatte, machte er einen Versuch:

»Ich müsste dringend ein längeres und vertrauliches Gespräch mit Ihnen führen«, sagte er. »Ich suche Sie seit vielen Jahren und bin in diese Meere gekommen, um Sie zu finden. Wollen Sie zu mir an Bord kommen?«

»Ich kenne Sie nicht und fühle mich wohl hier, wo ich bin«, entgegnete der Mann.

»Aber ich kenne Sie sehr gut! Ich weiß von Herrn Bowles in New York, dass Sie beim Schiffbruch der *Cynthia* an Bord waren und ihm gegenüber von dem *Kind auf dem Rettungsring* gesprochen haben! Ich bin dieses Kind und aus diesem Grund möchte ich alle Einzelheiten von Ihnen wissen, über die Sie verfügen.«

»Dann müssen Sie einen anderen als mich fragen, denn ich bin nicht in der Stimmung, sie Ihnen mitzuteilen.«

»Wollen Sie, dass ich annehme, dass sie Ihnen nicht zur Ehre gereichen?«

»Vermuten Sie, was Sie wollen, es ist mir vollkommen gleichgültig«, war die Antwort.

Erik war entschlossen, keine Regung des Zorns zu zeigen.

»Besser wäre es, wenn Sie mir bereitwillig sagen würden, was mich so sehr interessiert, bevor ich einen Antrag stellen muss, Sie vor ein Gericht zu bringen«, fügte er kalt hinzu.

»Vor ein Gericht! ... Da müssten Sie erst in der Lage sein, mich dorthin zu bringen«, erwiderte der Mann.

»Ich beschuldige Sie des Versuchs, mein Schiff stramden zu lassen.«

Hier griff Tudor Brown ein.

»Sie sehen, dass es nicht an mir liegt, wenn Sie nicht die Erklärung bekommen, die Sie wünschen«, sagte er zu Erik. »Das Beste ist, es dabei zu belassen und uns unsere Fahrt fortsetzen lassen, jeder für sich.«

»Warum jeder für sich? Wäre es nicht am einfachsten, zusammen zu segeln, bis wir in ein zivilisiertes Land kommen, wo wir die Angelegenheiten regeln können, die uns beide betreffen?«, fragte der junge Kommandant der *Alaska.*

»Ich kenne keine Angelegenheit, die mit Ihnen zu tun hat, und ich brauche die Gesellschaft von niemandem!«, antwortete Tudor Brown und schickte sich an, die Brücke zu verlassen.

Erik hielt ihn durch ein Zeichen davon ab.

»Besitzer der *Albatros*«, rief er, »ich bin Beauftragter meiner Regierung und in diesem Zusammenhang Beamter der Seepolizei! … Ich ersuche Sie um sofortige Vorlage Ihrer Papiere! …«

Tudor Brown antwortete nicht einmal und stieg mit dem Mann, den er gerufen hatte, von der Brücke.

Erik wartete zwei Minuten lang, dann fuhr er fort:

»Besitzer der *Albatros*, ich klage Sie an, an meinem Schiff bei der Basse-Froide vor Sein versucht zu haben, einen Schiffbruch herbeizuführen, und fordere Sie auf, zu dieser Anklage vor einem Seegericht Stellung zu nehmen! … Sollten Sie dieser Aufforderung nicht Folge leisten, ist es meine Aufgabe, Sie gewaltsam dazu zu zwingen!«

»Versuchen Sie es, wenn Sie Lust dazu haben!«, schrie Tudor Brown und erteilte Befehl, die Fahrt fortzusetzen.

Während dieses Gesprächs hatte sein Schiff unmerklich gedreht und sich im rechten Winkel zum Bug der *Alaska* ausgerichtet. Unvermittelt trat die Schiffsschraube in Aktion und peitschte das Wasser, das weiß zu sprudeln begann. Ein langer Pfeifton zerschnitt die Luft und die *Albatros* fuhr – über die Wellen gleitend – unter Volldampf in Richtung Nordpol davon.

Zwei Minuten später machte sich die *Alaska* an ihre Verfolgung.

18. Kapitel
Kanonendonner

Zur gleichen Zeit, als er die Jagd auf die *Albatros* eröffnete, hatte Erik den Befehl erteilt, die Kanone in Stellung zu bringen, welche die *Alaska* auf ihrem Bug mit sich führte. Dieser Vorgang nahm viel Zeit in Anspruch. Als die Kanone unter ihrer geteerten Persenning[1] hervorgeholt worden, geladen und einsatzbereit war, stellte man fest, dass der Feind bereits außer Reichweite war. Zweifellos hatte er die Zeit des Disputs genutzt, um kräftig die Maschine zu heizen, und sein Vorsprung betrug bereits drei oder vier Meilen. Dies ist zwar keinesfalls eine übermäßige Entfernung für eine Gatling-Kanone, aber beim Schlingern, der Geschwindigkeit der zwei Schiffe und dem sehr schmalen Ziel, welches die amerikanische Yacht beim Schießen bieten würde, gab es viel mehr Möglichkeiten, seine Gra-

[1] Wasserdicht imprägniertes Segeltuch.

Das elektrische Auge der Alaska richtete sich unerbittlich auf die Albatros.

naten ins Wasser zu schleudern, als sie ins Ziel zu bringen. Also war es sinnvoller zu warten.

Bald wurde der Vorsprung der *Albatros* zumindest nicht mehr größer, nahm aber auch nicht ab. Diese Erkenntnis zeigte, dass die beiden Schiffe, auf volle Geschwindigkeit gebracht, ungefähr gleich schnell unterwegs waren. Der Abstand, der sie trennte, blieb mehrere Stunden lang immer gleich.

Allerdings geschah dies auf Kosten eines enormen Verbrauchs an Kohle, ein Gut, das an Bord der *Alaska* immer knapper wurde. Es gab Anlass zur Befürchtung, dass dieser Verbrauch ganz vergeblich wäre, falls man bis zur kommenden Nacht die *Albatros* nicht eingeholt hätte. Erik hielt sich nicht für berechtigt, diese letzte Karte auszuspielen, ohne hierzu seine Besatzung zu befragen. Er ließ sie an Deck antreten und erläuterte ihr offen die Lage.

»Meine Freunde«, sagte er, »Sie wissen, worum es geht: Ob wir den Verbrecher, der versucht hat, uns an der Basse-Froide ins Verderben zu stürzen, festnehmen, um ihn dem Seegericht auszuliefern, oder ob wir ihm erlauben, uns zu entwischen! Uns bleibt kaum noch Kohle für volle sechs Tage. Jede Abweichung von unserer Route setzt uns also dem Problem aus, unsere Reise unter Segeln beenden zu müssen, was gleichzeitig auch den Erfolg gefährden könnte. Andererseits rechnet die *Albatros* gewiss mit der Nacht, um uns in Rückstand zu bringen. Es wird entscheidend sein, sie in Reichweite unseres elektrischen Scheinwerfers zu halten und unsere Fahrt keinen Augenblick zu verlangsamen. Wir sind übrigens sicher, dass dieses Rennen entweder morgen oder am darauffolgenden Tag zwangsläufig ein Ende finden wird, nämlich an der Barriere des ewigen Eises, welche den Zugang zum Pol etwa am 78. oder 79. Grad verteidigt. Aber ich wollte diese Verfolgung nicht fortsetzen, ohne Sie zu fragen, ob Sie einverstanden sind und im Voraus den Schwierigkeiten zustimmen, welche sich für uns ergeben könnten!«

Die Männer berieten sich mit leiser Stimme und beauftragten Herrn Hersebom, ihre Meinung zum Ausdruck zu bringen.

»Wir sind der Ansicht, dass es die Aufgabe der *Alaska* ist, alles der Festnahme dieses elenden Schurken zu opfern«, sagte er ruhig.

»Sehr gut! Dann wollen wir unser Bestes tun, um dies zu erreichen«, entgegnete Erik.

Da er die Besatzung hinter sich wusste, sparte er nicht mit dem Brennmaterial und schaffte es, trotz der verzweifelten Anstrengungen, die Tudor Brown unternahm, um ihn abzuschütteln, den Anschluss zu halten. Kaum war die Sonne untergegangen, als das elektrische Auge der *Alaska* auf der Spitze des Großmasts eingeschaltet wurde und sich unbarmherzig auf die *Albatros* heftete, um sie bis zum Tagesanbruch nicht mehr loszulassen. Die ganze Nacht blieb der Abstand zwischen den beiden Schiffen gleich. Als die Morgendämmerung anbrach, hielten sie noch immer Kurs in Richtung Pol. Am Mittag ergab der Sonnenstand als Position der *Alaska* 78° 21' 14" nördliche Breite und 98° östliche Länge.

Die Eisschollen, die man seit zehn oder fünfzehn Tagen nicht mehr gesichtet hatte, erschienen nun wieder in großer Anzahl. Wie schon zuvor im Baffinmeer, mussten sie von Zeit zu Zeit mit dem Rammsporn gebrochen werden. Erik, der davon überzeugt war, dass es nicht lange dauern würde, bis sich das Packeis zeigte, war sorgsam darauf bedacht, sich leicht rechts von der *Albatros* zu halten. So konnte er ihr den Weg nach Osten versperren, falls sie versuchen sollte, die Fahrtrichtung zu ändern, wenn sie sich im Norden aufgehalten sah.

Diese Vorsichtsmaßnahme erwies sich als voll gerechtfertigt, denn nach einigen Stunden zeichnete sich eine lange Eisbarriere am Horizont ab. Sogleich wandte die amerikanische Yacht sich nach Westen und ließ das Packeis etwa vier oder fünf Meilen an Steuerbord liegen. Die *Alaska* folgte sofort diesem Manöver, machte diesmal aber einen Bogen zur linken Seite der *Albatros*, um ihr bewusst den Weg abzuschneiden, falls sie wieder nach Süden wollte.

Die Jagd entwickelte sich sehr spannend. Überzeugt von der Richtung, welcher die *Albatros* folgen musste, versuchte die *Alaska*, sie von der Seite her so zu nehmen, dass sie sie mehr und mehr gegen das Packeis drängte. Die Yacht, welche immer mehr zögerte und durch das schwimmende Eis verlangsamt wurde, veränderte ständig das Tempo, mal sich nach Norden haltend, mal sich verzweifelt gen Westen werfend.

Erik, der auf das Krähennest gestiegen war, verfolgte aufmerksam die geringsten Finten, um ihnen durch geeignete Bewegungen entgegenzuwirken, als er plötzlich sah, wie die Yacht kurz anhielt, das Ruder herumriss und sich von der Vorderseite darbot. Eine lange weiße Linie, die sich westlich erstreckte, besagte genug über die Ursache dieses Manövers: Die *Albatros* war dabei, tief in einen regelrechten Golf zu geraten, der durch ein südliches Vorgebirge des Packeises gebildet worden war, und stand ihm nun wie ein von der Meute in die Enge getriebenes Raubtier gegenüber.

Der junge Kommandant der *Alaska* hatte noch keine Zeit gehabt, wieder hinunter auf das Deck zu steigen, als eine Granate pfeifend über seinen Kopf hinwegflog. Demnach war die *Albatros* bewaffnet und hatte vor, sich zu wehren!

»Es ist mir lieber, wenn es so ist und er als Erster gefeuert hat!«, sagte sich Erik und erteilte den Befehl, zu antworten.

Seine Granate war aber auch nicht glücklicher als Tudor Browns Geschoss und verfehlte ihr Ziel um zwei- bis dreihundert Meter; der Kampf aber war jetzt eröffnet und bald wurden die Schüsse präziser. Ein amerikanisches Projektil durchschlug glatt die große Rahe der *Alaska*, fiel auf das Deck und tötete bei der Explosion zwei Männer. Eine schwedische Granate schlug voll auf dem Achterdeck der *Albat-*

ros ein und musste dort verheerende Schäden angerichtet haben. Mehrere andere Projektile trafen beiderseits den Schiffsrumpf oder die Takelage.

Die beiden Schiffe näherten sich einander immer mehr, um dann plötzlich zum Abfeuern ihrer Breitseiten abzudrehen, als sich ein Rollen aus der Ferne mit dem Kanonendonner vermischte. Die Männer hoben die Köpfe und stellten fest, dass der Himmel im Osten ganz schwarz war.

Würde sich ein Unwetter, ein Nebel- oder Schneevorhang zwischen die *Albatros* und die *Alaska* schieben und Tudor Brown die Flucht gestatten? Das wollte Erik um keinen Preis. Er beschloss daher, das Schiff entern zu lassen. Also bewaffnete er seine Männer mit Säbeln, Beilen und langen Messern und setzte sein Schiff wieder in Bewegung; dann warf er es mit Volldampf der Yacht entgegen.

Tudor Brown hatte nicht die Absicht, hierauf zu warten. Er wich zurück, fuhr wieder am Packeis entlang und feuerte im Abstand von jeweils fünf Minuten einen Kanonenschuss von seinem Heck aus ab. Aber sein Aktionsbereich war nun sehr begrenzt. Immer mehr zwischen die Eismassen und die *Alaska* eingezwängt, sah er, dass es keine Rettung geben würde, wenn er nicht einen mutigen Handstreich riskierte, um auf die offene See zu gelangen. Dies versuchte er nach ein paar Finten, die darauf abzielten, den Gegner über die eigentliche Absicht hinwegzutäuschen.

Erik ließ ihn gewähren. Aber im richtigen Augenblick, als die *Albatros* unter Volldampf fahrend in seine Reichweite kam, stürzte er sich mit seinem stählernen Rammsporn auf sie.

Die Wirkung des Zusammenstoßes war verheerend. Eine klaffende Wunde öffnete sich an der Seite der Yacht, welche sofort schwerfällig wurde, worauf sie stoppte und es ihr nahezu unmöglich wurde, weiter zu manövrieren. Was die *Alaska* betraf, so hatte sie umgehend zurückgesetzt und bereitete sich darauf vor, den Angriff zu erneuern. Der immer bedrohlicher werdende Zustand des Meeres ließ ihr dazu keine Zeit mehr.

Der Sturm kam. Es war ein von Schneestürmen begleiteter starker Südostwind, der nicht nur die Wirkung hatte, beachtliche Wellen aufzutürmen, sondern in den Golf, wo die beiden Schiffe sich wie in einem Trichter befanden, riesige Massen schwimmenden Eises hinein drückte. Es schien, als ob sie sich, von allen Punkten des Horizonts kommend, plötzlich zu einem Stelldichein verabredet hätten.

Erik begriff, dass keine Minute zu verlieren war und er ohne jegliche Verzögerung aus dieser Sackgasse heraus musste, wenn er nicht vielleicht rettungslos eingeschlossen werden wollte. Sich nach Osten wendend dachte er nur noch daran, gegen den Wind, den Schnee und das wütende Heer von Eisschollen anzukämpfen.

Doch schon bald musste er sich eingestehen, dass das Unternehmen hoffnungslos war. Der Sturm tobte mit solcher Kraft, dass weder die Maschine der *Alaska* noch ihr stählerner Rammsporn etwas dagegen ausrichten konnten. Nicht nur, dass das Schiff kaum vorankam, manchmal wurde es auch mit Gewalt einige Meter zurückgedrängt. Die Masten ächzten unter dem Druck des Windes. Schon verdunkelte dichter Schneefall den Himmel, raubte der Besatzung die Sicht und sammelte sich mehr als einen Fuß dick auf dem Deck und der Takelage. Bei jedem Windstoß häufte, türmte und hob sich das Eis; die Mauer wurde undurchdringlich. Man war gezwungen, zum Packeis zurückzukehren beinahe tastend nach einem kleinen Hafen zu suchen und sich damit abzufinden, auf ein Aufklaren zu warten.

Die amerikanische Yacht war im Sturm verschwunden, und in dem Zustand, in den sie der Rammstoß der *Alaska* versetzt hatte, war es mehr als zweifelhaft, ob sie ihm würde widerstehen können. Dass sie aus der Sackgasse entkommen sein könnte, war nach Eriks Annahme kaum zu befürchten.

Darüber hinaus war die Lage, welche von Minute zu Minute immer schlimmer wurde, ernst genug, um sich nur noch um seine eigenen Sorgen zu kümmern.

Nichts kann das Grauen und den Schrecken dieser arktischen Stürme wiedergeben, bei denen es den Anschein hat, dass gewissermaßen die urzeitlichen Kräfte der Natur wieder erwachen, um dem Seefahrer ein Beispiel davon zu geben, was einst die Katastrophen der Eiszeit bedeutet haben. Es herrschte tiefe Dunkelheit, obwohl es kaum fünf Uhr abends war in einer Gegend, in der sich Tag und Nacht deutlich voneinander abgrenzen. Die Dampfmaschine musste angehalten werden; es war nicht daran zu denken, das elektrische Leuchtfeuer einzuschalten. Zu dem Pfeifen des Orkans, dem Rollen des Donners und dem Höllenlärm des schwimmenden Eises, das aneinander stieß und zerbrach, kam in der Finsternis noch das Krachen des Packeises, das auseinandertrieb und in viele Teile zerbrach. Jeder Riss, der sich bildete, führte zu einer Detonation, die sich vor dem Hintergrund des Sturms abhob wie Kanonendonner in Seenot. Die Häufigkeit dieser Explosionen zeigte an, dass es zahllose Risse sein mussten.

Bald bekam die *Alaska* die unmittelbaren Folgen zu spüren. Es dauerte nicht lange, und der kleine Hafen, in dem sie Zuflucht genommen hatte, wurde wie die letzten Winkel des Golfs vom Treibeis heimgesucht. Eine Anhäufung von Eisschollen, verfestigt durch den Schnee, der noch immer fiel, bildete sich rund um den Schiffsrumpf, schloss ihn ein und presste ihn zusammen wie ein Schraubstock. Nun begann auch die *Alaska* unter der Wucht des Eises zu knacken. Die Rippen des Rumpfs ächzten im Gleichklang mit dem Packeis, mit dem er jetzt verkrustet war. Jeden Augenblick stand zu befürchten, dass der Rumpf auseinanderbrach, und das wäre sicherlich auch geschehen, wenn er nicht in Hinblick auf diese fürchterlichen Pressungen verstärkt worden wäre.

Erik, der entschlossen war, wenigstens nicht ohne Kampf zu sterben, hatte seine Besatzung vom ersten Augenblick an damit beschäftigt, rund um das Schiff mit schweren Balken eine senkrechte Schutzverkleidung zu errichten, welche dazu bestimmt war, den Druck so stark wie möglich zu vermindern, indem sie diesen über eine größere Fläche verteilte. Aber auch wenn diese Stützbalken die sofortige Wirkung hatten, den Rumpf zu schützen, so brauchte es nicht lange, um ein unvorhergesehenes Ergebnis herbeizuführen, das zum Verhängnis zu werden drohte.

Anstatt zerdrückt zu werden, wurde das Schiff nämlich bei jeder Bewegung des Packeises aus dem Wasser gehoben, um dann aber mit der Wucht eines Vorschlaghammers auf das Eis zurückzufallen. Von einem Augenblick auf den anderen konnte es durch einen dieser entsetzlichen Stürze auseinanderbrechen, in die Tiefe sinken und verschwinden. Um nun aber dieser Gefahr entgegenzuwirken, gab es nur ein Mittel, nämlich ohne Unterlass die Treibeis- und Schneebarriere, welche den Rumpf mehr schlecht als recht schützte, noch weiter zu verstärken, damit jener zu einem Teil einer nahezu homogenen Masse würde und dadurch in der Lage wäre, dem ständigen Auf und Ab folgen zu können.

Jeder war mit großem Eifer bei der Sache. Es war ein bewegendes Schauspiel, diese Handvoll Männer zu sehen, wie sie ihre Zwergenkraft einsetzten, um den Naturgewalten Widerstand zu leisten, wie sie mit Ankern, Tauen und Brettern versuchten, die dem Eis zuge-

Die Gefahren, die jederzeit der Seefahrt in den arktischen Meeren drohen.

fügten Risse in aller Eile zu stopfen, indem man sie mit Schnee ausfüllte, bis dieses Flickwerk bei einem einzigen Atemzug des Eismeeres wieder zersprang. Nach vier oder fünf Stunden übermenschlicher Anstrengung war man mit den Kräften am Ende, und doch wurde die Gefahr immer größer, da der Sturm zum Schluss an Stärke zunahm.

Erik beriet sich mit seinen Offizieren und entschloss sich, auf dem Packeis ein Vorratslager an Lebensmitteln und Munition in Sicherheit zu bringen, für den Fall, dass die *Alaska* den entsetzlichen Erschütterungen nicht mehr standhalten würde. Übrigens hatte jeder Mann vom ersten Augenblick an persönliche Vorräte für acht Tage mit genauen Anweisungen für den Fall einer Katastrophe erhalten, sowie den Befehl, selbst bei der Arbeit darauf zu achten, dass das Gewehr übergehängt war. Der Vorgang der Verladung von etwa zwanzig Tonnen war alles andere als leicht; aber letztendlich hatte man es geschafft und den Stapel an Lebensmitteln etwa zweihundert Meter vom Schiff entfernt unter einer geteerten Plane untergebracht, welche der Schnee bald mit einem dicken weißen Mantel bedeckte.

Nachdem diese Vorsichtsmaßnahme getroffen worden und jeder bezüglich der unmittelbaren Folgen eines möglichen Schiffbruches beruhigt war, ging die Besatzung zu Tisch, um bei einer zusätzlichen von Tee mit Rum gekrönten Mahlzeit neue Kräfte zu schöpfen.

Plötzlich, ausgerechnet mitten beim Essen, erschütterte ein Stoß das Packeis, noch heftiger als alle seine Vorgänger. Ein gewaltiger Druck zerbrach das Bett aus Eis und Schnee, auf dem die *Alaska* ruhte. Sie wurde von hinten gepackt und unter entsetzlichem Krachen hochgehoben, wobei ihr Vorderteil in einen Abgrund tauchte, wie wenn er darin versinken würde. Es entstand eine Panik. Jeder stürzte an Deck. Einige Männer glaubten, der Moment sei gekommen, Zuflucht auf dem Eis zu suchen, und sprangen – ohne auf das Signal ihrer Vorgesetzten zu warten – über die Reling.

Vier oder fünf dieser Unglücklichen gelang es, auf dem Schnee zu landen. Zwei andere wurden genau in dem Augenblick, als die *Alaska* ihr Gleichgewicht wiederfand und sich ächzend aufrichtete, zwischen den Eismassen eingeklemmt, welche das Schiff und die Bordwand auf der Steuerbordseite umgaben.

Ihre Schmerzensschreie und das Geräusch ihrer zersplitternden Knochen verloren sich im Orkan.

Das Wetter beruhigte sich, und das Schiff verharrte unbeweglich.

Die Lektion war tragisch verlaufen. Erik nahm sie zum Anlass, um der Besatzung zu empfehlen, ruhig Blut zu bewahren und bei jeder Gelegenheit auf klare Anordnungen zu warten.

»Sie werden verstehen«, sagte er zu seinen Gefährten, »dass das Verlassen des Schiffes eine äußerst entscheidende Maßnahme ist, die wir nur als letztes Mittel ergreifen können. Alle unsere Anstrengungen müssen darauf abzielen, die *Alaska* zu retten! Wenn wir sie nicht mehr hätten, wäre unsere Lage auf dem Packeis außerordentlich prekär! In jedem Fall ist es von allerhöchster Wichtigkeit, dass ein solcher Vorgang geordnet durchgeführt wird, sonst entsteht daraus eine Katastrophe! Ich verlasse mich darauf, dass Sie ihr Abendessen friedlich fortsetzen; und vertrauen Sie Ihren Offizieren, die für die Entscheidungen, was zu tun ist, Sorge tragen werden!«

Die Eindringlichkeit dieser Rede hatte die unmittelbare Wirkung, auch die Ängstlichsten zu beruhigen, und alle Männer stiegen wieder auf das Zwischendeck hinunter.

Dann rief Erik Herrn Hersebom herbei, dem er sagte, dass er seinen braven Hund Klaas losbinden und ihm geräuschlos folgen solle.

»Wir werden auf das Eisfeld gehen«, sagte er halblaut, »um die Davongelaufenen zurückzuholen, damit sie wieder ihrer Arbeit nachgehen. Das wird besser sein, als sie ihrem Schicksal zu überlassen.«

Die armen Teufel saßen noch immer am Rand des Packeises und schämten sich ihrer Flucht. Der ersten Aufforderung folgend machten sie sich wieder auf den Weg zur *Alaska*.

Nachdem Erik und Herr Hersebom sahen, dass sie zurückkehrten, drängte es sie zum Lager mit den Lebensmitteln, weil sie vermuteten, dass irgendein Seemann dort Zuflucht gesucht haben könnte. Sie legten den Weg zurück, ohne jemanden anzutreffen.

»Ich frage mich«, sagte Erik alsdann, »ob man nicht einer neuen Panik zuvorkommen könnte, wenn man jetzt sofort dazu überginge, einen Teil der Besatzung auszuschiffen?«

»Das würde vielleicht besser sein«, antwortete der Fischer. »Aber dann stände zu befürchten, dass die anderen, die an Bord blieben, sich durch diese Maßnahme, welche sie neidisch machen und verunsichern würde, entmutigen ließen.«

»Das ist wahr!«, entgegnete Erik. »Es wird klüger sein, sie bis zum letzten Augenblick mit dem Kampf gegen den Sturm zu beschäftigen, und das ist im Grunde die einzige Möglichkeit, wie wir das Schiff retten können. Aber da wir gerade auf dem Packeis sind, wie wäre es, wenn wir uns etwas umsehen würden, wie es um seine Beschaffenheit steht? Ich gestehe, dass dieses Knirschen und Krachen nicht geeignet ist, meine Zweifel über seine Robustheit zu zerstreuen!«

Erik und sein Adoptivvater hatten sich vom Vorratslager noch nicht einmal dreihundert Schritte in Richtung Norden entfernt, als sie plötzlich anhalten mussten. Eine riesige Gletscherspalte öffnete sich unter ihren Füßen. Um sie zu überwinden, hätte es langer Stangen bedurft, welche sie versäumt hatten mitzunehmen. Sie fassten den Entschluss, ihrem Rand zu folgen, wobei sie nach Westen abbogen, um zu sehen, wie weit sie sich erstreckte.

Dabei stellten sie fest, dass sich jene Spalte oder vielmehr jener Riss in dieser Richtung über eine sehr lange Strecke hin fortsetzte, so lange, dass sie nach einem mehr als halbstündigen Marsch noch immer nicht das Ende sehen konnten. Beruhigt durch ihre Erkundung der Ausdehnung des Eisfeldes, auf dem sie das Lager mit den Lebensmittelvorräten errichtet hatten, lenkten sie ihre Schritte wieder zurück.

Als sie ungefähr den halben Weg zum Vorratslager zurückgelegt hatten, erfolgte ein neuerliches Beben des Packeises, dem Detonationen, Krachen und ein ohrenbetäubender Lärm aufeinanderstoßenden Eises folgten. Sie beunruhigten sich nicht übermäßig, beschleunigten aber doch ihre Schritte, weil sie ungeduldig in Erfahrung bringen wollten, ob diese Erschütterung negative Folgen für die *Alaska* gehabt haben konnte.

Das Vorratslager war bald erreicht und dann auch der kleine Hafen, der das Schiff beherbergt hatte.

Erik und Herr Hersebom rieben sich die Augen und fragten sich, ob sie träumten: Die *Alaska* war nicht mehr da! …

Ihr erster Gedanke war, dass sie untergegangen sein könnte. Das war nach einer Nacht wie der, die sie gerade verbracht hatten, nur allzu naheliegend.

Aber unmittelbar darauf wunderten sie sich, dass überhaupt keine Trümmer zu sehen waren, außerdem hatte der kleine Hafen während ihrer Abwesenheit ein ganz neues Aussehen angenommen. Man sah nicht mehr diese Mauer von Treibeis, welche der Sturm dort in wenigen Stunden angehäuft hatte, und in deren Mitte die *Alaska* festgefroren gewesen war. Ganz im Gegenteil war die Form deutlich ausgeschnitten, wie wenn sich das Packeis von allen Teilen dieser zufälligen Umrandung befreit hätte, um nicht mehr mit ihr verbunden zu sein.

Fast im selben Augenblick bemerkte Herr Hersebom einen Umstand, der ihn nicht verwundert hatte, während er das Packeis in allen Richtungen durchstreifte; nun aber, als er sich wieder am Ausgangspunkt befand, wurde er ihm sehr klar: Der Wind hatte gedreht und wehte nun von Westen her.

War es nicht möglich, dass der Sturm, indem er die Richtung gewechselt hatte, einfach das schwimmende Eis, in dessen Mitte die *Alaska* sich befand, in die Tiefen des Golfs getrieben hatte?

Oh ja, natürlich war das möglich. Es galt festzustellen, ob es sich tatsächlich so verhielt.

Ohne weitere Umschweife machte sich Erik dorthin auf, gefolgt von Herrn Hersebom.

Sie marschierten eine lange Zeit, wohl eine Strecke von vier oder fünf Kilometern. Überall war der Rand des Packeises von Treibeis befreit; die wütenden Wellen brachen sich wie am Strand; aber das Ende des Golfs zeigte sich noch immer nicht. Noch seltsamer schien es, dass das Vorgebirge, welches ihn nach Süden zu abschloss, verschwunden war.

Schließlich blieb Erik stehen. Jetzt hatte er verstanden. Er nahm Herrn Herseboms Hand und drückte sie kräftig.

»Vater«, sagte er mit ernster Stimme. »Sie sind ein Mensch, dem man die Wahrheit sagen kann! … Nun, die Wahrheit ist, dass das Packeis zerbrochen ist und sich von der Masse, welche die *Alaska* umschlossen hielt, getrennt hat, weshalb wir uns nun auf einer Eisinsel befinden, die ein paar Kilometer lang und einige hundert Meter breit ist, von den Launen des Sturms über das Wasser davongetragen!«

19. Kapitel
Gewehrschüsse

Gegen zwei Uhr morgens krochen Erik und Herr Hersebom, vor lauter Müdigkeit erschöpft, unter die Plane des Vorratslagers, um sich zwischen zwei Fässern, an das warme Fell von Klaas geschmiegt, nebeneinander hinzulegen. Sie brauchten nicht lange, um einzuschlafen. Als sie wieder erwachten, stand die Sonne schon hoch am Horizont, der Himmel war wieder blau und das Meer ruhig. Das riesige Bruchstück des Packeises, auf dem sie dahintrieben, schien regungslos, so sanft und gleichmäßig war seine Bewegung. Aber längs seiner beiden eng benachbarten Seiten wurden riesige Eisberge mit erschreckender Geschwindigkeit fortgerissen. Sie verfolgten sich, stießen aneinander und manchmal zerschlugen sie sich gegenseitig. Die durch all diese riesigen Kristalle gebildete Landschaft war wie ein Prisma, das die Sonnenstrahlen reflektierte oder zerlegte; dies war das Wunderbarste, das Erik jemals gesehen hatte.

Wenn auch Herr Hersebom von sich aus im Allgemeinen und besonders in der Situation, in der er sich befand, wenig geneigt sein mochte, den Glanz der arktischen Natur zu bewundern, so wurde er doch davon ergriffen.

»Wie schön wäre es, dies alles vom Deck eines tüchtigen Schiffes aus zu sehen!«, sagte er seufzend.

»Pah!«, erwiderte Erik in seiner gewohnt guten Laune. »An Bord eines Schiffes sollte man lediglich daran denken, wie man diesen Eisbergen ausweichen kann, um nicht von ihnen zermalmt zu werden, während wir uns hier auf dieser Eisinsel wegen dieses Ungemachs nicht beunruhigen müssen!«

Dies war offensichtlich eine recht optimistische Sichtweise. Herr Hersebom begnügte sich damit, traurig zu lächeln. Aber Erik hatte beschlossen, die Dinge positiv zu sehen.

»Ist es nicht ein außergewöhnliches Glück, dass wir dieses Lebensmittellager haben?«, fuhr er fort. »Unsere Situation wäre tatsächlich verzweifelt, wenn wir nicht mit allem versehen wären. Aber was haben wir mit zwanzig Fässern voll Zwieback, geräuchertem Fleisch und Branntwein und überdies mit unseren Gewehren und unseren Patronengürteln zu befürchten? Schlimmstenfalls müssen wir ein paar Wochen warten, ohne Land zu erblicken, das wir betreten könnten! … Sie werden sehen, lieber Vater, dass wir aus diesem Abenteuer wie die Schiffbrüchigen der *Hansa* hervorgehen werden!«

»Der *Hansa*?«, fragte Herr Hersebom mit Wissbegierde.

»Ja, ein Schiff, das 1869 in die arktischen Meere aufgebrochen war. Ein Teil seiner Besatzung fand sich wie wir ausgesetzt auf einem Eisfloß wieder, auf welches sie gerade Lebensmittel und Kohle hinüberbrachten. Die braven Leute mussten sich, so gut es ging, auf dem schwimmenden Packeis einrichten. Sie lebten dort sechseinhalb Monate und legten dabei eine Strecke von mehreren tausend Meilen zurück. Es endete damit, dass sie auf dem arktischen Festland Nordamerikas landeten.«

»Wenn wir doch das gleiche Glück haben könnten!«, sagte Herr Hersebom seufzend … »Aber ich denke, wir tun gut daran, einen Happen zu essen.«

»Das ist auch meine Ansicht«, erwiderte Erik. »Ein Zwieback und eine Scheibe geräuchertes Rindfleisch werden uns willkommen sein!«

Herr Hersebom brach zwei Fässer auf, um daraus die Bestandteile für das Essen zu entnehmen. Mit der Spitze seines Messers bohrte er in die Seite eines Branntweinfasses ein Loch, das er augenblicklich mit einem Stöpsel verschloss, den er aus einem hölzernen Fassreif geschnitten hatte und der es ermöglichen sollte, sich nach Belieben zu bedienen. Dann schickte er sich an, den Vorräten zuzusprechen.

»War das Floß der Besatzung der *Hansa* auch so groß wie das unsrige?«, fragte der alte Fischer, nachdem er zehn Minuten lang gewissenhaft damit beschäftigt gewesen war, seine Kräfte wiederherzustellen.

»Ich glaube nicht! Das unsrige muss mindestens zehn oder zwölf Kilometer lang sein. Dasjenige der *Hansa* maß kaum zwei. Außerdem war es, nachdem es sechs Monate seinen Dienst verrichtet hatte, auf eine winzige Fläche zusammengeschmolzen. Die unglücklichen Schiffbrüchigen waren schließlich gezwungen, es aufzugeben, als die Wellen an ihren Zufluchtsort brandeten. Glücklicherweise besaßen sie ein großes Kanu, das es ihnen erlaubte umzuziehen, als das Eisfeld nicht mehr bewohnbar war und sie nach einem anderen suchen mussten. So wechselten sie wie die Eisbären mehrere Male die Eisscholle, bis zu dem Augenblick, da es ihnen endlich möglich war, wieder auf das Festland zu gelangen.«

»Na, bitte!«, sagte Herr Hersebom. »Sie hatten ein Kanu, wir aber haben keines … Solange wir nicht mit einem leeren Fass in See stechen sehe ich keine Möglichkeit, wie wir dieses Floß da verlassen könnten!«

»Das werden wir sehen, wenn es an der Zeit ist!«, erwiderte Erik. »Im Moment tun wir besser daran, unsere Gegend vollständig zu erkunden!«

Herr Hersebom und er standen auf, und beide begannen damit, einen Hügel aus Eis und Schnee zu erklimmen, einen *hummock* (dies ist der Fachausdruck), um eine allgemeine Vorstellung von dem Packeis zu gewinnen. Es zeigte sich ihnen in der Form eines langen Floßes oder besser gesagt einer Insel, die von einem Ende zum anderen zwölf oder vielleicht fünfzehn Kilometer maß. Sie sah grob gesagt wie ein ungeheurer Wal aus, der auf der Oberfläche des Polarmeeres lag. Das Vorratslager befand sich ungefähr auf Höhe einer Linie, welche das erste Drittel beziehungsweise den Kopf des Wals begrenzen würde. Aber es war alles in allem ziemlich schwierig, ihre Ausdehnung oder ihre wahre Form abzuschätzen. Eine große Anzahl von *hummocks* waren über die Oberfläche verstreut und versperrten nach allen Seiten die Sicht. Am weitesten entfernt war die Randlinie, die am Vorabend noch mit dem rückwärtigen Teil des Golfes verbunden war. Es wurde beschlossen, sich zunächst in diese Richtung zu begeben. Soweit man anhand der Position der Sonne feststellen konnte, hatte dieses Ende des Packeises, das sich nach Westen erstreckte, bevor es sich von der Masse löste, zu der es gehörte, jetzt nach Norden gedreht. Es gab daher Anlass zu der Vermutung, dass das Floß unter dem Einfluss der Strömung oder des Windes nach Süden trieb, und die Tatsache, dass man keine Spur der langen Eisbarriere mehr wahrnahm, die sich in Richtung des 78. Breitengrades von Osten nach Westen erstreckt hatte, erhärtete diese Annahme gänzlich.

Das Packeis war zur Gänze mit Schnee bedeckt, und auf diesem Schnee zeigten sich in größeren Abständen schwarze Flecken, welche Herr Hersebom sofort als *ugiuks*, das heißt als bärtige Riesenwalrosse erkannte. Diese Walrosse lebten ohne Zweifel in Spalten oder Höhlen des Packeises und nutzten es, in dem Glauben, vollständig vor jedem Angriff geschützt zu sein, um sich in der Sonne zu wärmen.

Ein Marsch von mehr als zwei Stunden[1] war nötig, bis Erik und Herr Hersebom an dem äußersten Punkt des Floßes ankamen. Sie waren nahezu unentwegt dem Rand der Ostküste gefolgt, weil ihnen dies erlaubte, Meer und Packeis gleichzeitig zu erkunden. Ständig jagte Klaas, der vorneweg lief, eines der aus der Ferne wahrgenommenen *ugiuks* in die Flucht, die sich dann ungeschickt bis an den Rand des Eisfeldes schleppten, um sich dort ins Wasser zu stürzen. Nichts wäre leichter gewesen, als eine große Anzahl von ihnen zu töten. Aber wozu wäre das gut gewesen, da man doch nicht daran denken konnte, Feuer zu machen, um das übrigens sehr delikate Fleisch dieser armen Tiere zu braten oder zu rösten? Erik hatte andere Sorgen: Er prüfte sorgfältig den Boden des Packeises und stellte fest, dass dieser weit davon entfernt war, eine feste Masse zu sein. Zahlreiche Spalten und Risse, die sich in einigen Fällen über die gesamte Breite des Eisfelds erstreckten, konnten einen befürchten lassen, dass dieses sich beim geringsten Stoß in viele Bruchstücke aufteilen könnte. Zwar wären die Einzelteile trotzdem noch immer von beachtlicher Größe. Aber allein die Möglichkeit eines solchen Unglücks zeigte die zwingende Notwendigkeit auf, sich möglichst in Reichweite des Vorratslagers aufzuhalten, wenn man nicht einer unerwarteten Abtrennung ausgesetzt sein wollte. Diese Risse waren überall von einer dicken Lage Schnee bedeckt, der am Vortag gefallen war und, während er schmolz, schon begann, sie zu schließen oder zu verkitten. Erik beschloss, unter den so abgegrenzten Teilen sorgfältig

[1] Im Original steht an erster Stelle »eine Stunde« bis zum Erreichen des äußersten Punktes und an zweiter Stelle »zwei Stunden später« bis zum Erreichen der Unfallstelle der *Albatros*. Beim Rekonstruieren der beschriebenen Örtlichkeiten und Erkundungsmärsche muss man jedoch zu dem Schluss kommen, dass hier die Zeitangaben für die zurückgelegten Wegstrecken zu vertauschen sind, um schlüssig zu sein. Siehe Karte auf Seite 239.

den massivsten und widerstandsfähigsten herauszufinden, um ihn zu seinem Hauptquartier zu machen und das Vorratslager dorthin zu verlegen.

In diesem Sinne nahmen Herr Hersebom und er ihre Erkundung an der Westküste auf, nachdem sie sich am nördlichsten Punkt einige Minuten lang erholt hatten. Sie folgten jetzt diesem Rand des Packeises, der eine Stunde später den Küstenstrich des Golfes erkennen ließ, an dem die amerikanische Yacht in die Enge getrieben worden war. Klaas lief, von der frischen Luft belebt, voran, und wie es schien, befand er sich auf diesem Schneeteppich, der ihn zweifellos an die Ebenen Grönlands erinnerte, in seinem eigentlichen Element.

Plötzlich sah Erik ihn schnuppern, wie einen Pfeil davonschießen und bellend vor einem Objekt anhalten, das noch von einem Eishaufen verborgen war.

»Noch ein *ugiuk* oder ein Seehund!«, sagte er sich, ohne seine Schritte zu beschleunigen.

Es war aber weder ein *ugiuk* noch ein Seehund, was da auf dem Rand des Packeises lag und die Unruhe von Klaas begründete. Es war ein Mensch, ein lebloser und blutender Mann, dessen lederne Bekleidung sicher nicht die eines Seemanns der *Alaska* war. Erik brachte sie unmittelbar mit der Erinnerung an die Überwinterung der *Vega* in Verbindung. Er hob den Kopf des Mannes hoch, der mit dichtem rotem Haar bedeckt war und eine bemerkenswert platte Nase wie ein Neger hatte …

Erik fragte sich, ob er nicht das Opfer einer Illusion geworden war. Seine Hand öffnete die Weste des Mannes und begann, dessen Brust zu entblößen. Dies geschah vielleicht weniger, um sich zu überzeugen, ob das Herz noch schlug, als um nach einem Namen zu suchen …

Dieser Name war dort blau in einem grob gezeichneten Schild eintätowiert: »Patrick O'Donoghan, *Cynthia*«.

Und das Herz schlug noch! … Der Mann war nicht tot! … Er hatte lediglich eine große Wunde am Kopf, eine andere an der Schulter und auf der Brust einen blauen Fleck, der seine Atmung schwer beeinträchtigte.

»Wir müssen ihn zu unserem Lager schaffen, ihn versorgen und ins Leben zurückholen!«, sagte Erik zu Herrn Hersebom. Und mit leiser Stimme, als ob er fürchtete, gehört zu werden, fügte er hinzu:

»Vater, das ist der, den wir seit so langer Zeit gesucht haben, ohne seiner habhaft zu werden, Patrick O'Donoghan! … Hier ist er nun und atmet kaum noch!«

Der Gedanke, dass sich das Geheimnis seines Lebens vor ihm befand, unter diesem plumpen, blutenden Schädel, dem der Tod bereits seinen Stempel aufgedrückt zu haben schien, ließ in Eriks Augen eine düstere Flamme auflodern. Sein Adoptivvater erriet, was in ihm vorging, und konnte nichts anderes tun, als mit den Schultern zu zucken. Er schien sagen zu wollen:

»Ein schöner Fortschritt, selbst wenn man jetzt alles erfährt! … Und was nützen uns alle Geheimnisse der Welt in unserer Lage!«

Aber trotzdem ergriff er den Körper bei den Beinen, während Erik ihn unter den Armen fasste. Dermaßen mit dieser Last beladen, setzten sie ihren Marsch wieder fort.

Die Bewegung führte dazu, dass der Verwundete die Augen öffnete. Bald wurde der Schmerz, den ihm seine Wunden verursachten, so heftig, dass er wirre Klagen ausstieß, unter denen das englische Wort »*drink*« (für »trinken«) vorzuherrschen schien. Man war aber vom Lager mit den Vorräten noch weit entfernt. Erik zog es vor, stehen zu bleiben, den Unglücklichen gegen einen *hummock* gelehnt auf den Schnee zu betten und ihm seine Lederflasche an die Lippen zu setzen.

Sie war fast leer, aber der Schluck Branntwein, den O'Donoghan zu sich nahm, schien ihm das Leben zurückzugeben. Er sah sich um, stieß einen tiefen Seufzer aus und fragte: »Wo ist Jones? …«

»Wir haben Sie ganz allein am Rand des Packeises gefunden«, sagte Erik zu ihm. »Befinden Sie sich schon lange hier?«

»Ich weiß nicht«, erwiderte der Verwundete mit Mühe.

»Geben Sie mir nochmals zu trinken!«, fuhr er fort und starrte Erik in die Augen.

Er nahm einen zweiten Schluck und fand nun die Kraft, um zu sprechen.

»Als der Sturm losbrach«, erklärte er, »sank die Yacht. Einige Männer fanden die Zeit, sich in die Boote zu stürzen, die anderen kamen um. Gleich im ersten Augenblick hat mir Mr. Jones ein Zeichen gegeben, mit ihm gemeinsam einen kleinen Rettungskajak zu nehmen, der am Heck hing und von allen wegen seiner geringen Ausmaße verschmäht wurde, doch er erwies sich als unsinkbar! … Er war der einzige, der es bis zum Packeis geschafft hat! … Alle Schaluppen sind vor dem Anlegen gekentert! Wir wurden schrecklich vom Treibeis zugerichtet, als die Wellen unseren Kajak umwarfen, aber schließlich konnten wir uns außerhalb ihrer Reichweite schleppen und den Tagesanbruch abwarten! … Heute Morgen verließ mich Mr. Jones, um einen Seehund oder irgendeinen Seevogel als Nahrung für uns zu schießen. Ich habe ihn nicht mehr wiedergesehen …«

»Ist dieser Mr. Jones ein Offizier der *Albatros*?«, fragte Erik.

»Er ist der Besitzer und der Kapitän«, antwortete O'Donoghan im Ton einer gewissen Überraschung über diese Frage.

»Ist nicht Mr. Tudor Brown der Besitzer?«

»Ich … ich weiß nicht«, sagte der Verwundete zögernd, der sich zu fragen schien, ob er sich beim Reden nicht weiter vorgewagt hatte, als es ratsam war.

Erik meinte, dass er auf diesem Punkt nicht weiter beharren sollte. Es gab andere Dinge zu erfragen!

»Nun«, sagte er zu dem Iren und setzte sich neben ihn in den Schnee, »Sie haben sich neulich geweigert, zu mir an Bord zu kommen, um mit mir zu sprechen, und diese Weigerung hat bereits zu einer Reihe von Unglücksfällen geführt! Aber da wir jetzt beisammen sind, sollten wir die Gelegenheit nutzen, um ernsthaft und auf vernünftige Art miteinander zu sprechen. Sie befinden sich hier auf schwimmendem Eis, sind verwundet, ohne Vorräte und allein nicht in der Lage, einem grausamsten Tod zu entgehen! … Mein Adoptivvater und ich verfügen über das, was Ihnen fehlt: Lebensmittel, Waffen und Branntwein! Wir wünschen nur, Sie zu pflegen, alle diese Dinge mit Ihnen zu teilen und Sie wieder auf die Beine zu bringen! … Könnten Sie uns nicht im Gegenzug dafür ein wenig Vertrauen schenken?«

Der Ire heftete einen unschlüssigen Blick auf Erik. Die Dankbarkeit schien sich mit Angst zu vermischen, einer dunklen, unbestimmten Angst.

»Das hängt von der Art des Vertrauens ab, das Sie erwarten!«, sagte er dann ausweichend.

»Oh, das wissen Sie genau!«, antwortete Erik, bemühte sich zu lächeln und nahm die Hand des Verwundeten in die seine. »Ich habe es Ihnen neulich ja gesagt; Sie wissen, nach welcher Kenntnis ich strebe, weshalb ich über die weiten Meere herüber gekommen bin, um danach zu suchen! … Vorwärts, Patrick O'Donoghan, nur eine kleine Anstrengung, teilen Sie mir dieses Geheimnis mit, das für mich eine so große Bedeutung hat; sagen Sie mir das, was Sie über *das*

Kind auf dem Rettungsring wissen! Geben Sie mir nur einen Hinweis, der es mir möglich macht, meine Familie wiederzufinden! … Was haben Sie zu befürchten? Welche Gefahr besteht, wenn Sie mich zufriedenstellen? …«

O'Donoghan antwortete nicht und schien in seinem schwerfälligen Kopf die Argumente abzuwägen, die Erik ihm dargelegt hatte.

»Falls wir aber«, sagte er schließlich mühsam, »aus dieser Sache hier herauskommen, falls wir in ein Land kommen, in dem es Gerichtsbarkeit gibt, könnte es mir schlecht ergehen!«

»Nein, das schwöre ich Ihnen! … Das schwöre ich Ihnen bei allem, was mir heilig ist!«, sagte Erik mit Glut. »Welches Unrecht Sie mir oder anderen gegenüber auch begangen haben, ich garantiere Ihnen, dass es für Sie keinerlei unangenehme Folgen haben wird! … Es gibt übrigens etwas, das Sie nicht zu wissen scheinen, dass es nämlich jetzt für all das eine Verjährung gibt. Ich will sagen, dass die menschliche Justiz nicht mehr das Recht hat, Sie für diese Ereignisse, die vor mehr als zwanzig Jahren geschehen sind, zur Rechenschaft zu ziehen!«

»Tatsächlich?«, fragte Patrick mit einem Rest von Misstrauen. »Mr. Jones hat mir doch gesagt, dass die *Alaska* von der Polizei geschickt worden ist, und Sie haben selbst von Gerichten gesprochen …«

»Das hat sich auf Ereignisse vor Kurzem bezogen, auf ein Unglück, das sich am Beginn unserer Reise zugetragen hat! Sie können sicher sein, dass Mr. Jones Sie zum Narren gehalten hat, Patrick! Er hat zweifellos ein Interesse daran, dass Sie nicht darüber sprechen!«

»Sicher hat er ein Interesse daran«, sagte der Ire mit Überzeugung. »Aber wie haben Sie denn letztendlich herausgefunden, dass ich das Geheimnis kenne?«, fuhr er fort und blickte auf Erik.

»Durch Mr. und Mrs. Bowles vom *Red Anchor* in Brooklyn, die oft gehört haben, wie Sie von dem *Kind auf dem Rettungsring* gesprochen haben.«

»Das stimmt«, sagte der Ire.

Und er überlegte erneut.

»Nun, Sie wurden also bestimmt nicht von der Polizei geschickt?«, fuhr er fort.

»Aber nein, was für ein absurder Einfall! … Ich bin von mir aus gekommen, von dem glühenden Wunsch getrieben, weil es mich dürstet zu erfahren, aus welchem Land ich komme und wer meine Eltern sind, das ist alles!«

O'Donoghan lächelte selbstgefällig.

»Aha, ist es das, was Sie wissen wollen?«, sagte er. »Nun, es ist wahr, ich kann Ihnen das sagen … Es stimmt, ich weiß es! …«

»Sagen Sie es mir, O'Donoghan!«, rief Erik, der ihn erschüttert anblickte. »Sagen Sie es mir und ich verspreche Ihnen Vergebung für das Unrecht, falls Sie ein solches begangen haben, und Dankbarkeit, falls es mir gegeben ist, sie Ihnen zu erweisen!«

Der Ire warf einen begehrlichen Blick auf die Lederflasche.

»Das viele Reden trocknet meine Kehle aus«, sagte er mit schwerer Zunge. »Ich würde gern noch etwas von dem Schnaps trinken, wenn Sie gestatten.«

»Es ist nichts mehr hier, aber wir können im Lager welchen holen. Wir haben zwei große Fässer davon«, erwiderte Erik und übergab Herrn Hersebom die Flasche.

Dieser entfernte sich sofort, gefolgt von Klaas.

»Es wird nicht lange dauern, bis er wiederkommt«, fuhr der junge Mann fort, indem er sich an den Verwundeten wandte. »Vorwärts, guter Mann, handeln Sie nicht mit mir um Ihr Vertrauen! … Versetzen Sie sich einen Augenblick lang in meine Lage! Stellen Sie sich vor, Ihr ganzes Leben lang den Namen Ihres Landes nicht gewusst und auch den Ihrer Mutter nicht gekannt zu haben und dass Sie sich nun in der Gegenwart eines Mannes befinden, der all das weiß, und dieser Mann verweigert Ihnen die Auskunft, die für Sie so wertvoll ist. Und das genau in dem Augenblick, in dem Sie ihn retten und ihm das Leben wiedergeben! … Das wäre doch grausam, nicht wahr? … Das wäre unerträglich! Ich verlange doch nichts Unmögliches von Ihnen! … Ich frage Sie nicht, um Sie anzuklagen, falls es irgendetwas gibt, was man Ihnen vorwerfen kann! … Geben Sie mir nur einen Hinweis, so unbedeutend er auch sein mag, führen Sie mich auf den Weg, das ist alles, was ich brauche! … «

»Meiner Treu, im Grunde kann ich Ihnen diesen Gefallen tun«, sagte Patrick offensichtlich ergriffen. »Sie werden wissen, dass ich Leichtmatrose an Bord der *Cynthia* gewesen bin …«

Er hielt kurz inne. Erik hing an seinen Lippen. … War er endlich am Ziel? … Würde er das rätselhafte Wort erfahren? Den Namen seiner Familie kennenlernen? Den seines Vaterlandes? … Tatsächlich schien diese Hoffnung kein Traum mehr zu sein. … Gebannt auf die Worte des Verwundeten wartend, heftete er seine Augen auf ihn, bereit, sie gierig aufzusaugen, sobald der Augenblick kam, dass er sie hören sollte. Um nichts in der Welt hätte er diesen Bericht durch eine Unterbrechung oder eine Geste gestört. Dabei bemerkte er nicht einmal, dass sich hinter ihm ein Schatten abzeichnete. Aber es war der Anblick dieses Schattens gewesen, der den Bericht Patricks kurz unterbrochen hatte.

»Mr. Jones! … «, sagte er im Tonfall eines Schülers, der beim Schwatzen in flagranti erwischt wurde.

Erik drehte sich um und sah Tudor Brown, der vor einem benachbarten *hummock* stand, welcher ihn bis zu diesem Moment vor seinen Blicken verborgen hatte. Der Ausruf des Iren bestätigte gleichzeitig die Vermutung, die ihm im Kopf herumgegangen war: Mr. Jones und Tudor Brown waren ein und dieselbe Person!

Er hatte kaum Zeit, diese Feststellung gedanklich zu verarbeiten.

Im Abstand von drei Sekunden krachten zwei Gewehrschüsse, die zwei Leichen zurückließen.

Tudor Brown hatte das Gewehr angelegt und Patrick O'Donoghan ins Herz geschossen, der tödlich getroffen nach hinten fiel.

Bevor er aber auch nur die Zeit gefunden hatte, sein Gewehr abzusetzen, erhielt Tudor Brown eine Kugel in die Stirn und fiel auf sein Gesicht.

»Es war richtig gewesen, umzukehren, als ich verdächtige Fußspuren im Schnee gesehen habe!«, sagte Herr Hersebom, der wieder aufgetaucht war, sein rauchendes Gewehr in der Hand haltend.

20. Kapitel
Das Ende der Rundreise

Erik hatte einen Schrei ausgestoßen und sich vor Patrick O'Donoghan auf die Knie geworfen, wobei er nach einem letzten Lebensseufzer lauschte, einem Hoffnungsschimmer! … Aber der Ire war diesmal wirklich tot; er hatte sein Geheimnis mit sich genommen.

Was Tudor Brown betraf, so zuckte sein Körper ein letztes Mal und seinen Händen entglitt die Waffe, welche er noch im Augenblick des Hinfallens umklammert hatte. Er hauchte sein Leben aus, ohne noch ein Wort zu sagen.

»Vater, was haben Sie getan?«, rief Erik voll Bitterkeit. »Warum haben Sie die letzte Möglichkeit ausgemerzt, die mir geblieben ist, um das Geheimnis meines Lebens zu erfahren? … Wäre es nicht besser

Tudor Brown traf eine Kugel in die Stirn.

gewesen, uns auf diesen Menschen zu stürzen, um ihn gefangen zu nehmen?«

»Und die Zeit dazu? Glaubst du, er hätte sie uns gelassen?«, erwiderte Herr Hersebom. »Sein zweiter Schuss wäre für dich bestimmt gewesen, da kannst du sicher sein! … Ich habe den Tod dieses Unglücklichen gerächt, das Verbrechen von der Basse-Froide bestraft, und vielleicht auch noch andere? … Was auch geschehen mag, ich bedaure nichts! … Was bedeutet übrigens, mein Kind, das Geheimnis deines Lebens in einer Situation wie der unsrigen? … Über das Geheimnis deines Lebens werden wir in Kürze höchstwahrscheinlich Gott befragen!«

Er hatte diese Worte kaum ausgesprochen, als ein Kanonenschuss ertönte, der von den Eisbergen und dem Packeis zurückgeworfen wurde.

Man hätte ihn als Antwort auf die mutlosen Worte des alten Fischers verstehen können. Doch es war zweifellos eine Reaktion auf die beiden Gewehrschüsse, die auf dem Eisfloß erschallt waren.

»Die Kanone der *Alaska*! … Wir sind gerettet!«, rief Erik und erhob sich, um auf einen *hummock* zu springen und mit seinen Augen das unendliche Meer abzusuchen.

Anfangs sah er nichts außer den im Winde treibenden Eisbergen, die sich in der Sonne wiegten. Aber Herr Hersebom, der sein Gewehr unverzüglich nachgeladen hatte, schoss in die Luft und ein Kanonenschuss antwortete ihm beinahe sofort.

Jetzt konnte Erik deutlich eine schwarze Rauchfahne wahrnehmen, die sich nach Westen zu am blauen Himmel abzeichnete. Nun antworteten sich Gewehrschüsse und Kanonendonner im Abstand weniger Minuten. Bald erschien die *Alaska,* einen Eisberg passierend, unter Volldampf in Richtung Norden des Eisfloßes haltend.

Erik und Herr Hersebom hatten sich, mit Freudentränen in den Augen, einander gegenseitig in die Arme geworfen. Sie schwenkten ihre Taschentücher, warfen ihre Mützen in die Luft und versuchten mit allen Mitteln, ihre Freunde auf sich aufmerksam zu machen.

Schließlich stoppte die *Alaska*, ein Beiboot löste sich von der Bordwand, und zwanzig Minuten waren noch nicht vergangen, als es am Packeis anlegte.

Wer vermag die tiefe Freude Dr. Schwaryencronas, der Herren Bredejord und Malarius sowie Ottos zu beschreiben, als sie die Verlorengeglaubten heil und wohlbehalten wiederfanden!

Man erzählte sich alles: vom Schrecken und der Verzweiflung der Nacht, den vergeblichen Rufen und der ohnmächtigen Wut. Als sich die *Alaska* bei Tag nahezu vom Eis befreit gesehen hatte, sah es so aus, als habe sie es endgültig geschafft. Herr Bosewitz, der in seiner Eigenschaft als zweiter Offizier das Kommando übernommen hatte, war sogleich auf die Suche nach der schwimmenden Eisbank gegangen, wobei er sich in die Richtung wandte, in die sie vom Wind getrieben worden sein musste. Diese Fahrt mitten durch das in Bewegung gesetzte Eis war die gefährlichste gewesen, welche die *Alaska* jemals ausgeführt hatte. Aber dank der hervorragenden Fähigkeiten, die der junge Kapitän seiner Besatzung vermittelt hatte, der erworbenen Erfahrung und der Exaktheit der Manöver war es ihnen gelungen sich ohne Unfall zwischen den wandernden Massen zu bewegen. Die *Alaska* hatte im Übrigen von dem Umstand profitiert, dass sie die gleiche Richtung wie das Eis verfolgte, allerdings mit einer höheren Geschwindigkeit. Das Glück hatte es gewollt, dass die Fortsetzung der Fahrt nicht vergeblich gewesen war. Um neun Uhr morgens wurde vor dem Wind die große Eisscholle gesichtet; man erkannte sie an ihrer Form vom Krähennest aus. Bald darauf gaben zwei Gewehrschüsse der Hoffnung Nahrung, dass sich die beiden Schiffbrüchigen noch immer darauf befanden.

Alles andere war nunmehr ohne Bedeutung. Man konnte geradewegs auf den Atlantik zusteuern, und es musste schon mit dem Teufel zugehen, wenn man nicht ans Ziel gelänge – unter Segeln, denn es gab so gut wie keine Kohle mehr.

»Nicht unter Segeln!«, sagte Erik. »Ich habe da zwei andere Ideen. Die erste wäre, uns von der Eisbank schleppen zu lassen, solange sie nach Süden oder Westen treibt. Das könnte uns unnötige Kämpfe mit den Eisbergen ersparen, weil unser Floß es übernehmen würde, diese vor sich her zu treiben. Die zweite wäre, den notwendigen Brennstoff einzusammeln, um unsere Reise vollenden zu können, sobald es uns gefällt, unsere Unabhängigkeit wieder aufzunehmen.«

»Was willst du damit sagen? Dass sich am Rand des Packeises eine Kohlengrube verbirgt?«, fragte der Doktor lächelnd.

»Nicht gerade eine Kohlengrube«, erwiderte Erik, »aber etwas, das dem sehr nahe kommt, eine Quelle tierischen Kohlenstoffs in der Form des Fettes der *ugiuks.* Ich möchte das versuchen, denn wir haben eine Feuerung, die eigens für diese Art Brennstoff eingerichtet ist.«

Vor allem anderen erwies man zunächst den beiden Toten den letzten Dienst, indem man sie mit einer Granate an den Füßen im Wasser verschwinden ließ.

Dann dockte die *Alaska* an der Seite des Packeises auf eine Art und Weise an, dass sie dessen Bewegungen folgen konnte, wobei sie durch seine Masse geschützt wurde. Dies erlaubte ihnen, die ausgeladenen Vorräte wieder an Bord zu bringen, denn es war ja wichtig, sie nicht zu verlieren. Als der Vorgang abgeschlossen war, ging das Schiff daran, am nördlichsten Punkt des Eisfloßes anzudocken, wo es gegen die Eisberge noch besser geschützt war. Erik hatte sich schon vergewissert, dass man, derartig geschleppt, durchschnittlich sechs Knoten machte, was bis auf Weiteres genügte, vor allem in Hinblick darauf, dass man sich wegen des Treibeises nicht mehr ängstigen musste.

Während die Eisbank sich wie ein treibender Kontinent mit einem

Begleiter im Schlepptau majestätisch nach Süden bewegte, wurde regelmäßig Jagd auf die *ugiuks* gemacht.

Zwei- oder dreimal am Tag gingen sie mit Gewehren und Harpunen ausgerüstet und von allen grönländischen Hunden begleitet auf das Eisfeld, um die am Rand ihrer Löcher schlafenden Meeresungetüme einzukreisen. Man tötete sie durch eine Kugel ins Ohr, zerlegte sie und zog ihnen den Speck ab, mit dem man die Schlitten belud, welche die Hunde zur *Alaska* zogen. Diese Jagd war so einfach und erfolgreich, dass die Laderäume in acht Tagen mit Speck buchstäblich prall gefüllt waren.

Die *Alaska*, immer noch im Schlepptau des Packeises, befand sich nun etwa am 40. östlichen Längen- und dem 74. Breitengrad, das heißt, dass sie bereits Nowaja Semlja hinter sich gelassen hatte, welches sie nördlich passierte.

Das Eisfloß hatte sich zu diesem Zeitpunkt um beinahe die Hälfte verkleinert und der Rest, von der Sonne rissig gemacht und von immer tieferen Spalten durchzogen, näherte sich deutlich sichtbar dem Zustand des Zerfalls. Es stand der Zeitpunkt bevor, dass sich diese große Insel in Treibeis auflösen würde. Erik wollte das nicht abwarten. Er ließ die Leinen lösen und geradewegs Kurs nach Westen nehmen.

Der Walrossspeck, der unverzüglich mit einer geringen Beimengung an Kohle in dem dafür geeigneten Ofen für die Feuerung der *Alaska* verwendet wurde, erwies sich als ausgezeichnetes Brennmaterial. Sein einziger Nachteil war, dass er den Kamin verrußte und deshalb tägliche Reinigung erforderlich machte. Was seinen Geruch anbelangte, der auf Fahrgäste aus dem Süden zweifellos unangenehm gewirkt hätte, war er für eine schwedische und norwegische Besatzung nur eine sehr zweitrangige Unannehmlichkeit.

Aber dank dieses Ersatzstoffes konnte die *Alaska* bis zur letzten Stunde immer noch unter Dampf fahren und trotz der Gegenwinde in kurzer Zeit die Entfernung zurücklegen, welche sie noch von Europas Meeren trennte. So erreichte sie am 5. September mit Blick auf das norwegische Nordkap Tromsö, ohne dort anzuhalten, wie sie in einem Notfall gekonnt hätte; sie verfolgte unentwegt ihre Route, umrundete die skandinavische Halbinsel, passierte erneut den Skagerrak und kehrte an ihren Ausgangspunkt zurück.

Am 14. September warf sie vor Stockholm den Anker – genau in den Gewässern, die sie am vorausgegangenen 10. Februar verlassen hatte.

Die *Alaska* dockte am Rand des Packeises an.

So wurde nach sieben Monaten und vier Tagen die erste Polarumsegelung durch einen zweiundzwanzigjährigen Seefahrer vollendet.

Diese geografische Gewalttour, welche die große Expedition Nordenskiölds so unmittelbar vervollständigt und bestätigt hatte, sollte schon bald in aller Welt einen außergewöhnlichen Widerhall hervorrufen. Aber im Augenblick hatten die Zeitungen und Zeitschriften die Verdienste noch nicht herausgestellt. Nur einige wenige Eingeweihte waren in der Lage, sie richtig einzuschätzen, und zumindest eine Person hielt an ihrer bisherigen Einstellung fest – und das war Kajsa.

Man brauchte nur das überhebliche Lächeln zu betrachten, mit dem sie den Reisebericht aufnahm.

»Da muss einen ja der gesunde Menschenverstand verlassen haben, wenn man sich freiwillig solchen Gefahren aussetzt!«, war ihr einziger Kommentar.

Zumal sie bei der erstbesten Gelegenheit nicht vergaß, an Erik gewandt hinzuzufügen:

»Nachdem der berühmte Ire jetzt tot ist, haben wir uns ja wohl endlich dieser langweiligen Angelegenheit entledigt!«

Was für ein Unterschied zwischen dieser trockenen und kalten Einschätzung und dem überschwänglichen Brief voll Zärtlichkeit und Zuneigung, den Erik bald darauf aus Norö erhielt! Wanda erzählte ihm darin von den Ängsten, die sie und ihre Mutter in diesen langen Monaten ausgestanden hatten, von ihren unentwegt bei den Reisenden verweilenden Gedanken und von dem Glück, sie endlich wieder in einem sicheren Hafen zu wissen! ... Wenn auch die Expedition nicht in jeder Hinsicht die Ergebnisse erzielen konnte, die Erik erwartet hatte, so musste er deshalb nicht übermäßig betrübt sein. Erik wusste doch genau, dass er in Ermangelung seiner richtigen Familie dennoch eine in dem armen norwegischen Dorf hatte, die ihn zärtlich liebte und in Gedanken immer bei ihm war. Würde er sie nicht bald wiedersehen, diese Familie, die ihn immer als den ihrigen betrachtete und nicht auf ihn verzichten wollte? Er könnte doch sicherlich eine Möglichkeit finden, ihr einen kleinen Monat Zeit zu schenken! ... Das war der größte Wunsch seiner Adoptivmutter und seiner kleinen Schwester Wanda, etc. pp.

Dem Ganzen waren drei hübsche, kleine – am Rande des Fjords gepflückte – Blumen beigelegt, in deren Duft Erik seine ganze unbeschwerte und fröhliche Kindheit wiederzufinden schien. Ach! Diese Dinge waren Balsam für sein armes enttäuschtes Herz und ließen ihn den letzten Fehlschlag seiner Expedition leichter ertragen!

Aber bald schon musste er sich den Tatsachen stellen. Die Reise der *Alaska* war ein Ereignis gewesen, das in seiner Bedeutung derjenigen der *Vega* gleichkam. Eriks Name wurde überall mit dem berühmten Namen Nordenskiölds gleichgesetzt. Die Zeitungen sprachen nur mehr von der neuerlichen Reise: Die Schiffe aller Nationen, die in Stockholm vor Anker lagen, verständigten sich darauf, zu Ehren dieser seemännischen Leistung die Flaggen zu hissen. Erik, überrascht und verwirrt, sah sich allerorts von begeisterten Ovationen empfangen, die einem Triumphator vorbehalten sind. Sämtliche Mitglieder der gelehrten Gesellschaften fanden sich ein, dem Kommandanten und der Besatzung der *Alaska* einen Willkommensgruß zu entbieten, und die staatlichen Stellen schlugen sie für eine nationale Auszeichnung vor.

Alle diese Belobigungen und der Lärm darum brachten Erik in Verlegenheit. Er war sich bewusst, dass er bei seinem Unternehmen hauptsächlich persönlichen Erwägungen gefolgt war, und hatte Skrupel, nun einen Ruhm zu ernten, den er zumindest für übertrieben hielt. So ergriff er die erste Gelegenheit, die sich ihm bot, um frei heraus zu sagen, was er in den Polarmeeren gesucht hatte, ohne es allerdings zu finden: das Geheimnis seiner Geburt, seiner Herkunft und des Schiffbruchs der *Cynthia*.

Diese Gelegenheit bot sich ihm in Gestalt eines bartlosen Männchens, kaum größer als ein Stiefel und lebhaft wie ein Eichhörnchen, als Reporter bei einer der wichtigsten Zeitungen Stockholms beschäftigt, der an Bord der *Alaska* erschien, um den jungen Kommandanten um die Gunst der Gewährung eines »persönlichen Interviews« zu bitten. Der Zweck des gewieften Zeitungsmannes war kurz gesagt ganz einfach der, sagen wir es ganz nüchtern: seinem Opfer Einzelheiten für eine Biografie von hundert Zeilen zu entlocken. Er konnte an keine bereitwilligere Person für eine solche lebende Zurschaustellung geraten. Erik dürstete es danach, die Wahrheit zu sagen und zu verkünden, dass ihm nicht das Verdienst gebühre, für einen Christoph Kolumbus gehalten zu werden.

So erzählte er vorbehaltlos alles, stellte seine Geschichte dar, erklärte, wie er von einem armen Fischer aus Norö aus dem Meer geholt, von Herrn Malarius erzogen und von Doktor Schwaryencrona nach Stockholm gebracht worden war, wie man in Erfahrung gebracht habe, dass ein gewisser Patrick O'Donoghan wahrscheinlich das Geheimnis um seine Herkunft kenne, wie man erfahren habe, dass jener sich an Bord der *Vega* befände und man sich auf den Weg gemacht habe, ihn dort zu suchen, wie es zu der Änderung der Reiseroute gekommen sei, welche sie bis zur Insel Ljachow und zum Kap Tscheljuskin geführt habe … All das sagte Erik, um sich in gewisser Weise dafür zu entschuldigen, als »Held« betrachtet zu werden. Er sagte das, weil er sich schämte, jetzt mit Lob überhäuft zu werden, denn alles erschien ihm doch so natürlich und so einfach.

Während dieser Zeit flog der Stift von Herrn Squirrélius[1], des Reporters, mit stenografischer Schnelligkeit über das Papier. Alles wurde notiert. Die Daten, die Namen, die geringsten Einzelheiten. Herr Squirrélius sagte sich mit klopfendem Herzen, dass es nicht hundert

[1] In dem Namen *Squirrélius* ist das englische Wort *squirrel* eingebaut, welches auf Deutsch Eichhörnchen bedeutet.

Zeilen, sondern fünf- oder sechshundert Zeilen sein würden, die er aus diesem Bekenntnis herausholen würde. Und was für Zeilen! … Ein mitreißender, hautnah eingefangener Bericht, der ergreifend wie ein Fortsetzungsroman war!

Am darauffolgenden Tag füllte dieser Bericht drei Spalten in der meistverbreiteten Tageszeitung Schwedens.

Wie fast immer in solchen Fällen hatte die Aufrichtigkeit Eriks, durch die Bescheidenheit, die seine Geschichte bezeugte, und durch das romantische Interesse, das sie hervorrief, seine Verdienste alles andere als geschmälert, im Gegenteil, sie hatte sie nur noch erhöht. Die Presse und die Öffentlichkeit bemächtigten sich des Stoffes mit gleicher Begierde. Diese ins Detail gehenden biografischen Ausführungen wurden bald darauf in alle Sprachen übersetzt und es dauerte nicht lange, bis sie ihre Reise durch Europa antraten.

So gelangten sie auch nach Paris, wo sie eines Abends unter dem noch feuchten Streifband einer französischen Tageszeitung in einen bescheidenen Salon eindrangen, der im zweiten Stock eines alten, vornehmen Hauses in der Rue de Varennes lag.

Zwei Personen befanden sich im Salon. Die eine war eine Dame in schwarzer Kleidung und mit weißen Haaren, obwohl sie noch jung zu sein schien, deren ganzes Wesen die Züge einer großen endlosen Trauer trug. Unter einem Lampenschirm sitzend, arbeitete sie mechanisch an einer Stickerei, während ihre Augen sich in der Dunkelheit auf irgendeine unvergessliche und bedrückende Erinnerung hefteten.

Auf der anderen Seite des Tisches überflog ein großer, alter Mann mit zerstreutem Blick die Tageszeitung, die ihm sein Diener soeben gebracht hatte.

Dies war Herr Durrien, Honorar-Generalkonsul und einer der Sekretäre der Geographischen Gesellschaft. Es war der gleiche, der in Brest beim Seepräfekten gewesen war, als die *Alaska* dort Station gemacht hatte.

Zweifellos erregte im Zusammenhang mit diesem Ereignis Eriks Name seine besondere Aufmerksamkeit, denn als er den biografischen Artikel las, der dem jungen schwedischen Seefahrer gewidmet war, zuckte er heftig zusammen. Daraufhin las er den Artikel erneut mit großer Aufmerksamkeit. Allmählich verbreitete sich eine extreme Blässe auf seinem ohnehin bleichen Gesicht. Seine Hände wurden von einem nervösen Zittern befallen. Seine Unruhe wurde derart auffällig, dass sie auch seine stille Gefährtin wahrnahm.

»Mein Vater, haben Sie Schmerzen?«, fragte sie besorgt.

»Ich … denke, dass wir das Feuer zu zeitig angemacht haben! … Ich gehe in mein Arbeitszimmer, um dort etwas Luft zu schnappen! … Es ist nichts! … Nur eine vorübergehende Unpässlichkeit! …«, antwortete Herr Durrien und stand auf, um in das benachbarte Zimmer zu gehen.

Wie zufällig nahm er die Zeitung mit, die er in der Hand gehalten hatte. Falls seine Tochter seine Gedanken hätte lesen können, hätte sie gesehen, dass inmitten des tumultartigen Ansturms von Hoffnungen und Ängsten, der über ihn hereinbrach, der feste Wille vorherrschte, die Tageszeitung ihren Blicken zu entziehen.

Sie überlegte kurz, ob sie Herrn Durrien in sein Büro folgen sollte. Aber sie glaubte zu erraten, dass er wünschte, allein zu sein, und so fügte sie sich diskret seiner Laune. Sie beruhigte sich übrigens schon bald, als sie ihren Vater mit großen Schritten hin und her gehen hörte, wobei er das Fenster öffnete und wieder schloss.

Erst nach etwa einer Stunde entschied sie sich, die Tür einen Spalt breit zu öffnen, um zu sehen, was Herr Durrien machte. Sie stellte fest, dass er an seinem Schreibtisch saß und einen Brief schrieb.

21. Kapitel
Ein Brief aus Paris

Das, was sie nicht sah, war aber, dass beim Schreiben seine Augen tränenüberströmt waren.

Seit seiner Rückkehr nach Stockholm hatte Erik fast täglich eine umfangreiche Korrespondenz aus allen Ländern Europas erhalten. Sie kam von gelehrten Einrichtungen oder Privatpersonen, die ihm gratulierten, von ausländischen Regierungen, die ihn mit Ehrungen oder Belohnungen auszeichneten, von Reedern und Händlern, die ihn um irgendwelche Informationen baten, welche ihren Interessen dienlich waren. Deshalb war er kaum überrascht, als er eines Morgens zwei Briefumschläge bekam, die in Paris abgestempelt waren.

Der erste, den er öffnete, enthielt eine Einladung der Geografischen Gesellschaft Frankreichs an ihn und seine Reisegefährten, um persönlich in einer feierlichen Sitzung eine große Ehrenmedaille als Auszeichnung »für die Pioniertat der ersten Polarumrundung über die arktischen Meere« in Empfang zu nehmen.

Der zweite Umschlag ließ Erik erbeben, als er ihn erbrach. Auf dem Lack, der ihn verschlossen hatte, trug er als Siegel ein Medaillon, auf dem die Initialen *E. D.* eingeprägt waren, das mit dem Wahlspruch *Semper idem* umrandet war …

Diese Initialen und dieser Wahlspruch fanden sich auch in der Ecke des Briefes, der im Umschlag steckte und von Herrn Durrien stammte. In dem Brief stand Folgendes:

»Mein liebes Kind, – wie ich Sie aufgrund dieses Ereignisses nennen möchte –, ich habe gerade in einer französischen Tageszeitung einen aus dem Schwedischen übersetzten biografischen Abriss gelesen, der mich mehr erschüttert hat, als ich sagen könnte. Diese Abhandlung betrifft Sie. Falls man glauben darf, was darin berichtet wird, dann wurden Sie vor zweiundzwanzig Jahren auf einem Rettungsring, der den Namen *Cynthia* trug, von einem norwegischen Fischer in der Umgebung von Bergen aus dem Meer gefischt. Ihre arktische Reise soll den besonderen Zweck gehabt haben, einen Überlebenden des gleichnamigen Schiffes, das im Oktober 1858 bei der Passage der Färöer-Inseln verunglückt ist, aufzufinden. Schließlich sollen Sie von dieser Expedition zurückgekehrt sein, ohne diesbezüglich etwas erfahren zu haben.

Wenn dies alles stimmt (oh! was gäbe ich darum, wenn es sich als wahr erweisen würde!), möchte ich Sie um den Gefallen bitten, nicht eine Minute zu verlieren, zum Telegrafenamt zu laufen und es mir mitzuteilen.

In diesem Fall, mein Kind, – verstehen Sie meine Ungeduld, meine Angst und meine Freude, – in diesem Fall wären Sie mein Enkel, um den ich seit vielen Jahren weine, den ich für immer als verloren betrachtet habe, nach dem meine Tochter, ach! meine arme Tochter, der das Drama der *Cynthia* das Herz gebrochen hat, noch immer jeden Tag ruft und sich sehnt, – ihr einziges Kind, das Lächeln, der Trost, und dann die Verzweiflung in ihrer Witwenschaft! …

Das wir Sie wiederfinden, Sie lebend und ruhmreich wiederfinden, wäre ein außergewöhnliches, ein zu großes Glück! Ich wage nicht, daran zu glauben, bevor es mir nicht ein Zeichen von Ihnen erlaubt! … Und doch scheint das alles jetzt so wahrscheinlich zu sein! … Die Einzelheiten und die Angaben stimmen ganz genau überein! … Ihr Aussehen und Ihr Verhalten erinnern mich ganz

deutlich an meinen unglücklichen Schwiegersohn. Bei der einzigen Gelegenheit, als der Zufall uns zusammengeführte, habe ich mich durch eine plötzliche und sehr tiefe Sympathie sehr zu Ihnen hingezogen gefühlt! … Es scheint mir unmöglich, dass dies keinen Grund gehabt haben könnte.
Ein Wort nur, ein Wort sofort über den Telegrafen! … Ich kann nicht weiterleben, bis diese Depesche ankommt! Könnte sie mir doch die Antwort geben, die ich erwarte, die ich so glühend ersehne! Könnte sie doch meiner Tochter und mir das Glück bringen, das ein Leben des Bedauerns und der Tränen wieder gutmacht!

E. Durrien

Honorar-Generalkonsul
104, Rue de Varennes, Paris«

Diesem Brief war ein ausführlicher Bericht beigefügt, den Erik begierig verschlang. Auch er war eigenhändig von Herrn Durrien verfasst und beinhaltete das Folgende:

»Ich war Konsul Frankreichs in New Orleans, als meine einzige Tochter Cathérine einen jungen Franzosen, Herrn Georges Durrien, heiratete, einen entfernten Verwandten, der wie wir aus der Bretagne stammte. Herr Georges Durrien war Bergbauingenieur. Er war in die USA gegangen, um dort nach Ölquellen zu forschen, von denen kurz zuvor berichtet worden war, und hatte vor, einige Jahre dort zu bleiben. Als ich ihn in meinem Heim willkommen geheißen hatte, wie es einem Mann mit seinen Verdiensten zukam, der denselben Namen trug wie wir und der Sohn eines teuren Jugendfreundes war, bat er mich um die Hand meiner Tochter. Ich gab sie ihm mit Freuden. Kurz nach dieser Hochzeit wurde ich unerwartet auf einen Konsulatsposten in Riga berufen, und da sich mein Schwiegersohn in den USA durch bedeutende Interessen festgehalten sah, musste ich meine Tochter verlassen. Sie wurde Mutter eines Kindes, das meine Vornamen und den seines Vaters erhielt: Es hieß Emile Henri Georges.
Sechs Monate später ist mein Schwiegersohn bei einem Bergwerksunglück ums Leben gekommen. Sobald alle Formalitäten erledigt waren, schiffte sich meine arme Tochter, nun eine Witwe von zwanzig Jahren, an Bord der *Cynthia* in New York mit dem Zielhafen

Hamburg ein, um sich mit mir auf dem direktesten Weg zu treffen.

Am 7. Oktober 1858 erlitt die *Cynthia* östlich der Färöer-Inseln Schiffbruch. Die Umstände dieses Schiffbruchs erschienen nachher suspekt und sind ungeklärt geblieben. Sicher ist, dass mitten in der Katastrophe, im selben Moment, als die Fahrgäste nebeneinander in der Schaluppe Platz nahmen, mein sieben Monate alter Enkel – den seine Mutter auf einem Rettungsring festgebunden hatte – ins Meer gerutscht oder hineingestoßen worden ist und sofort von dem Sturm weggetragen wurde.

Meine Tochter, die durch diesen schrecklichen Anblick den Kopf verloren hatte, wollte sich in die Fluten stürzen. Sie wurde gewaltsam gerettet und ohnmächtig in ein Boot gelegt, in dem sich drei andere Personen befanden und das als einziges der Katastrophe entgehen konnte. Das Boot landete nach neunundvierzig Stunden an einer der Färöer-Inseln. Von dort aus konnte meine Tochter nach sieben Wochen qualvollen Wartens, dank der aufopfernden Pflege eines Matrosen, der sie gerettet und dorthin gebracht hatte, zu mir zurückkehren. Dieser tapfere Junge, der John Denman hieß, ist später in meinen Diensten in Kleinasien verstorben.

Wir hatten keine ernsthaften Hoffnungen mehr, dass das arme Baby den Schiffbruch überlebt haben könnte. Trotzdem versuchte ich es mit Nachforschungen auf den Färöer-Inseln, den Shetland-Inseln und an der norwegischen Küste, nördlich von Bergen. Die Vorstellung, dass diese ›Wiege‹ noch weiter weggetrieben worden sein könnte, erschien unwahrscheinlich. Ich habe dennoch drei Jahre lang nicht auf meine Untersuchungen verzichtet. Erst nach drei vollen Jahren gab ich meine Nachforschung auf, und wenn Norö nie in die Suche einbezogen wurde, muss das daran liegen, dass dies ein ungemein entlegener Ort ist, der nicht direkt an der Meeresküste liegt.

Als alle Hoffnung endgültig geschwunden war, habe ich mich ausschließlich meiner Tochter gewidmet, deren körperliche und geistige Gesundheit größte Schonung verlangte. Ich habe es erreicht, in den Orient geschickt zu werden, habe versucht, sie mit Reisen und wissenschaftlichen Unternehmungen zu zerstreuen. Sie war meine unzertrennliche Begleiterin bei all meinen Arbeiten, doch niemals habe ich es geschafft, sie von ihrer unheilbaren Traurigkeit zu befreien. Nun bin ich endlich seit zwei Jahren im Ruhestand

und wir sind nach Frankreich zurückgekehrt. Wir wohnen abwechselnd in Paris und dem alten Haus, das ich im Val-Féray besitze, in der Nähe von Brest.
Sollte es uns gegeben sein, dort meinen Enkel zu empfangen, um den wir so viele Jahre geweint haben? Diese Hoffnung ist zu schön für mich, als dass ich es wagte, meiner Tochter etwas davon zu sagen, solange sie sich nicht in Gewissheit verwandelt hat. Dies wäre eine wahre Auferstehung! Wenn ich nun doch auf diese Vorstellung verzichten müsste, die Enttäuschung wäre grausam! …
Heute haben wir Montag. Am kommenden Samstag, so sagte man mir auf der Post, könnte ich eine Antwort erhalten! …«

Erik hatte Mühe, diesen Brief zu Ende zu lesen; Tränen verschleierten sein Gesicht. Auch er befürchtete, sich zu schnell einer Hoffnung hinzugeben, die ihn so plötzlich erfüllt hatte. Er sagte sich, dass hier alle Wahrscheinlichkeiten zusammenkamen: die Übereinstimmung der Zeitangaben, der Ereignisse und der geringsten Einzelheiten. Aber das war ja zu schön! Er wagte nicht, daran zu glauben! Auf einen Schlag eine Familie wiederzufinden, eine richtige Mutter, ein Vaterland! … Und was für ein Vaterland! … Es war genau dieses, das er unter allen ausgewählt hätte, weil es nämlich gewissermaßen die Größe, die Güte und die höchsten Gaben der Menschheit verkörperte, denn in ihm hatten sie sich alle vereinigt, waren der Charakter der alten Kulturen, die Flamme und der Geist der neuen Zeit verschmolzen!

Er hatte Angst, dass dies alles nur ein Traum sein könnte. Seine Hoffnungen waren ja so oft schon enttäuscht worden! … Vielleicht würde der Doktor das ganze Gedankengerüst durch ein einziges Wort zum Einsturz bringen. Ihn musste er als Erstes zurate ziehen.

Der Doktor las aufmerksam die ihm vorgelegten Dokumente, nicht ohne die Lektüre mehrmals zu unterbrechen, wobei ihm Ausrufe der Überraschung oder der Freude entschlüpften.

»Es gibt nicht den Hauch eines Zweifels«, sagte er schließlich. »Alle Einzelheiten passen genau zusammen, sogar diejenigen, welche dein Briefpartner versäumt hat zu erwähnen: die Initialen auf der Wäsche, der auf der Rassel eingravierte Wahlspruch, welche dieselben sind wie auf seinem Briefpapier! … Mein liebes Kind, diesmal ist deine Familie wiedergefunden! Du musst deinem Großvater sofort telegrafieren …«

»Aber was soll ich ihm sagen?«, fragte Erik, blass vor Freude.

»Sag ihm, dass du morgen die Eilpost nimmst, um dich in die Arme deiner Mutter und die seinen zu stürzen!«

Der junge Kapitän fand kaum Zeit, die Hand des großen Mannes an sein Herz zu drücken, und sprang in ein Kabriolett, um zum Telegrafenamt zu fahren.

Am selben Tag verließ er Stockholm, nahm die Eisenbahn, die ihn in Malmö an der Südwestküste Schwedens absetzte, überquerte die Meerenge in zwanzig Minuten, sprang in Kopenhagen in den Express nach Holland und Belgien und nahm in Brüssel den Zug nach Paris.[1]

Am Samstag, um sieben Uhr abends, genau sechs Tage, nachdem er seinen Brief zur Post gegeben hatte, freute sich Herr Durrien sehr, seinen Enkel am Nordbahnhof zu erwarten. Die aufeinanderfolgenden, von Erik im Verlauf der Reise abgeschickten Depeschen hatten ihm dazu verholfen, sich in Geduld zu fassen.

Endlich fuhr der Zug unter der hohen Glaskuppel fauchend ein. Herr Durrien und sein Enkel fielen einander in die Arme. Ihre Gedanken waren in diesen letzten Tagen des Wartens so oft beieinander gewesen, dass es ihnen so vorkam, als würden sie sich schon immer kennen.

»Und meine Mutter?«, fragte Erik.

»Ich hatte es noch nicht gewagt, ihr alles zu sagen, solange du nicht bei mir warst«, antwortete Herr Durrien, der das vertrauliche Du wie eine mütterliche Zärtlichkeit auf Anhieb gebrauchte, worum alle Sprachen das Französische beneiden.[2]

»Weiß sie noch nichts?«

»Sie vermutet, sie fürchtet, sie hofft! Seit deiner Depesche tue ich mein Bestes, um sie auf die unglaubliche Freude vorzubereiten, die sie erwartet! Ich spreche von einer Spur, auf die ich durch einen schwedischen Offizier gekommen bin, durch diesen jungen Seemann, den ich in Brest getroffen und von dem ich ihr so oft erzählt

[1] Laurie/Verne unterliefen hier gleich zwei Irrtümer. Erstens verwechselten sie die Entfernung zwischen Malmö und Kopenhagen mit derjenigen an der schmalsten Stelle des Öresunds, nämlich zwischen Helsingborg und Helsingör. Nur diese wäre auch schon zur damaligen Zeit per Fähre in zwanzig Minuten zu bewältigen gewesen. Zweitens verortete er Malmö an die Nordwestküste statt an die Südwestküste Schwedens, dies wurde bei der Übersetzung stillschweigend korrigiert.

[2] Laurie neigte zu betontem Patriotismus, hier übertreibt er aber. Das vertrauliche Du ist in vielen Sprachen möglich und zum Beispiel im Deutschen nicht weniger gebräuchlich als im Französischen.

habe! … Sie weiß nichts, sie zögert noch, aber ich glaube, dass ihr langsam ein Licht aufgehen muss, dass etwas Neues kurz bevorsteht! Diesen Morgen, beim Frühstück, hatte ich die größte Mühe, meine Ungeduld vor ihr zu verbergen! Ich habe sehr wohl bemerkt, dass sie mich aufmerksam beobachtet hat! Zwei- oder dreimal habe ich sogar geglaubt, dass sie mich um eine eindeutige Erklärung bitten würde! … Ich gestehe, dass ich davor große Angst gehabt habe! Falls uns irgendein Irrtum, irgendein unerwarteter widriger Umstand oder, schlimmer noch, irgendein Unglück getroffen hätte! … Bei einem unerwarteten Ereignis wie dem unsrigen befürchtet man alles! … So habe ich diesen Abend überhaupt nicht mit ihr gespeist. Ich habe irgendeine geschäftliche Verpflichtung vorgetäuscht und mich durch die Flucht einer unerträglichen Situation entzogen.«

Ohne auf das Gepäck zu warten, fuhr man mit dem Coupé weg, das Herrn Durrien hergebracht hatte.

Inzwischen wartete Frau Durrien im Salon der Rue de Varennes ganz allein ungeduldig auf die Rückkehr ihres Vaters. Er hatte richtig geraten, indem er befürchtete, dass sie ihn beim Essen um eine Erklärung bitten könnte. Seit mehreren Tagen war sie nämlich wegen seiner Launen, der unaufhörlichen Depeschen, die er erhielt, und der sonderbaren Andeutungen, die in all seinen Worten zu liegen schienen, beunruhigt. Sie war daran gewöhnt, mit ihm die unwichtigsten Gedanken und Eindrücke auszutauschen, und verstand überhaupt nicht, wie er vor ihr irgendetwas verheimlichen könnte. Schon mehrmals hatte sie kurz davor gestanden, des Rätsels Lösung zu verlangen. Dann aber hatte sie angesichts des von ihrem Vater augenscheinlich gefassten Entschlusses geschwiegen.

»Es handelt sich zweifellos darum, mich auf irgendeine Überraschung vorzubereiten«, sagte sie sich. »Ich darf ihm seinen Spaß nicht verderben!«

Aber innerhalb der zwei oder drei letzten Tage und besonders an diesem Morgen hatte sie besonders heftig diese Art Ungeduld gespürt, die aus allen Bewegungen des Herrn Durrien sprach, einen Hauch von Glück, der seinen Blick belebte, und den Nachdruck, mit dem die so lange vermiedenen Anspielungen auf das Unglück der *Cynthia* wieder über seine Lippen kamen. Plötzlich regte sich in ihr eine Art schwacher Erleuchtung. Sie begriff vage, dass es da etwas Neues gab, dass sich ihr Vater auf der Spur eines günstigen Anzeichens – ob zu Recht oder zu Unrecht – wähnte; dass er sich vielleicht an die so langgehegte Hoffnung klammerte, ihr Kind wiederzufinden. Und ohne auch nur einen Augenblick lang vorauszusetzen, dass die Dinge vorangekommen sein könnten, hatte sie nun beschlossen, um Aufklärung zu bitten.

Frau Durrien hatte niemals endgültig Abstand von der Vorstellung genommen, dass ihr Sohn noch am Leben sein könnte. Solange eine Mutter nicht mit eigenen Augen die Leiche ihres Kindes gesehen hat, weigert sie sich, um es so auszudrücken, durch ihre beharrliche Haltung, den unumkehrbaren Tatbestand des Todes anzuerkennen. Sie sagte sich, dass sich die Zeugen womöglich geirrt hätten oder der äußere Anschein falsch ausgelegt worden sein könnte. Sie glaubte immer noch an die Möglichkeit einer plötzlichen Rückkehr. Man hätte fast sagen können, dass sie darauf wartete. Tausende Mütter von Soldaten oder Matrosen haben diese rührende Illusion verspürt. Frau Durrien hatte mehr als andere das Recht, sie zu bewahren. Die Wahrheit war, dass sie die tragische Szene auch nach zweiundzwanzig Jahren noch immer wie am ersten Tag vor Augen hatte.

Sie sah die *Cynthia*, vom Wasser überschwemmt und nahe daran, mit jedem Brecher, der sie peitschte, zu sinken. Sie sah, wie sie selbst mit ihren Händen ihr kleines Kind auf einem Rettungsring festband, während die Passagiere und Matrosen losstürmten und auf die Schaluppen drängten und sie hinter sich ließen, die inständig darum flehte, wenigstens das Baby mitzunehmen. Ein Mann nahm die teure Last aus ihren Händen. Man warf sie in ein Beiboot. Fast gleichzeitig eine Sturzsee, ein wahrer Berg von Wasser über ihr. Und dann das Grauen, ansehen zu müssen, wie der Rettungsring auf dem Kamm einer Welle am Schiffsrumpf vorbeitrieb, wie der Sturm in den Musselinstoff der Wiege hineinfuhr und seine Beute wie eine Feder mit sich führte, mitten hinein in die Gischt! Hierauf ein herzzerreißender Schrei unter vielen anderen, ein Gerangel, ein Abtauchen in die Nacht - und Bewusstlosigkeit! Dann das Erwachen, die endlose Verzweiflung, die Nächte im Fieber und im Delirium! Unaufhörlicher Schmerz und lange, ergebnislose Nachforschungen folgten; die Überzeugung einer allmählich immer stärker werdenden Ohnmacht breitete sich aus und überflutete alles! … Oh ja, die Ärmste erinnerte sich an all dies! Besser gesagt: Ihr ganzes Wesen hatte durch dieses Drama eine solche Erschütterung erfahren, dass es unwiederbringlich beschädigt blieb. Diese Dinge waren vor fast einem Vierteljahrhundert passiert, und Frau Durrien beweinte ihr Kind wie am ersten

»Mein Sohn! … Sie sind mein Sohn!«

Tag! Dieses mütterliche Herz war von Trauer geknickt und zerstörte durch die düsteren Betrachtungen der verbliebenen Erinnerung langsam ihr Leben!

In einer Art Fata Morgana ihres Gemüts malte sie sich manchmal aus, wie ihr Sohn die aufeinanderfolgenden Phasen der Kindheit, der Jugend und des Mannesalters durchschritt. Von Jahr zu Jahr stellte sie sich ihn vor, wie er vielleicht gewesen oder geworden wäre, denn sie bewahrte noch immer eine Art hartnäckigen Glauben an die Möglichkeit seiner Wiederkehr! Gegen diese dunkle Hoffnung hatte nichts jemals die Oberhand gewonnen, weder vergebliche Schritte noch nutzlose Nachforschungen noch die verstrichene Zeit.

Deshalb wartete sie an diesem Abend auf ihren Vater mit dem festen Willen, Gewissheit über seinen Verdacht zu bekommen.

Herr Durrien trat ein. Ihm folgte ein junger Mann, den er mit diesen Worten vorstellte:

»Meine Tochter, hier ist Herr Erik Hersebom, von dem ich dir so oft erzählt habe, der soeben in Paris angekommen ist. Die Geografische Gesellschaft wird ihm ihre große Ehrenmedaille verleihen, und er hat mir die Freude gemacht, unsere Gastfreundschaft anzunehmen.«

Im Wagen war vereinbart worden, dass die Dinge so ablaufen sollten und dass Erik später beiläufig von dem in Norö aufgenommenen Kind sprechen und versuchen würde, ohne eine zu große Erschütterung hervorzurufen, seine Identität zu enthüllen. Aber als er sich in der Gegenwart seiner Mutter befand, fehlte ihm die Kraft, um diese Rolle weiter zu spielen. Er wurde von tödlicher Blässe ergriffen und verneigte sich tief, ohne imstande zu sein, ein Wort hervorzubringen.

Inzwischen hatte sie sich aus ihrem Lehnstuhl erhoben und blickte ihn gütig an. Plötzlich weiteten sich ihre Augen, die Lippen zitterten und ihre Hand streckte sich nach ihm aus.

»Mein Sohn! … Sie sind mein Sohn!«, rief sie.

Und, indem sie einen Schritt auf Erik zu machte, rief sie:

»Ja! Du bist mein Kind! Dein Vater lebt vollständig in jedem deiner Züge!«

Und während Erik, in Tränen ausbrechend, vor seiner Mutter auf die Knie fiel, nahm die arme Frau seinen Kopf in beide Hände, und beinahe ohnmächtig vor Freude und Glück drückte sie ihm einen Kuss auf die Stirn.

22. Kapitel
In Val-Féray – Schluss

Einen Monat später traf in Val-Féray, eine halbe Wegstunde von Brest entfernt, Eriks vollständige Adoptivfamilie mit seiner Mutter und seinem Großvater zu einer intimen Feier zusammen.

Ein zartfühlender Gedanke hatte Frau Durrien veranlasst, die einfachen und guten Menschen, die ihren Sohn gerettet hatten, an ihrer tiefen, unaussprechlichen Freude teilhaben zu lassen. Sie hatte darauf gedrängt, dass Frau Katrina und Wanda, Herr Hersebom und Otto die Fahrt antraten, zusammen mit Doktor Schwaryencrona und Kajsa, mit Herrn Bredejord und Herrn Malarius.

Inmitten der rauen bretonischen Natur, in der Nähe dieses dunklen armorikanischen Meeres, fühlten sich die norwegischen Gäste

Eine intime Feier vereinigte Eriks ganze Adoptivfamilie.

weniger befremdet, als sie es zweifellos in der Rue de Varennes gewesen wären. Man unternahm lange Waldspaziergänge, man erzählte sich alles, was der eine oder andere noch nicht wusste; man fügte die einzelnen Fakten, über die man im Hinblick auf diese noch immer unklare Geschichte verfügte, zusammen. Und nach und nach waren viele Punkte nicht mehr unerklärlich. Das Zusammentragen aller Umstände in langen Gesprächen und Diskussionen brachte Licht ins Dunkel.

Zunächst: was hatte es mit diesem Tudor Brown auf sich? Was für ein derart großes Interesse hatte er gehabt, zu verhindern, dass man über Patrick O'Donoghan die Spur zu Eriks Familie fand? Ein Wort des unglücklichen Iren hatte genügt, das zu klären. Tudor Brown hieß in Wirklichkeit Jones; dies war der einzige Name, unter dem ihn der Ire kannte. Nun aber war Noah Jones der Partner von Eriks Vater bei der Ausbeutung einer Ölquelle gewesen, welche der junge

Ingenieur in Pennsylvania entdeckt hatte. Dieser einzige Tatbestand warf ein Unheil verkündendes Licht auf die Ereignisse, die so lange Zeit rätselhaft geblieben waren. Der verdächtige Schiffbruch der *Cynthia*, der Sturz des Kindes ins Meer, vielleicht auch der Tod von Eriks Vater – all das, ach! – musste seinen Ursprung in einem Partnerschaftsvertrag gehabt haben, den Herr Durrien in seinen Papieren gefunden hatte, den er nun durch einige Kommentare erhellte.

»Mehrere Monate vor seiner Hochzeit«, erklärte er Eriks Freunden, »hat mein Schwiegersohn in der Nähe von Harrisburg eine Ölquelle entdeckt. Es fehlte ihm aber das notwendige Kapital, um sich deren Besitz zu sichern, und er sah sich dem Verlust aller daraus hervorgehenden Gewinne ausgesetzt. Der Zufall führte ihn mit Noah Jones zusammen, der sich als Viehhändler aus dem Wilden Westen ausgab, in Wirklichkeit aber – wie man später erfuhr – ein Sklavenhändler aus South Carolina war. Diese Person hatte sich verpflichtet, die notwendige Summe zu bezahlen, um die Quelle *Vandalia* zu erwerben und auszubeuten. Er verstand es, Georges im Gegenzug einen vollständigen Knebelvertrag unterschreiben zu lassen. An diesen Vertrag, dessen Inhalt ich zum Zeitpunkt der Hochzeit meiner Tochter nicht kannte, hatte augenscheinlich Georges selbst nicht mehr gedacht.

Niemand war weniger geeignet für solche Dinge als er. Bewundernswert begabt – in mehr als einer Hinsicht – war er ein außergewöhnlicher Mathematiker, Chemiker und Mechaniker, verstand aber absolut nichts von Geschäften und hatte bereits zweimal ein wahres Vermögen wegen seiner diesbezüglichen Unerfahrenheit bezahlt. Es bestand kein Zweifel daran, dass er auch bei Noah Jones seine übliche Nachlässigkeit hatte walten lassen. Höchstwahrscheinlich hatte er den ihm vorgelegten Partnerschaftsvertrag mit geschlossenen Augen unterzeichnet. Dies hier sind die wichtigsten Artikel, auszugsweise und zusammengefasst, so wie sie in angelsächsischer Amtssprache vereinbart worden sind:

> … Artikel 3: Der Besitz der Quelle *Vandalia* verbleibt ungeteilt zwischen dem Entdecker, Herrn Georges Durrien, und dem Kommanditisten, Herrn Noah Jones.
> Artikel 4: Herr Noah Jones wird die Verwaltung aller von ihm zwecks Ausbeutung der Quelle eingebrachten Gelder übertragen. Er wird die Erzeugnisse verkaufen, die Einnahmen kassieren und

die Ausgaben begleichen, mit der Auflage, alljährlich mit seinem Partner abzurechnen und die Reingewinne mit ihm zu teilen. Herr Georges Durrien wird die Facharbeiten und technischen Dienstleistungen der Ausbeutung leiten.

Artikel 5: Im Fall, dass einer der beiden Gemeinschaftseigner wünschen sollte, seinen Anteil zu verkaufen, muss er seinem Partner das Vorkaufsrecht einräumen, der drei volle Monate lang Zeit hat, es anzunehmen, und bei Zahlung des Kapitals von drei Prozent des in der letzten Inventur erfassten Reinertrags alleiniger Eigentümer wird.

Artikel 6: Ausschließlich die Kinder jedes der beiden Partner erben dessen Rechte. Wenn der verstorbene Partner kinderlos ist, oder im Falle des Todes des Kindes oder der Kinder vor dem Erreichen des zwanzigsten Lebensjahrs, fällt der gesamte Besitz zurück an den überlebenden Partner, unter Ausschluss aller anderen Erben des Verstorbenen.

N. B.: Dieser Artikel findet seine Begründung in der unterschiedlichen Staatsangehörigkeit der beiden Partner und in den Verfahrensschwierigkeiten, die sich unweigerlich aus jeder anderen Rechtsregelung ergeben würden.

»Das war«, fuhr Herr Durrien fort, »der Vertrag, den mein künftiger Schwiegersohn zu einem Zeitpunkt unterzeichnete, als er noch nicht daran gedacht hat zu heiraten, und als keiner, ausgenommen vielleicht Herr Noah Jones, den riesigen Wert kannte, den die Quelle *Vandalia* später erreichen sollte. Es handelte sich noch um eine Zeit der tastenden Versuche und der Enttäuschungen. Der Plan des Yankees beschränkte sich damals wahrscheinlich darauf, seinem Geschäftspartner die Lust zu nehmen, indem er die anfänglichen Schwierigkeiten übertrieb, um sich mit wenig Aufwand den alleinigen Besitz zu sichern.

Georges' Hochzeit mit meiner Tochter, die Geburt unseres lieben Kindes und die plötzliche Erkenntnis des ungeheuren Reichtums der Quelle veränderten aber die Situation völlig. Es konnte nicht mehr die Rede davon sein, sich diesen prachtvollen Besitz für einen Kanten Brot zu sichern; doch damit dieser zurück an Noah Jones fiel, genügte es, dass zunächst Georges und dann sein einziger Erbe von dieser Welt verschwanden. Nun, zwei Jahre nach der Hochzeit und sechs Monate nach der Geburt meines Enkels wurde Georges tot aus einem Förderschacht gezogen; Asphyxie, wie von den Ärzten gesagt wurde, Tod durch Einatmen giftiger Gase. Ich war bereits nicht mehr in den USA, in der Zwischenzeit war meine Berufung zum Konsul in Riga erfolgt. Die Erbschaftsregelungen wurden durch einen Notar vorgenommen. Noah Jones zeigte sich großzügig und unterschrieb alle Einigungsvorschläge, die ihm meine Tochter vorlegte. Er war damit einverstanden, den Besitz weiterhin gemeinsam auszubeuten und halbjährlich den Teil des Reinertrags, der dem Kind zusteht, an die Zentralbank von New York zu zahlen. Leider sollte er nicht einmal das erste Halbjahr begleichen! …

Meine Tochter buchte eine Passage auf der *Cynthia*, um zu mir zu kommen. Die *Cynthia* ging unter so verdächtigen Umständen mit Mann und Maus unter, dass sich die Versicherungsgesellschaft erfolgreich jeglicher Verantwortung entziehen konnte, und dann verschwand bei diesem Schiffbruch auch noch Georges' einziger Erbe. Seither war Noah Jones der alleinige Eigentümer der Quelle *Vandalia*, welche ihm seit dieser Zeit im Durchschnitt einen jährlichen Reingewinn von hundertachtzigtausend Dollar beschert hat!«

»Haben Sie niemals seine Verwicklung in die nachfolgenden Tragödien vermutet?«, fragte Herr Bredejord.

»Ich hatte derartige Vermutungen, das war ja natürlich, und eine solche Häufung angeblicher Unfälle, die sich alle um den gleichen Zweck drehten, war nur allzu deutlich. Aber wie sollte man einen Beweis für diese Vermutungen erbringen und vor allem, wie sich auf sie vor Gericht stützen? Ich hatte nichts auf der Hand als vage Indizien und wusste aus Erfahrung, wie wenig sie bei internationalen Streitigkeiten vor den Gerichten zählen. Und dann musste ich meine Tochter trösten, sie zumindest ablenken; ein Prozess hätte nur erneut ihren Schmerz hervorgerufen, ganz davon abgesehen, dass es den Anschein hätte haben können, es erfolge nur aus Habsucht. Kurz gesagt: Ich hüllte mich in Schweigen. Hatte ich recht? Musste ich das bereuen? Ich glaube nicht und bin noch immer überzeugt, dass ich keinerlei Ergebnis erzielt hätte. Schauen Sie, wie schwierig es noch heute für uns ist, selbst wenn wir alle unsere Eindrücke und alle uns bekannten Fakten zusammenfügen, zu einer genauen Schlussfolgerung zu kommen!«

»Aber wie erklären Sie sich bei alldem die Rolle Patrick O'Donoghans?«, fragte Doktor Schwaryencrona.

»Bei diesem Punkt sind wir offensichtlich wie bei anderen auch nur auf Vermutungen angewiesen, aber es sieht so aus, als gäbe es eine, die ziemlich plausibel ist. Dieser O'Donoghan, Leichtmatrose an Bord der *Cynthia*, war zur persönlichen Verfügung des Kapitäns abgestellt und stand in ständigem Kontakt mit den Passagieren der ersten Klasse, die stets am Tisch des Kommandanten speisen. Gewiss kannte er den Namen meiner Tochter, er kannte ihre französische Staatsangehörigkeit und konnte sie leicht wiederfinden. War er durch Noah Jones mit irgendeiner dunklen Aufgabe betraut worden? Hatte er bei dem verdächtigen Schiffbruch der *Cynthia* oder einfach nur bei dem Sturz des Kindes ins Meer seine Hand im Spiel gehabt? Das werden wir niemals genau erfahren, weil er tot ist. Was es auch gewesen sein mag: Sicher ist, dass er um die Bedeutung wusste, welche *das Kind auf dem Rettungsring* für den früheren Partner Georges' gehabt hat. Von da an bis hin zur Ausbeutung dieser Kenntnis war für eine Person wie ihn, die sich uns als Säufer und Faulpelz dargestellt hat, nur ein sehr kleiner Schritt. Wusste O'Donoghan, dass *das Kind auf dem Rettungsring* tatsächlich noch am Leben war? Hatte er sogar geholfen, es zu retten, entweder, dass er es aus dem Meer geholt und dann bei Norö zurückgelassen hatte, oder aber durch irgendein anderes Verhalten? Dies ist immer noch ein fragwürdiger Punkt. Er wird aber in jedem Fall Noah Jones bestätigt haben, dass *das Kind auf dem Rettungsring* den Schiffbruch überlebt hat. Er wird sich gerühmt haben, das Land zu kennen, in dem es aufgenommen worden ist. Und zweifellos wird er zu verstehen gegeben haben, dass er Vorkehrungen getroffen hatte, damit das Kind von ihm – O'Donoghan – erfuhr, falls ihm ein Unglück zustoßen würde. Noah Jones wird sich gezwungen gesehen haben, für sein Schweigen zu bezahlen. Dies war zweifellos jedes Mal die vorübergehende Einnahmequelle des Iren, wenn er nach New York zurückkehrte.«

»Dies erscheint mir sehr wahrscheinlich«, sagte Herr Bredejord. »Und ich füge hinzu, dass der Verlauf der Ereignisse diese Annahme vollständig bestätigt. Die ersten Zeitungsanzeigen Doktor Schwaryencronas haben Noah Jones beunruhigt. Er nahm an, dass es unumgänglich sei, sich Patrick O'Donoghans zu entledigen, sah sich aber gezwungen, vorsichtig zu handeln, insbesondere deshalb, weil der Ire ja behauptet hatte, Vorsichtsmaßnahmen ergriffen zu haben. Er hat sich zunächst damit zufrieden gegeben, ihn zu erschrecken, wahrscheinlich dadurch, dass er ihm Angst gemacht hat, aufgrund dieser Annoncen würde es zu einem sofortigen Eingreifen der Strafjustiz kommen. Dies ergibt sich aus dem Bericht, den uns Mister Bowles, der Herbergswirt des *Red Anchor* in New York, geliefert hat, und aus der Eile, mit der O'Donoghan die Flucht ergriffen hat. Man muss tatsächlich davon ausgehen, dass er glaubte, dass ihm die Auslieferung drohe, da er so weit weg ausgewandert war – bis zu den Samojeden und unter einem fremden Namen. Noah Jones, der ihm zweifellos diesen Rat gegeben hatte, glaubte nun, vor jeder Überraschung gefeit zu sein. Aber die Annoncen, in denen nach Patrick O'Donoghan geforscht wurde, brachten ihn dazu, sich darüber erneut den Kopf zu zerbrechen, wie man sagt. Er hat also sofort die Reise nach Stockholm gemacht, um uns zu versichern, dass Patrick O'Donoghan tot sei, und zweifellos auch, um mit eigenen Augen zu sehen, wie weit unsere Nachforschung gediehen war. Schließlich erschien die Korrespondenz der *Vega* und es erfolgte die Abfahrt der *Alaska* in die arktischen Meere. Noah Jones oder Tudor Brown, der sich einer unmittelbar drohenden Gefahr ausgesetzt sah, weil sein Vertrauen in Patrick O'Donoghan nun mehr als begrenzt sein musste, schreckte vor keinem Verbrechen mehr zurück, um sicher zu gehen, nicht bestraft zu werden. Glücklicherweise haben sich die Dinge zum Guten gewendet; jedenfalls können wir jetzt sagen, dass wir gut davongekommen sind!«

»Wer weiß? Vielleicht waren es gerade diese Gefahren selbst, die dazu beigetragen haben, ans Ziel zu kommen!«, sagte der Doktor. »Es ist sehr wahrscheinlich, dass wir ohne den Vorfall bei der Basse-Froide unsere Route durch den Suezkanal fortgesetzt hätten und damit zu spät in die Beringstraße gekommen wären, um dort die *Vega* zu treffen. Es ist immer noch zweifelhaft, ob wir aus O'Donoghan irgendetwas herausgeholt hätten, als wir ihm in Gesellschaft Tudor Browns begegnet sind! … Im Grunde ist unsere gesamte Reise durch die tragischen Anfangsereignisse bestimmt worden und es ist einzig und allein der erfolgreichen Seereise der *Alaska* und der Berühmtheit, die Erik mit ihr erlangt hat, zu verdanken, dass wir seine Familie wiedergefunden haben!«

»Ja«, sagte Frau Durrien stolz und strich mit der Hand über das Haar ihres Sohnes, »es war sein Ruhm, der ihn mir zurückgegeben hat!«

Und ohne innezuhalten fügte sie hinzu: »So wie das Verbrechen ihn mir genommen hat, so war es die Güte von Ihnen allen, die ihn mir erhalten und aus ihm einen hervorragenden Mann gemacht hat …«

»Und so wie die Niedertracht des Noah Jones dazu geführt hat, dass aus unserem Erik einer der reichsten Männer der beiden Amerikas geworden ist!«, rief Herr Bredejord.

Jeder sah ihn überrascht an.

»Zweifellos«, sagte der angesehene Anwalt. »Ist nicht Erik der Erbe seines Vaters, was seinen Anteil am Besitz der Quelle *Vandalia* anbelangt? … Ist er nicht ungerechtfertigt seit zweiundzwanzig Jahren seiner Einkünfte beraubt worden? Und wird es nicht genügen, dies mit einem Abstammungsnachweis zu erwirken, der einfach auszustellen ist, da Herr und Frau Hersebom sowie Herr Malarius und wir hier sind, mit uns allen als Zeugen? Falls Noah Jones Kinder hinterlassen hat, sind diese für diesen riesigen Zahlungsrückstand verantwortlich, der wahrscheinlich ihren gesamten Anteil am Stammkapital schlucken wird. Falls dieser Schurke keine Kinder hat, so besagen die uns von Herrn Durrien vorgelesenen Bestimmungen des Vertrages, dass Erik der Erbe des gesamten Besitzes ist. In jedem Fall wird er aber in Pennsylvania eine Rente von hundertfünfzig- oder zweihunderttausend Dollar erzielen.«

»He! He! …«, sagte Dr. Schwaryencrona lachend, »dann ist der kleine Fischer aus Norö zu einer ziemlich guten Partie geworden! … Preisträger der Gesellschaft für Geographie, erster Vollbringer einer Polarumrundung und bedacht mit einer bescheidenen Rente von zweihunderttausend Dollar, dies ist ein Ehemann, von denen es in Stockholm nicht viele gibt! … Was meinst du, Kajsa?«

Das junge Mädchen war bei dieser Frage, deren Grausamkeit ihr Onkel sicher nicht ermessen konnte, lebhaft errötet. Kajsa war in diesem Augenblick im Begriff gewesen, sich einzugestehen, dass sie etwas ungeschickt gewesen war, einen so hoffnungsvollen Verehrer zurückgewiesen zu haben, und dass sie ihm in Zukunft mehr Zuwendung schenken müsse.

Aber Erik hatte seltsamerweise keine Augen mehr für sie, seit er über ihre ungerechte Hochnäsigkeit hinweggekommen war. Sei es, dass die Abwesenheit und die Überlegungen während seiner Nachtwachen ihm über Kajsas Herzenskälte die Augen geöffnet hatten, oder sei es, dass die Befriedigung, in ihren Augen nun kein elendes Findelkind mehr zu sein, ihm genügte; er bedachte sie heute nur noch mit der strikten Höflichkeit, auf die sie als junges Mädchen und Nichte Doktor Schwaryencronas ein Anrecht hatte.

Seine ganze Aufmerksamkeit galt Wanda, die tatsächlich immer charmanter wurde, wobei sie ihre kleinen dörflichen Ungeschicklichkeiten unter dem Mantel einer liebenswerten und vornehmen Frau vollends verlor. Ihre erlesene Güte, ihre natürliche Anmut und ihre vollkommene Unkompliziertheit führten dazu, dass sie von jedem, der mit ihr zusammenkam, geliebt wurde.

Sie hatte noch keine acht Tage in Val-Féray verbracht, als Frau Durrien laut erklärte, dass es ihr fortan unmöglich sei, sich wieder von ihr zu trennen.

Erik übernahm die Aufgabe, Herrn und Frau Hersebom dazu zu bringen, Wanda in Frankreich zu belassen – unter der ausdrücklichen Bedingung, dass sie jedes Jahr mit ihm zusammen nach Norö käme, um ihre Eltern wieder in die Arme zu schließen. Er hatte vorgehabt, seine ganze Adoptivfamilie in der Bretagne zu behalten, und angeboten, persönlich den Transport der gesamten Einrichtung des Holzhauses, in dem er seine Kindheit verbracht hatte, bis zur Reede von Brest zu übernehmen. Aber dieser Plan einer vollständigen Übersiedlung wurde ganz allgemein als nicht machbar angesehen. Herr und Frau Hersebom waren schon zu alt für einen solchen Wechsel ihrer Lebensumstände. Sie wären nicht wirklich glücklich gewesen in einem Land, dessen Sprache und Sitten sie nicht kannten. Gezwungenermaßen musste man sie heimreisen lassen, nicht ohne ihnen für ihre alten Tage den Wohlstand zuzusichern, den sie trotz eines Lebens voller Arbeit und Redlichkeit bis jetzt nicht in der Lage gewesen waren zu erwerben.

Erik hätte gern wenigstens Otto dabehalten. Aber auch er zog seinen Fjord allen Häfen der Welt vor und sah keine erstrebenswertere Existenz als die eines Fischers. Es muss aber gesagt werden, dass die flachsgrauen Haare und die blauen Augen Regnilds, der Tochter des Verwalters der Ölfabrik, nicht ganz unschuldig waren an der unwiderstehlichen Anziehungskraft, die Norö auf Otto ausübte. Dies konnte man wenigstens folgern, als man erfuhr, dass er an »Jul«, also dem nächsten Weihnachtsfest, heiraten wolle.

Herr Malarius rechnet fest damit, die Erziehung ihrer Kinder zu übernehmen, so wie er es mit Erik und Wanda gehalten hatte. Bescheiden hat er wieder seinen Platz an der Dorfschule eingenommen, nachdem man ihn in die Ehrungen mit eingeschlossen hatte, die dem Kommandanten der *Alaska* von der Geographischen Gesellschaft Frankreichs zuteil geworden sind. Er korrigiert gegenwärtig die Druckfahnen seiner prächtigen Arbeit über die Flora der arktischen Meere, welche auf Kosten der Linné-Gesellschaft herausgebracht wird. Was Doktor Schwaryencrona anbelangt, so hat er noch nicht letzte Hand angelegt an seine große Abhandlung zur Ikonografie, die seinen Namen der Nachwelt überliefern soll.

Das letzte Gerichtsverfahren, mit dem sich Rechtsanwalt Bredejord befasst hat, war der von ihm angestrengte Prozess, um Eriks Rechte auf den gesamten Besitz der Quelle *Vandalia* festzuschreiben. Er hat ihn in der ersten Instanz und im Berufungsverfahren gewonnen, was kein geringer Erfolg war.

Erik nutzte diesen Erfolg und das große Vermögen, das ihm zugefallen war, um die *Alaska* zu kaufen, die zu seiner Vergnügungsyacht geworden ist. Er benutzt sie jedes Jahr, um in Begleitung von Frau Durrien und Wanda nach Norö zu fahren und seine Adoptivfamilie zu besuchen.

Obwohl sein Familienstand nun geklärt ist und er heute ganz legal den Namen Emile Durrien trägt, hat er beschlossen, ihm den Namen Herseboms hinzuzufügen; all die Seinen haben die Gewohnheit beibehalten, ihn Erik zu nennen.

Der geheime Wunsch seiner Mutter ist, dass er eines Tages Wanda, die sie wie eine eigene Tochter liebt, heiratet, und dieser Wunsch entspricht zu sehr seiner eigenen Zuneigung, als dass er nicht eines Tages verwirklicht werden sollte.

Währenddessen bleibt Kajsa wohl ledig, mit dem vagen Gefühl, wie man so schön sagt, dass sie »die richtige Gelegenheit verpasst« hat.

Doktor Schwaryencrona, Herr Bredejord und Professor Hochstedt spielen immer noch Whist.

Eines Abends, als der Doktor schlechter als gewöhnlich spielte, machte sich Herr Bredejord das Vergnügen, indem er auf seine Tabaksdose klopfte, ihn an einen in Vergessenheit geratenen Umstand zu erinnern:

»An welchem Tag«, sagte er mit einem schelmischen Aufleuchten in den Augen, »haben Sie vor, mir Ihren *Plinius* des Aldus Manutius zu schicken? Sie glauben doch zweifellos nicht mehr, dass Erik irischer Herkunft ist?«

Der Doktor war für einen Augenblick wie betäubt von diesem Hieb. Aber er erholte sich bald wieder:

»Pah! Ein ehemaliger Präsident der Französischen Republik stammt direkt von den irischen Königen ab!«, sagte er mit Überzeugung. »Es wäre überhaupt nicht verwunderlich, wenn es mit der Familie Durrien auch so wäre!«[1]

»Natürlich!«, erwiderte Herr Bredejord. »Dies ist sogar so wahrscheinlich, dass ich Ihnen fast meinen *Quintilian* übergeben hätte!«

[1] Patrice de Mac-Mahon (geb. 1808 auf Château de Sully, gest. 1893 auf Château de la Forest), 1873 bis 1879 zweiter Präsident der Dritten Republik, stammt aus der altirischen Familie der Mac-Mahon. Genaugenommen waren die Mac-Mahons jedoch nie Könige von Irland, denn diesen Begriff gibt es erst ab 1541, als Irland in Personalunion von dem englischen Haus Tudor mitregiert wurde. Bis ins Mittelalter hinein herrschten einzelne rivalisierende Clans über zahlreiche Kleinkönigreiche; einer dieser Clans waren die O'Brians, von denen wiederum die Mac-Mahons eine Seitenlinie sind.

Ergänzende Karte zur Fussnote 1 auf Seite 204

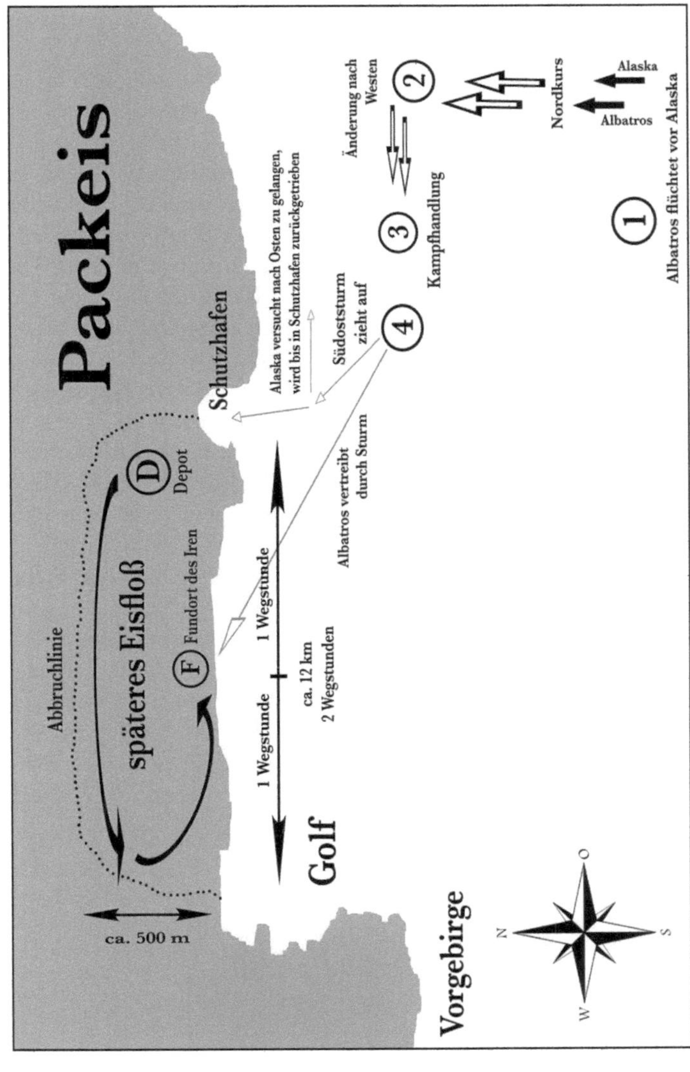

Anmerkungen

Der Originaltext enthält nur drei Anmerkungen in Fußnoten, die auch als solche gekennzeichnet sind. Alle weiteren Fußnoten wurden durch die Herausgeber ergänzt.

Geografische Bezeichnungen wurden an eine konventionelle deutsche Schreibweise angepasst, so auch der Name des erdachten norwegischen Ortes Norö, der im Originaltext Noroë heißt.

In der Wiedergabe von Fremdwörtern, besonders auffallend in Kapitel V (»Tretten Yule Dage«) unterlaufen Laurie / Verne beim Versuch, durch Verwendung skandinavischer Begriffe authentisch zu wirken, immer wieder Irrtümer, die ihnen jedoch nur zum Teil anzulasten sind. Dazu muss man wissen, dass Laurie als Quelle die französische Ausgabe von *The Land of the Midnight Sun* des frankoamerikanischen Reiseschriftstellers Paul Du Chaillu benutzt hat: *Le pays du soleil de minuit : voyages d'été en Suède, en Norwège, en Laponie et dans la Finlande septentrionale*, erschienen 1882 in Paris. Das englischsprachige Original enthält teilweise bereits nicht korrekt aus dem Norwegischen entlehnte Ausdrücke (das altenglische »Yule« für »Jul« beispielsweise), bei der Übertragung ins Französische gingen Umlaute verloren und es kamen Fehler hinzu (»Slodjskolan« anstelle von »Slojdskolan«); mehrere Fehler sind jedoch Laurie / Verne anzulasten (zum Beispiel »larovek«, »snorgas«, »schnec-shuhe«). Auf Irrtümer von besonderem Interesse weisen die Fußnoten hin.

Die Bilder auf den Seiten 165 und 197 wurden in einer Spätauflage recht unwillkürlich in die Originalausgabe eingefügt und dem Roman *Reisen und Abenteuer des Kapitän Hatteras* entnommen. Die Herausgeber dieser Ausgabe haben sich erlaubt, diese Bilder an Stellen einzufügen, die den Bildmotiven und ihrem textlichen Kontext entsprechen.

Semper idem …

… der lateinische Spruch, der die Hauptperson Erik durch sein Leben begleitet, steht für Beständigkeit.

Die gleiche Beständigkeit kann auch dem deutschen Jules-Verne-Club bescheinigt werden, wenn es darum geht, bislang nicht in die deutsche Sprache übersetzte Texte von Jules Verne verfügbar zu machen.

Berücksichtigt man speziell die umfangreicheren Werke, so gibt es nur wenige Ausnahmen, die nicht zu Lebzeiten Jules Vernes bzw. bald nach ihrem Erscheinen ins Deutsche übersetzt worden sind.

Dass die *Géographie illustrée de la France*, ein ab 1867 erschienenes Nachschlagewerk, keine Übersetzung erfahren hat und wohl auch nie erfahren wird, ist nachvollziehbar. Niemand käme wohl auf die Idee, einen Brockhaus zu übersetzen, erst recht, wenn er 150 Jahre alt ist und als Hauptthema ein anderes Land hat.

Das Frühwerk *Un Prêtre en 1835* (»Ein Priester im Jahre 1835«), kommerziell unter dem Titel *Un Prêtre en 1839* vermarktet (die abweichende Jahresangabe im Titel wurde späteren Korrekturen Jules Vernes im Text angepasst), wurde erst 1991 posthum veröffentlicht. Der buchlange Text umfasst 21 Kapitel, endet jedoch sehr abrupt, wobei viele Fragen und Nebenhandlungen scheinbar unaufgelöst bleiben. Die Herausgeber der englischsprachigen Übersetzung (2016) vertreten im Nachwort die These, dass der Roman doch als vollendetes Werk angesehen werden könne.

Viel schmerzlicher vermissten aber die deutschen Verne-Freunde zwei Romane, welche in jedem ausführlichen Werkverzeichnis aufgeführt werden. Der erste dieser Romane war *Le Chemin de France* aus der Reihe der *Voyages extraordinaires.* Dieser Roman wurde erstmals 2012 durch den Jules-Verne-Club auf Deutsch unter dem Titel *Der Weg nach Frankreich* veröffentlicht und damit eine entscheidende Lücke geschlossen.

Nun fehlte noch ein weiterer Roman, der jedoch nicht den *Voyages extraordinaires* zugeordnet war und dazu noch als Gemeinschaftswerk von Jules Verne und einem gewissen André Laurie präsentiert wurde. Dieser Roman mit dem Titel *L'Épave du Cynthia* tauchte in den deutschsprachigen Werkverzeichnissen meist als *Das Wrack der Cynthia* auf.

Zu den Fragen, wer dieser André Laurie oder, um ihn im Weiteren bei seinem wahren Namen Paschal Grousset zu nennen, war; wie es zu diesem »Gemeinschaftswerk« kam, warum wir wissen, dass der genannte Roman im Grunde vollständig von Grousset und nicht von Verne geschrieben wurde, sei auf die nachfolgenden Erläuterungen von Volker Dehs verwiesen.

Dass der Roman bislang nur in wenige Sprachen übersetzt worden ist, dürfte aber weniger auf die Frage der Urheberschaft zurückzuführen sein, sondern vielmehr auf den Umstand, dass der Roman nur in einer zweitrangigen Reihe mit dem Titel *Romans d'Aventures* des Verne-Verlegers J. Hetzel erschienen war. Viele ausländische Verlage waren vertraglich an die *Voyages extraordinaires* gebunden oder nur an ihnen interessiert.

Der deutschen Verne-Freund, von derlei Fragen unberührt, sah jedoch all die Jahre nur die »Lücke« in seiner Sammlung: Da fehlte noch ein Werk des geliebten Schriftstellers!

Nachdem der Jules-Verne-Club erfolgreich das Projekt *Der Weg*

nach Frankreich abgeschlossen hatte, häuften sich dementsprechend die Wünsche nach einer Übersetzung auch dieses Romans. Dabei tat das Wissen darum, dass der Anteil Jules Vernes nur ein geringer war, der Nachfrage keinen Abbruch.

Während die Übersetzung von *Der Weg nach Frankreich* dem Club noch kostenfrei zur Verfügung gestellt worden war, gab es für die *Cynthia* (unser Arbeitstitel) ein derartiges Angebot nicht. Eine professionelle Übersetzung jedoch kostet eine Menge Geld. Erst als der Übersetzer Gerd Frank sich bereit erklärte, zu einem moderaten Preis eine Übersetzung vorzunehmen, erschien eine Realisierung denkbar. Und erst nach der großzügigen Bereitschaft zahlreicher Mitglieder des Jules-Verne-Clubs, den notwendigen Betrag aufzubringen, konnte das Projekt angegangen und die Übersetzung in Auftrag gegeben werden. Die Förderer sind in dieser Ausgabe namentlich genannt.

Eine sehr bedeutsame Frage, die gleich zu Beginn von Übersetzer und Lektoren (letztere sind im Impressum benannt) diskutiert wurde, war die nach der korrekten Übersetzung des Romantitels. Ein Problem, welches sich übrigens im gesamten Roman bezüglich des verwendeten Vokabulars immer wieder stellte. Im Französischen haben zahlreiche Worte nämlich neben ein oder zwei »üblichen« Bedeutungen, abhängig vom jeweiligen Kontext, oft noch zahlreiche andere Bedeutungen, und somit besteht die Schwierigkeit, ein in unserer Sprache passendes Äquivalent zu finden. Dazu kommt noch, dass wir es hier mit der französischen Sprache des neunzehnten Jahrhunderts zu tun haben, in der manche Worte noch nicht im heutigen Sinne gebraucht wurden.

»Épave« bedeutete ursprünglich eine »herrenlose Sache«. Im Zusammenhang mit der bei allen Küstenvölkern als Strandrecht geübten Praxis, angetriebene Gegenstände, sogar auch gestrandete Schiffe ohne Besatzung in Besitz nehmen zu dürfen, dehnte sich der Begriff auf Wrack oder Treibgut aus. Wie schon erwähnt, wurde *L'Épave du Cynthia* üblicherweise mit *Das Wrack der Cynthia* übersetzt. Nur dass es genau genommen im ganzen Roman gar kein Wrack der *Cynthia* gibt, denn das Schiff dieses Namens ist gesunken, und ein gesunkenes Schiff wird üblicherweise nur dann als Wrack bezeichnet, wenn es wieder aufgefunden wird … Dagegen gibt es eine »herrenlose« Fundsache von dem Schiff, nämlich ein Kleinkind, welches aus dem Meer gerettet wurde. Also ein Findelkind oder ein Findling. Dementsprechend muss sich das Wort »épave« auf die Hauptperson beziehen, nämlich den Findling, der von der *Cynthia* stammt. Übersetzer und Lektoren haben sich daher darauf verständigt, den hier vorliegenden Titel *Der Findling von der Cynthia* zu verwenden.

Während Jules Vernes Schreibstil meist von gut verständlichem und gebräuchlichem Vokabular sowie nicht zu langen und wenig komplizierten Satzkonstrukten geprägt ist, glänzt Paschal Grousset oft durch überlange, verschachtelte und damit komplizierte Sätze. Während für den französischen Muttersprachler die Bedeutung von Worten sich aus dem Kontext ergibt und die verschachtelten Sätze normalerweise noch verständlich sein sollten, selbst wenn sie ihn beim Lesen möglicherweise stocken lassen, ist dies für einen Fremdsprachler eine Herausforderung. Wenn dann in derartigen Schachtelsätzen noch Verweise oder Bezüge zu anderen Satz- oder Textteilen nur mittels versteckter, leicht zu übersehender Pronomen vorgenommen werden, wird der Lesefluss vermutlich nicht nur für einen fremdsprachigen Leser schwierig. Da sich derartige Probleme kontinuierlich durch den gesamten Roman ziehen, war ein enges Zusammenwirken von Übersetzer und Lektoren nötig, um eine korrekte und originalgetreue Übertragung in unsere Sprache zu erzielen. Oftmals erwies sich die anfängliche Übersetzung als zu wörtlich. Viele Passagen erforderten ein Hintergrundwissen und ein »Hineinvertiefen«, ohne die der Gedankengang des Originals nicht adäquat wiedergegeben werden konnte. So wurde die passende und für alle Beteiligten zufriedenstellende Übersetzung erst nach einigen Durchgängen gefunden.

In einer Reihe von Werken aus der Feder Paschal Groussets finden sich thematische Ähnlichkeiten zum Werk Vernes, hier etwa zu *Die Reisen und Abenteuer des Kapitän Hatteras* in Hinblick auf die Handlung in den arktischen Regionen, womit man vor der Frage steht, warum dieser Schriftsteller sowohl in seinem Heimatland, aber noch viel mehr im Ausland nicht wirklich erfolgreich war und kaum übersetzt worden ist.

Gut die Hälfte des Romanwerks von Grousset kann als belehrende und wissensvermittelnde Jugendliteratur seiner Zeit eingestuft werden. Meistens thematisierte er dabei das Schulwesen in den unterschiedlichsten Ländern. Dies ist nichts, was besondere literarische Anerkennung auf sich zieht, und schon gar nicht in andere Sprachen übersetzt wird, da es dort zuhauf auf den jeweiligen Sprach- und Kulturkreis zugeschnittene Literatur gleicher Art gibt. Außerdem wurde Grousset gerade in der französischen Presse oft als Verne-Nachahmer angesehen, der an das Vorbild nicht heranreicht. Einmal derart eingeordnet, schenkten weder das Lesepublikum noch ausländische Verleger den anderen Werken Beachtung, wenngleich schon die Parallelität zu den Werken Vernes durch die Presseurteile bekannt war. Was Grousset allerdings fehlte, waren die realistisch wirkenden technischen Darstellungen. Wenn er derartige Dinge in seine Romane einbaute, so wirkten sie oberflächlich und farblos. Auch schaffte Grousset es im Gegensatz zu Jules Verne nicht, geschichtliche Aspekte, Entdeckungsfahrten, geografische Besonderheiten und ähnliches sowohl konkret als auch sachlich richtig einzubringen und aufzubereiten, ja teilweise nicht einmal wirklich nachvollziehbar zu beschreiben, wie auch dieser Roman deutlich zeigt. So widerspricht etwa der beschriebene Reiseverlauf der *Alaska* zunächst von Skagen über Helgoland zum Ärmelkanal, dann von Brest die Küste entlang bis zur Strandung auf der Chaussée de Sein jeder Logik. Verne hätte wesentlich umfassender und dabei trotzdem interessant zu lesen ganze Abschnitte oder gar Kapitel über die arktischen Entdeckungsfahrten, die Flora und Fauna, die Geografie und die Geologie der bereisten Regionen eingebaut. Alles Dinge, die Grousset zwar erwähnt und im Ansatz einbringt, aber auch sehr schnell wieder fallen lässt.

Ein weiterer Grund für den geringen Erfolg Groussets könnte natürlich auch sein komplizierter Schreibstil gewesen sein, der uns bei der Übertragung ins Deutsche so viele Schwierigkeiten bereitet hat. Es ist durchaus anzunehmen, dass auch der eine oder andere Muttersprachler sich lieber leichter zu konsumierender Lektüre zugewandt hat – beispielweise einem Roman von Jules Verne, wo die Spannungskurve der Erzählung mit Sicherheit nicht durch solcherlei Stolpersteine getrübt wird …

Insofern ist der Leser der vorliegenden deutschen Übersetzung in einer komfortableren Situation. Der Text ist sowohl originalgetreu als auch, so hoffen wir jedenfalls, gut lesbar. Kürzungen, um manche Sätze einfacher zu gestalten, wie zum Beispiel in der englischen Ausgabe, gibt es hier nicht. Alles in allem sind wir daher überzeugt, dass der Roman *Der Findling von der Cynthia* auch hierzulande ein interessiertes Publikum finden wird, denn einige Stunden spannender Unterhaltung garantiert das Abenteuer von Grousset und Verne allemal …

Bernhard Krauth

Pascal Grousset alias André Laurie im Alter von ca. 27 bzw. 65 Jahren.
Sammlung V. Dehs

Der Konstrukteur der *Cynthia*[1]

Obwohl Jules Vernes Name zusammen mit (und noch vor) dem von André Laurie auf dem Titelblatt des Romans *L'Épave du Cynthia* (1885) steht, hat es nie eine wirkliche Zusammenarbeit zwischen diesen beiden Autoren gegeben. Von einem Briefwechsel zwischen beiden ist nichts bekannt. Sehr wahrscheinlich haben sie sich nicht einmal persönlich kennengelernt, denn die Kommunikation erfolgte ausschließlich über den Verleger Pierre-Jules Hetzel. André Laurie ist eines der vielen Pseudonyme von Paschal Grousset (1844–1909), eines Journalisten, der wegen seiner exponierten Rolle während der 1871er Pariser Kommune zwischen 1874 und 1880 im Londoner Exil lebte. Eine aufsehenerregende Flucht aus dem Gefangenenlager in Nouméa (Neu-Kaledonien) war dem Exil vorausgegangen.[2] In der Absicht, wissenschaftliche Romane in der Art der *Außergewöhnlichen Reisen* zu schreiben, hatte er Vernes Verleger mehrere Manuskripte zur Veröffentlichung angeboten. Wohl um einen unwillkommenen

[1] Aktualisierte Fassung eines im Magazin *Nautilus* Nr. 18 (2010) des Jules-Verne-Clubs veröffentlichten Textes.

[2] Den Bericht von der Flucht nimmt ein Roman des DDR-Autors Emil Rudolf Greulich (1909–2005) zur Vorlage: *Die Verbannten von Neukaledonien* (Berlin: Verlag Neues Leben, 1979). Siehe ebenfalls *Nautilus* Nr. 18, S. 5.

Rivalen für das Zugpferd seines Verlags im Ansatz zu verhindern, kaufte ihm Hetzel zwei Romane ab und ließ sie – mit Zustimmung Groussets – von Jules Verne umarbeiten und unter dessen alleinigem Namen veröffentlichen: *Die fünfhundert Millionen der Begum* (1879) und *Der Südstern* (1884). Von dem ersten Roman sind nur Fragmente aus Groussets und Hetzels Hand bekannt, das Manuskript des zweiten wurde im Oktober 2014 von der Stadtbibliothek Nantes aus Privatbesitz aufgekauft.[1] Da »André Laurie« inzwischen mit einer Serie pädagogischer Romane über das Schulwesen in unterschiedlichen Ländern bei Hetzel zu einem festen Hausautor geworden war, war die Doppelsignatur im Fall der *Cynthia* eine rein geschäftliche Erwägung, um Grousset einem breiteren Publikum nahe zu bringen. Hetzels Versuch, einen weiteren Roman – *Les Exilés de la Terre* – von Verne bearbeiten zu lassen, scheiterte an dessen Weigerung. So erschien dieser Roman allein unter dem Pseudonym André Laurie im Jahre 1888.

Xavier Noël, der die erste, sehr lesenswerte Biografie über Grousset veröffentlicht hat[2], hat auch das Manuskript von *L'Épave du Cynthia* untersucht, das von Anfang bis Ende von Grousset abgefasst worden ist.[3] Vernes Handschrift findet sich nicht darin, sodass man annehmen kann, dass dieser die Bearbeitung unmittelbar vor der Veröffentlichung auf den Druckfahnen vorgenommen hat. Die von Noël genannte Zahl von ungefähr 1 300 Varianten, die Verne am Text des Romans anbrachte, mag zunächst sehr hoch erscheinen, doch handelt es sich ganz überwiegend um Änderungen in der Wortwahl, Interpunktion und in den Satzkonstruktionen, die den Text flüssiger gestalten, aber nicht die Handlung selbst ändern. Um fünf längere Passagen hat Verne das Manuskript gekürzt. So strich er ersatzlos Beschreibungen der Lebertranverarbeitung (Kap. I) und schwächte emotionale Passagen über Eriks Verhältnis zu seinen Pflegeeltern oder sein Seelenleben ab (Kap. VI und VIII). In Kapitel XX sollten die Leichen von Tudor Brown und Patrick O'Donoghan zunächst in

---

1 Die Nr. 4 der Zeitschrift *Planète Jules Verne* (Nantes: Coiffard, Dezember 2016) widmet sich ausführlich dem Roman und seinen verschiedenen Textfassungen.

2 X. Noël: *Paschal Grousset. De la Commune de Paris à la Chambre des députés. De Jules Verne à l'olympisme.* Brüssel: Les Impressions nouvelles 2010, 416 S.

3 X. Noël: *L'Épave du « Cynthia » d'André Laurie et Jules Verne : Contribution respective des deux auteurs* in *Cahiers du Centre d'études verniennes et du Musée Jules Verne* (Nantes) Nr. 4, 1994, S. 15-64. Das Manuskript befindet sich in der Manuskriptabteilung der Bibliothèque nationale, Paris, NAF16956.

Branntwein konserviert werden, was für den Vorabdruck in Hetzels *Magasin d'Éducation et de Récréation* nicht in Frage kam (und auch in der Buchfassung nicht wieder hergestellt werden sollte). Schließlich wollte Erik im ursprünglichen Manuskript die *Alaska* dazu nutzen, um schnellstmöglich zu seiner wiedergefundenen Familie zu reisen (Kap. XXI). Selbstständig hinzugefügt hat Verne lediglich fünf Zeilen (!) im 6. Kapitel, wo es um die Beziehung zwischen Erik und Wanda geht. Insgesamt gesehen handelt es sich bei seiner Beteiligung also eher um die Tätigkeit eines engagierten Lektors als um die eines mitwirkenden Autors.

Hetzels Plan, den Roman im Fall eines Verkaufserfolgs in Vernes *Außergewöhnliche Reisen* zu integrieren, ging nicht auf: Der Zuspruch der Leserschaft blieb aus, Übersetzungen erfolgten zu Lebzeiten der Autoren nur ins Englische und Niederländische (beide ebenfalls bereits 1885), ins Spanische (1887), dann auch ins Italienische (1888) und Ungarische (1898). Die illustrierte Oktavausgabe, die zuerst erschien, erlebte bis 1906 fünf Nachdrucke mit insgesamt etwa 8.800 Exemplaren, etwa acht Auflagen (ca. 7 000 Exemplare) erreichte die kleinformatige Ausgabe mit reduzierter Anzahl an Illustrationen, die zwischen 1886 und 1913 gedruckt wurde.

Für die Illustration des Romans feierte ein Künstler seinen Einstand in Hetzels Verlag, der in den folgenden Jahren zu einem der bedeutendsten Illustratoren von Jules Vernes Werken werden sollte: George Roux (1853–1929) hatte wie viele seiner Kollegen die Ambition, als Maler berühmt zu werden, erfolgreich wurde er jedoch ab 1883 als Mitarbeiter illustrierter Zeitschriften. 1885 begann seine Karriere bei Hetzel, für den er im selben Jahr nicht nur die *Cynthia* illustrierte, sondern drei weitere Romane, darunter *Tito le Florentin* von Laurie/Grousset und – als eines seiner berühmtesten Werke – *Die Schatzinsel* von Robert Louis Stevenson. Bis 1895 wurden seine Original-Guaschen (eine Spezialform des Aquarells) von spezialisierten Stechern der besseren Reproduktionsfähigkeit wegen in Xylographien (Holzstiche) umgesetzt, danach mit dem Fortschritt der Technik photomechanisch wiedergegeben.

Größerer Wertschätzung erfreut sich *L'Épave du Cynthia* erst seit etwa vierzig Jahren, weniger allerdings wegen seines Inhalts, als wegen seines Schmuckeinbands, für den Liebhaber – je nach Variante, Grundfarbe und Erhaltung – hohe Summen auszugeben bereit sind. Der ehemalige Kommunarde und später als unabhängiger Sozialist tätige Grousset dürfte sich angesichts dieser Situation wohl im Grabe umdrehen …

Nichtsdestoweniger ist Paschal Grousset, der das Manuskript von *L'Épave du Cynthia* für 5 000 Francs (ungefähr 17 000 Euro) verkauft hatte, ein interessanter Autor mit einem schillernden Leben, dessen vielfältige Werke noch zu entdecken bleiben: Neben seinen Romanen verfasste Grousset u. a. auch Bücher über das Elend in Irland, ein damaliges Standardwerk über Jachten und gab eine Buchreihe über unterschiedliche Sportarten heraus, deren Einführung in den französischen Schulunterricht er mit einer von ihm gegründeten Organisation propagierte, zu deren Gründungsmitgliedern 1888 auch Jules Verne gehörte, dies allerdings nur, um Hetzel einen Gefallen zu tun. In Deutschland – speziell in Hoya, Berlin und Göttingen – spielt sein Roman *Histoire d'un écolier hanovrien* (1884).

Abgesehen von dem vorliegenden Roman ist – soweit mir bekannt – bisher nur eines seiner Werke ins Deutsche übersetzt worden[1], außerdem wurden ein oder zwei gekürzte französische Texte vor 1914 im Deutschen Reich für den Fremdsprachenunterricht veröffentlicht. Viele von Groussets Romanen weisen eine große Nähe zu Vernes *Außergewöhnlichen Reisen* auf, wobei es ihm – wie er Hetzel 1885 in einem Brief schrieb – selbst ein Rätsel war, dass er ständig in die Gedankenwelt Vernes hineinschlitterte. Während Verne wohl auch aus Neid auf den Ideenreichtum von Grousset nicht viel von ihm hielt, verfasste dieser 1905 in der Zeitung *Le Temps* einen Nachruf auf seinen berühmten Kollegen, der von rückhaltloser Bewunderung zeugt.

Volker Dehs

[1] *Un Roman dans la Planète Mars* in *La Revue illustré*, 1895; *Ein Roman auf dem Planeten Mars*, Deutsch von Armin Schwarz, in der *3. Beilage des « Pester Lloyd » zur* Nr. 308, Mittwoch, 25. Dezember 1895; Neuabdruck in Buchform 2013 durch den Verlag Lindenstruth, Gießen, ISBN 978-3-934273-73-4, unter Verwendung der Originalillustrationen von Louis Chalon (1866–1940) aus der französischen Erstausgabe.

Danksagung

Wir möchten uns bei allen Mitgliedern des Jules-Verne-Clubs bedanken, ohne deren Mitgliedsbeiträge die Clubkasse und die Edition Dornbrunnen nicht in der Lage gewesen wäre, dieses Buchprojekt mitzufinanzieren.

Besonderer Dank für die zusätzliche finanzielle Unterstützung geht an die folgenden Personen:

Patrick Bastong

Michael Boss

Volker Dehs

Gerald Ebers

Andreas Fehrmann

Volker Jakob

Karl-Hermann Jordan

Thomas Kluba

Bernhard Krauth

P. Placidus Kuhlkamp

Karl Lenz

Ralf Neukirchen

Rainer Pötter

Branko Radovinovic

Lejf Rasmussen

Ralf Reinhardt

Meiko Richert

Stefan Schmidt

Norbert Scholz

Josef Schug

Sven-Roger Schulz

Gerhard Schwan

Dirk Seliger

Ulrich Spiegel

Axel Stunz

sowie ein anonymer Förderer